사회를 말하는 사회

사회를 말하는 사회

정수복 외 지음

북바이북

한국사회가 벼려야 할 새로운 가치를 찾는 여정

병자호란 직후 조선사회는 암흑과도 같았다. 임금은 임금 구실을 하지 못했고, 신하는 신하 구실을 하지 못했다. 죽어나는 것은 무지렁이 백성들뿐이었다. 권력에 눈이 먼 자들의 정치놀음 때문에 애꿎은 백성들이 말도 통하지 않는 땅에 포로로 끌려가 지옥과 같은 고초를 겪었다. 남은 백성들은 전란 뒤끝의 피폐함을 온몸으로 받아내야만 했다. 수많은 여성들이 낯선 타지에서 노리개 취급을 받았고, 목숨을 걸고 고향으로 돌아온 여성들은 '화냥년'이라는, 여성으로서는 감내하기 어려운 수치를 감당해야만 했다. 수백 년 전, 이제는 잊어도 될 법한 일을 끄집어낸 이유를 『역사평설 병자호란』(푸른역사)의 저자 한명기의 말로 대신하자면 이렇다.

"병자호란은 '과거'가 아니다. 어쩌면 지금도 서서히 진행되고 있는 '현재'일 수 있으며, 결코 '오래된 미래'가 되지 않도록 우리가 반추해야 할 'G2시대의 비망록'이다."

병자호란은 과거가 아닌, 지금도 서서히 진행되고 있는 현재라
는 사실을 세월호 참사와 그 후속조치를 보면서 다시 한 번 생각
한다. "한국전쟁 이후 최대의 참사"(한기욱, 「세월호 참사와 임계사
회」, 〈창작과비평〉 2014년 여름호)인 세월호 사태를 겪었음에도 한
국사회는 여전히 안갯속을 걷고 있다. 정치는 불신의 대상이 된
지 오래며, 경제는 오직 소수의 이득만을 위해 달음질친다. 교육
마저 시장에 내던져지면서 청소년들은 이제 더 이상 미래를 꿈꾸
지 않는다. 청춘들은 한 치 앞을 분간할 수 없는 절망의 긴 터널
을 지나고 있다. 30대는 2년에 한 번 전세자금을 걱정하는 '렌트
푸어'가 되었고, 40대는 주택 대출금에 시달리는 '하우스푸어'로
전락했다. 노인들은 코맥 매카시의 소설 제목처럼 "노인을 위한
나라는 없다"는 말을 야윈 몸으로 절감하고 있다. 미증유의 절망
이란 이런 때를 두고 하는 말이 아닐까 싶을 정도다. 그래서일까.
"대한민국도 세월호처럼 침몰하고 있다"는 말은 여전히 가슴에
와 박힌다.

세월호 참사 이후 두 달여가 흘러가고 있지만, 사회 각계각층
에서 "사건의 진상을 철저하게 규명"해야 한다고 역설하고 있지
만, 진상은 세월호와 함께 물속으로 가라앉은 듯한 분위기다. 세
월호 참사뿐 아니다. 한국사회의 모순과 불의 역시 권력의 힘과
자본의 논리 앞에서 철저히 규명되기보다는 흐지부지 시간만 흘
러가기를 기다리고 있다.

격주간 출판전문지 〈기획회의〉 편집위원회가 『사회를 말하는
사회』를 기획한 이유는 바로 이 때문이다. 최근 학계를 비롯한 다
양한 지식집단이 피로사회, 단속사회, 잉여사회, 제로섬사회, 무

연사회, 하류사회 등을 키워드 삼아 다양한 관점에서 한국사회의 제현상을 분석하고 있다. 이에 하나하나의 키워드에 대한 소개와 해석을 덧붙이고, 각 키워드가 갖고 있는 함의를 씨줄과 날줄로 엮어 한국사회 저변에 흐르는 변화의 양상을 짚어보고자 했다.

1장 '나는 항상 배고프다'는 소비사회, 자기절제사회, 낭비사회, 잉여사회, 하류사회, 탈학교사회, 허기사회 등을 통해 한국사회의 저변을 감싸고 있는 '결핍'의 양상을 분석했다. 신자유주의 시스템이 만들어낸 우리 사회의 적나라한 현실이 가감 없이 소개된다.

2장 '불안은 영혼을 잠식한다'는 현대인들의 불안과 위험을 생생하게 보여준다. 위험사회, 분노사회, 감시사회, 과로사회, 탈감정사회, 피로사회, 투명사회, 탈신뢰사회 등의 키워드를 따라가다 보면 한국사회가 처한 위험 수위가 임계점에 도달했음을 직시할 수 있다.

3장 '괴물들이 사는 나라'에서는 승자독식사회, 격차사회, 부품사회, 주거신분사회, 팔꿈치사회, 영어계급사회, 절벽사회, 제로섬사회를 통해 공동체가 해체되고 각자도생해야 하는 한국인들의 각박한 일상이 전개된다. 1등 외에는 모두 루저가 되는 세상에서 우리는 무엇을 해야 하는가에 대한 질문과 대답이 선명하게 제시된다.

4장 '어느 날 차단되었습니다'에서는 얼굴과 얼굴을 마주하지 않고 오로지 온라인을 통해서만 접촉하려는 현대인들의 민낯이 고스란히 드러난다. 분열사회, 네트워크사회, 단속사회, 루머사회, 무연사회, 싱글사회, 신 없는 사회 등은 오늘날 한국인들이 끈임없이 무언가에 접속하지만 결국 소외될 수밖에 없는 현실을 조명한다.

사회학자 정수복은 맺음말 「우리는 어떤 사회에서 어떤 삶을 살고 있는가」를 통해 한국사회 전반의 변화를 정리한다. 특히 19세기 말부터 오늘에 이르기까지 한반도의 역사를 개괄하면서도 X세대와 한류 등 우리 사회에서 회자되었던 다양한 문화현상을 담담한 필체로 분석한다. 그리고 부록 「그밖의 사회들」은 본문에서 다룬 30개의 키워드 외에 최근 회자되는 각종 '○○사회'의 내용을 간략하게 정리하였다.

인간 존엄의 가치보다 돈이 앞서는 사회, 생명의 소중함보다 권력의 위상이 앞서는 사회를 뒤집고 새롭게 벼려야 할 가치가 『사회를 말하는 사회』를 통해 발견되기를 기대하는 마음 간절하다.

〈기획회의〉 편집위원회

차례

1장

나는 항상 배고프다

소비의 식민지에 저항하라

소비의 사회
장 보드리야르 지음, 이상률 옮김, 문예출판사, 1992

'소비가 너희를 행복하게 하리라'는 복음

누구나 눈을 뜨는 순간부터 '소비하라'는 속삭임을 듣는다. 소비가 너희를 행복하게 하리라! 이 달콤한 속삭임은 대개는 광고와 미디어로부터 온다. 햇빛이나 공기가 자연에 의해 주어진 은총이라면 소비는 자본주의가 내리는 은총이다. 우리는 소비를 통해 욕구를 충족시키고, 소비를 통해 자기정체성을 만들며 소비에 의해 사회의 위계질서가 만들어지기도 한다. 소비는 도덕을 잃어버린 시대의 새로운 도덕이자 신 없는 시대의 새로운 신이다. 무엇보다 소비는 사회의 경제 성장을 이끈다. 미국과 일본의 경우 고도성장을 구가하던 지난 세기, 소비 주체들의 왕성한 소비야말로 바로 그 고도성장을 이끌어간 동력이었다.

'소비의 황금시대'에는 사회 어디에나 상품과 서비스들이 넘쳐났고, 벌이가 좋았던 소비 주체들은 왕성한 구매 의욕으로 내수 소비시장을 키우며 경기 활성화에 기여했다. 그들은 유례없는 소비와 풍요라는 두 바퀴를 달고 질주하는 소비 사회의 물질적 풍요를 맘껏 누리는 세대가 되었다. "소비 사회는 성장 사회의 종착점"(세르주 라투슈, 『낭비사회를 넘어서』, 민음사, 16쪽)이다. 이때 성장 사회는 "성장 경제가 지배하는 사회, 성장이 모든 것을 흡수해버리는 사회"(앞의 책, 16쪽)를 뜻한다. 생산된 재화를 소비하지 않는 자본주의 사회란 상상할 수도 없는 재앙이다. 더 많이 만들어내고 더 많이 팔아야만 하는 자본주의 경제체제에서 만성적 과소소비는 시장공급의 과잉을 가져오며 불황과 불경기로 이어진다. 장기적인 불황과 불경기는 기업들을 재정 적자로 몰아놓고 결국은 도산을 불러올 것이기 때문이다.

지금 여기 한국사회도 예외는 아니다. 1988년 서울올림픽을 기점으로 한국사회는 다양한 욕구들이 분출하며 고도 소비사회로 진입했다. 특히 명품 소비에 대한 열풍은 다른 어느 나라에 뒤지지 않는다. 소비란 상품과 서비스를 쓰는 것이다. 우리는 옷, 식품, 잡화류, 그밖에 많은 것들을 소비하며 산다. 소비사회에서 소비 없는 삶이란 거의 불가능하다. 끊임없이 생산되는 모든 물건들은 끊임없이 소비되고, 소각되고, 버려진다. 물건들의 소비는 새로운 것들로 교체되기 위함이다. 그 물건들의 교체 주기를 단축시켜야만 더 많은 새로운 소비 행위가 나타난다.

세르주 라투슈는 "광고, 소비 금융, 계획적 진부화"(앞의 책, 23쪽)라는 장치를 통해 소비자들을 '소비 사회의 악순환' 속에 가둔다고 지적한다. 아직 고도 소비사회로 진입하기 전인 1930년대까지만 해도 미국을 비롯한 서구의 선진적인 나라들에서 "가정의 살림과 기업의 제조 방식 등 모든 차원에서 좋은 품질과 이른바 '내구성의 윤리'"(앞의 책, 56쪽)가 존중받으며 작동하고 있었다. 기업가들은 아무리 오래 써도 고장이 나지 않는 제품을 만드는 것을 소명으로 알았고, 근검과 절약 정신이 몸에 배인 소비자들 역시 그것을 당연한 것으로 여겼다. 그러나 제품 수명 단축의 논리가 산업 생산 전체로 퍼져나갔다. 기업가 제품 수명의 사이클이 짧을수록 더 많은 소비를 낳는다는 사실에 주목한 것이다. 물건의 교체 주기를 단축시키기 위해 '계획적 진부화' 전략이 다양한 산업의 영역으로 퍼져나갔다. 기업들이 해마다 새로운 가전제품 모델을 시장에 내놓는 것도 계획적 진부화의 전략에 속한다. 소비자들이 멀쩡한 가전제품을 내다버리고 신모델을 사들인다.

기호의 질서에 예속되고 착취당하는 가련한 소비자들

딱히 원한 것은 아니지만 어쨌든 우리는 소비사회의 중심에 있다. 우리는 자본가와 기술관료, 정치권력, 이데올로기 등에 의해 소비가 강제되고 있는 "소비 조작의 관료 사회"(앙리 르페브르, 『현대세계의 일상성』, 기파랑)로 미끄러져 들어와 있다. 분명한 것은 현대 소비사회가 날마다 소비를 기적으로서 경험하는 세계이고, 상품을 사고 쓰는 모든 소비 행위는 개별자의 욕구가 지시하는 개인적 행위가 아니라 사회화된 행위가 되었다는 사실이다. 소비주의는 자본주의 사회에 고착된 하나의 구조로 소비 주체들을 포획한다. 소비가 그 주체의 욕구나 필요와 무관한 까닭은 이미 "최고의 소비는 재화 없이 단지 '재화'의 기호만을 목표"(앞의 책, 214쪽)로 삼기 때문이다. 우리는 어떤 물건이 필요해서가 아니라 그 물건에 달라붙어 있는 '기호'라는 아우라, 즉 기술, 부, 행복, 사랑 따위를 소비하려고 물건을 사들이는 것이다. 우리는 "소비의 기호들 사이에서 살고 있고, 기호의 거대한 덩어리를 소비하고 있다. (중략) 소비의 차원이나 일상성의 차원에서 자신이 예속되고 착취되고 있음을 쉽게 알아차리지 못한다."(앞의 책, 180쪽) 우리는 결코 소비의 주체들이 아니다. 소비를 장악한 것은 기호의 질서이고, 따라서 일반 소비자들은 소비주의를 지배하는 기호의 질서에 예속되고 착취당하는 가련한 존재일 따름이다.

장 보드리야르의 『소비의 사회 - 그 신화와 구조』가 처음 나온 것은 1970년이다. 보드리야르는 이 책을 통해 '소비'에 대해 새로운 시각과 이해를 제공했다. 이 놀라운 책에 따르면 "1)소비는 더 이상 사물의 기능적 사용 및 소유 등이 아니다. 2)소비는 더 이상 개인이나 집단의 단순한 위세 과시의 기능이 아니다. 3)소비는 커뮤니케이션 및 교환의 체계로, 끊임없이 보내고 받아들이고 재생되는 기호의 코드로서, 즉 언어활동으로서 정의된다."(125~126쪽) 거의 반세기 전에 보드리야르는 소비가 상품의 사용가치의 소비를 넘어서서 그것에 부여된 기호들의 소비라는 사실을 꿰뚫어보았다. 그에 의해 상품에 부과된 행복, 안락, 성공, 위세, 근대성의 기호들을 소비하는 것이 현대사회에서 이루어지는 소비행위의 본질이고, 어떤 사물에의 욕구는 특정한 상품에의 욕구가 아니라 차이에 대한 욕구라는 사실도 확연해졌다.

1960년대 소비 욕구로 가득 찬 미국의 소비자들은 물자의 풍요함과 소비가 그들을 행복하게 해줄 것이라고 믿었다. 많은 미국인들이 자신들의 현실이 소비의 유토피아를 실현하고 있다고 믿었다. 그들은 미친 듯이 집안의 가구들과 가전제품들을 새 것으로 바꾸었다. 소비 열풍의 대열에 합류하는 것이야말로 시민의 의무를 다하는 것이라고 믿었던 까닭이다. 그들은 "절약은 반(反)미국적이다"라는 소비 독려 속에서 과잉 소비를 일상화했다. 그때의 미국인들은 소비 행위에 대해 아무런 도덕적 갈등을 느끼지 못했다. 오히려 소비 활동을 통해 사회적 책임을 다하고 있다고 생각했다. "개인적 소비의 노력 속에서 그는 이미 그 사회적 책임을 다하고 있기 때문이다. 다시 말하면 소비는 사회적 노동이다." (111쪽) 소비 행위는 다른 의미에서 생산적인 활동이고, 그런 맥락에서 소비는 사회적 노동이기도 한 것이다.

소비는 그 본질이 유희적인데, "소비의 유희성이 자기증명(ideintite)의 비극성으로 서서히 대체"(299쪽)되었다고 말한 것도 보드리야르였다. 소비는 단순히 물건을 사서 쓰는 것만을 의미하지 않는다. 이를테면 우리가 새 냉장고를 사는 것은 그 냉장고가 기존의 냉장고와 다른 기호적 차이를 갖고 있기 때문이고, 냉장고를 구매하는 소비자는 그 기호적 차이가 만드는 행복의 기표를 사들이는 것이다. 따라서 소비란 상품의 기능이 아니라 기호적 차이를, 그것이 약속하는 자기만족을 구매하는 행위이다.

"소비는 긴장의 해소라고 하는 이 결여에 의한 행복을 노린다. 그러나 그것은 다음과 같은 모순에 부딪힌다. 즉, 이 새로운 가치 체계가 갖는 수동성과, 본질적으로 자발적, 행동적이며 유효성과 희생을 지시하는 사회적 도덕의 규범과의 모순에 부딪친다."(29~30쪽) 물건을 사서 쓰는 것에는 욕구의 충족과 함께 쾌락적 즐거움이 따르지만, 소비 주체의 의식은 깊은 죄의식으로 물든다.

이 죄의식이 소비 행위의 즐거움을 불편한 것으로 만든다. 소비
자들은 '아껴 써라'라는 청교도적인 도덕과 '마구 써라'라는 소비
사회의 쾌락주의적 도덕 사이의 딜레마를 안고 있다. 소비 주체
의 의식을 사로잡은 이 죄의식에 면죄부를 주는 역할은 매스 미
디어가 떠맡는다. 보드리야르는 사적 영역의 평온함이 그것을 둘
러싼 바깥 세계의 폭력성과 비인간성에 의해 정당성을 얻는 것과
마찬가지로 "소비사회는 위협받고 포위된 풍부한 예루살렘이고
자 한다"(30쪽)고 말한다.

소비는 똥과 쓰레기다

우리에게 욕구의 충족, 자기만족과 행복을 주겠다는 소비사회의
약속은 항상 지체되거나 유예된다. 하지만 소비 주체들은 여전히
소비를 안락과 행복을 얻는 수단으로 여기며 소비 활동을 통해
긴장을 해소한다. 그렇다면 소비의 진짜 본질은 무엇일까. 소비
의 최종 결과는 상품과 서비스의 균질화다. 그 균질화의 구체적
국면이 똥과 쓰레기다. 먹은 것은 소화기관을 거치면서 똥으로
균질화되고, 사서 쓴 물건들은 결국은 쓰레기로 균질화되는 것이
다. 우리의 욕구를 자극하고 충동질하던 소비에의 욕망은 균질화
의 국면에 이르러서야 비로소 '진정'되고 '소멸'된다.

한 가지 분명한 것은 자본주의 사회에서 사는 사람이라면 누구
나 원하든 그렇지 않든 간에 소비사회의 일원으로 산다는 사실이
다. 그것은 개인적 선택을 넘어서는 숙명이다. 소비사회란 "소비
를 학습하는 사회, 소비에 대해 사회적 훈련을 하는 사회"(106쪽)
인데, 그런 학습과 훈련에 의해 소비는 "욕구의 해방, 개성의 개

화開花, 향유, 풍부함 등의 형태로 사람들의 정신상태와 일상적인 윤리 및 이데올로기 속"(107쪽)으로 스며든다. 이미 소비는 우리에게 후천적으로 부여된 자아이고, 그 자아를 갖고 살아야 하는 게 우리의 숙명이다. 그 숙명을 피할 수 없다면 그것을 받아들일 수밖에 없다. 그 대신에 소비사회에 떠도는 '소비하라! 그러면 행복하리니' 하는 소비의 복음을 전파하는 흑마술의 주술에서 깨어나라. 소비주의에 지배되는 일상세계는 소비의 식민지로 전락한 지 오래이다. 이 식민지에서 소비는 강요되고 제도화되었다. 그런 소비에 저항하라! 그리고 현명한 소비자로 사는 법을 배워라!

장석주 시인

유혹과잉 시대의 자기절제는
개인의 몫이 아니다

자기절제사회
대니얼 액스트 지음, 구계원 옮김, 민음사, 2013

원고 마감을 데드라인이라 부르지만, 일찌감치 글쓰기를 시작하는 작가나 기자 등은 없다고 단언해도 틀리지 않는다. 러시아의 대문호인 도스토옙스키도 예외가 아니었다. 도박 빚 등으로 늘 쪼들렸던 주제에 그는 출판사 계약에서 마감을 잘 지키지 않는 자신을 위해 '스스로에게 살인청부'와 같은 수준의 계약서를 쓴다. '선불로 약간의 돈을 받고 마감 일정까지 원고를 완성하지 못하면 돈을 한 푼도 받지 못할 뿐 아니라, 향후 9년간 자신의 작품에 대한 출판권리를 넘긴다'는 내용이다. 이런 '악마의 계약서'를 쓰고도 그는 원고 집필을 차일피일 미루는데, 마감 한 달을 채 남기지 않은 상태에서 나중에 그의 아내가 되는 속기사를 고용해 아슬아슬하게 원고를 마쳤다. 그 원고가 유명한 『도박꾼』이라는 작품이다.

그리스 로마 신화의 영웅 오디세우스 사례도 있다. 그는 10년에 걸친 긴 여정을 견디고 홀로 살아남아 고향 이타카로 돌아갔는데, 생존의 비결은 자제력이 아니라 판단력에 있었다. 오디세우스는 세이렌의 매혹적인 노래를 듣고 싶은 유혹을 뿌리치지 못하자 돛대에 자신을 묶은 채 듣기로 결정했다. 오디세우스는 노래를 듣겠다는 욕망도 강했고, 그 노래가 자신을 바다로 뛰어들고 싶다는 욕망으로 가득 차게 할 것도 잘 알았기 때문에, 굴복의 공식을 미리부터 차단한 것이다.

〈뉴욕타임즈〉 등 미국의 주요 일간지에 칼럼을 쓰는 인기 저널리스트 대니얼 액스트가 저술한 『자기절제사회』는 '자기절제가 성공의 어머니다'와 같은 교훈적인 내용을 담은 자기계발서가 아니다. 오히려 그는 현대사회가 너무나 당연하게 개인에게 자기절제를 요구하지만, 자기절제라는 것이 거의 불가능하다는 사실을 역설하고 있다. 자본주의 사회와 기술의 발전이 가져온 다양한 혁신이 눈앞에서 욕망을 부추기고 사용도 용이하게 했다는 것이다. 따라서 오디세우스처럼 유혹도 즐기면서 자신에 대한 통제력을 확보할 수 있도록 자신을 돛대에 묶어두는 '사전예방조치'를 하든지, 도스토옙스키처럼 '악마의 계약서'를 쓰라고 조언한다.

진화한 유혹 앞에 무릎 꿇은 개인

사실 이 글을 쓰던 2014년 6월 1일은 필자도 너무나 유혹적인 뉴스가 가득한 페이스북, 트위터에서 벗어나 집필을 속도를 내기 위해 안간힘을 써야만 했다. 누가 출마했는지도 몰랐던 역대 서울시 교육감선거와 달리 올해 서울시 교육감 후보에 입후보한 고승덕 변호사와 그의 딸 고경희 씨의 "아버지는 서울시 교육감 감이 아니다"라는 고발, 고 후보의 '정치공작'을 주장하는 기자회견, 문용린 서울시 교육감 후보의 '패륜' 운운까지 이른바 '막장 드라마'가 펼쳐지고 있었기 때문이다.

우리는 자제력의 중요성을 유명한 '마시멜로 실험'을 통해 잘 알고 있다. 5세 안팎의 꼬맹이들이 눈앞의 마시멜로를 먹지 않고 최대 20분까지 견뎠을 경우에 그가 성인이 됐을 때 얼마나 큰 사회적 성공을 이뤘는지를 보여준 실험이다. 마시멜로를 가능한 최대한 늦게 먹기 위해 꼬맹이들이 눈을 감고, 눈을 가리고, 책상에 엎드려 있던 상황을 상상하면 내 일처럼 괴롭다. 그 자제력이 바로 성공의 바로미터인데 그 자제력을 유지하는 것은 너무나 어렵다.

매년 1월 1일 새아침에 담배를 끊겠다고 약속하고, 체중 감량을 약속하고, 인터넷 쇼핑 중독에서 벗어나겠다고, 더 이상 인터넷 동영상을 보지 않겠다고, 더 이상 범죄 행위인 매매춘은 하지 않겠다고 약속하고 또 약속하지만 그 약속은 늘 깨진다. 우리의 직업적, 사회적 실패는 자제력 부족 탓인가? 그렇지 않다. 심리학자 로런 노드그렌의 연구에 따르면 금연에서 가장 높은 실패율을 기록한 사례는 자신의 의지력에 최고로 높은 점수를 준 사람들이었다. 한 개인의 의지력에만 의존해 욕망을 거부하기에는 현대사회의 유혹이 너무 교묘하게 진화했기 때문이다.

사례로 한국 대부업체의 유혹을 들 수 있다. 늙은이들보다 훨씬 충동적일 것으로 추정되는 10대와 20대 젊은이들이 자주 이용하는 영화전문 케이블TV에는 15~20분에 한 번씩 대출광고가 나온다. "한 달 무이자" "대출이자 인하" "300만 원까지 전화 한 통화로 OK" "주부라도 문제없어요" 등등. 전화 한 통에 창피함을 유발하는 대면 면접 없이 돈을 빌릴 수 있다니! 연간 이자 38 퍼센트면 100만 원 빌려서 38만 원을 대출이자로 지급하는 상황이지만, 절실하게 돈이 필요한 사람들에게 '유혹적인 광고'는 현실적인 분석과 판단을 마비시킨다. 신용시대에 신용불량자로 가는 지름길에 발을 내딛게 한다.

자제력은 한 개인의 성공이나 경쟁력에만 직결된 문제가 아니라, 지구촌의 '생존'과도 직결된다. 특히 악마의 발명품이라고 부르는 '돈'의 문제에서 자제력을 발휘하는 것은 어렵다.

2008년 전 세계를 금융위기로 몰아넣은 것은 비우량주택자금 대출을 부추겼던 미국과 선진국의 투자은행과 그 비우량주택자금 대출을 모아 우량 채권처럼 포장해 유동화한 금융공학, 그리고 그것의 안전성을 보장할 수 있다던 보험상품 신용부도스와프 Credit Default Swap 등과 같은 금융파생상품이다. 가장 본질적인 위기의 잉태는 미국 연방은행의 그린스펀이 초저금리를 20여 년간 유지한 것이다. 싼 대출이자로 상환할 능력이 없는 사람들에게 집을 사라고 부추겼고, 사람들은 그 유혹에 저항하지 못했다. 그 결과 1980년 미국의 가계부채는 1조 4000억 달러에서 2008년에는 10배로 증가했다. 2008년 전 세계 랭킹 5위의 투자회사 리먼 브라더스가 파산함에 따라 유동화채권이나 신용부도스와프와 같은 금융파생상품은 물론, 이 앞의 모든 유혹과정이 대량살상무기였음이 드러났다. 그해 미국은 100만 명 이상이 개인파산을 신고해야 했다.

2014년 상반기 가계 대출이 1000조 원을 넘어선 한국사회가 현재 안고 있는 문제도 미국의 비우량주택대출 위기와 비슷하게 닮아있다. 이 엄청난 가계부채는 정부와 한국은행 등이 외부에서 경제적 충격이 올 때 재정정책을 펴기 힘들게 하는 요인이 되고 있다.

건전한 자기절제사회, 개인과 시스템의 조화만이 가능케 한다

소박하고 검약한 삶은, 1930년대 케인즈가 "소비가 미덕이다"라며 정책을 펼 때 사라졌다. 유혹을 차단하던 종교적 속박도 사라졌고, 각종 가족과 공동체가 동원되던 윤리적 규제도 '자유'라는 이름으로 하나 둘 사라졌다. 그렇다면 유혹과잉의 최절정인 자본주의 체제에서 살면서, 어떻게 유혹을 극복해나가고 생존해나갈 것인가.

흔히 보수주의자들은 사회에서 발생한 모든 문제를 '개인'에게 떠넘긴다. 즉 개인의 자제력과 노력, 성실성, 능력 등으로 사회의 문제를 환원한다. 그러나 아무리 뛰어난 개인도 건물이 무너지고 있다면 희생될 수밖에 없다. 즉 시스템이 개인의 의지와 노력을 지지해줘야만 한다. 반면 진보주의자들은 모든 문제를 '시스템'으로 귀속시키는 경향이 있다. 그러나 시스템을 운영하는 주체가 사람이라는 점을 환기한다면 개인의 의지 역시 중요하다. 자기절제사회가 실현되려면, '개인'과 '시스템'이 조화를 이룰 수 있는 지점을 찾아내야만 한다. 개인은 오디세우스나 도스토옙스키처럼 스스로를 억제할 강제력을 찾아야 하고, 정부와 공동체 등은 이런 유혹과 방종을 막을 수 있는 시스템을 마련해야 한다.

2014년 4월 16일 세월호 침몰 참사의 근본적 원인은 기업의 극단적인 이윤추구와 퇴직 후 좋은 자리를 차지하겠다는 공무원들의 몰염치와 관행이 결합한 것인데, '규제완화'라는 신자유주의적인 질서가 허용할 수 있는 수위를 넘어선 탓이다. 만약 기업이나 관련업계, 정부조직 등에서 어느 하나라도 욕망에 브레이크를 걸었더라면, 일어날 수 없는 참사였다. 세월호 이후 개인은 '욕망과 이기심을 자제하려는 근육'을 키우겠다고 한다. 더 큰 그림으로는 눈앞에서 어른거리는 유혹을 경고하고 자제력을 갖도록 조언하는 시스템을 만들어야만 한다. 기업에게 더 많은 돈을 벌 기회를 제공하기보다 안전을 담보할 수 있는 규제를 강화하는 것도 한 가지 방법이다. 이를테면 공직 부정부패를 일소하기 위해 제정된 '김영란 법'의 국회 통과, 전직 대법관이 월 3억 원의 수입을 올릴 수 없도록 하는 법조계의 전관예우금지법 제정, 관피아를 원천적으로 막기 위한 공무원재취업법 강화 등이 그것이다.

2008년 이명박 정부 때부터 강화된 1980년대 미국의 레이거노믹스나 영국의 대처리즘과 같은 신자유주의를 폐기하는 것도 '자기절제사회'의 유지를 위해 필요하다. 레이거노믹스나 대처리즘은 세 가지로 요약된다. 규제완화, 감세, 노동운동 탄압. 그것을 실현하는 '구호'로 2007년 이명박 대선후보자가 '747'정책을 내세워 유권자들을 유혹했다. 연간 7% 경제성장, 1인당 국민소득 4만 달러 시대 도래, 7대 강국과 같은 정책이다. 한국 유권자는 이명박 대통령이 당선되면 자신의 주머니에 현금이 최소 1000만 원씩은 들어올 것처럼 착각했다. 그러나 이명박 정부 5년 평균성장률은 2.8%에 불과했고, 4대강 사업으로 국토가 피폐해졌다. 자기절제를 하지 못하고 경제성장 정책이라는 유혹에 넘어간 대가를 지난 5년간 톡톡히 치렀다.

이제 박근혜 정부는 신자유주의를 '줄푸세(세금은 '줄'이고, 불필요한 규제는 '풀'고, 법질서는 '세'우고)'라는 이름으로 유입시키려고 한다. 1980년대 대처리즘과 레이거노믹스의 재소환이다. '줄푸세'는 2007년 박근혜 대통령 후보자의 대선공약이었다가 2012년에는 폐기됐지만, 2013년 집권과 함께 부활했다. 2013년 말 철도노조파업에 대한 강경대응은 이 '줄푸세' 정책에 근거한 것이다. 대처리즘과 같은 신자유주의 정책은 2008년 리먼 브라더스의 파산으로 폐기되다시피 했다. 유럽뿐만 아니라 일본에서도 리먼 사태 이후로 '포스트 자본주의'의 원형을 찾고자 노력하고 있는 상황이다. 선진국에서 폐기된 정책을 1970년대 식의 '캐치업 Catch up 정신'으로 따라잡을 수는 없다. 따라서 한국사회가 초고속 성장의 부작용과 물신숭배를 딛고 건전한 자기절제 사회에 진입할 수 있는 방법은 줄푸세 폐기, 즉 규제완화 정책 폐기, 복지정책 강화를 위한 증세, 노동운동 탄압 금지 등으로 해결할 수 있다. 최소한의 민주주의인 절차적 민주주의를 수용하지 않은 채 정부가 드라이브를 걸어 규제완화 정책을 가속화할 경우 파국이 올 수밖에 없다.

문소영 〈서울신문〉 논설위원

낭비사회 ─────

우리 삶이 지포라이터 같았으면 좋겠다

낭비사회를 넘어서
세르주 라투슈 지음, 정기헌 옮김, 민음사, 2014

동묘앞 벼룩시장에 갔다. 청계천 개발에 밀려났던 옛 청계천, 을
지로 황학동의 길거리 상인들이 필사적으로 확보한 삶의 공간이
다. 마땅히 살 것은 없었지만 구경거리는 많았다. 우선 사람이 많
았고, 책도 음반도 골동품도 많았다. 물론 진짜 귀한 책, 진짜 희
귀한 음반, 진짜 귀한 옛 물건은 아니지만, 그래도 구경할 만한
곳이었다.

거기서 몇 개를 샀다. 아니, 품목은 하나인데 그것을 여러 개 샀
다. 어떤 사람이 좌판을 깔고 잡동사니를 팔았는데 거기에 지포
라이터가 예닐곱 개 있었다. 개당 5000원. 그래서 다 샀다. 졸지
에 지포라이터 수집가가 된 양 기분이 좋아졌다. 각각의 표면에
다양한 이미지들이 프린트되어 있었다. 술집 달력에나 볼 수 있
는 비키니 차림의 아가씨도 있었고, 축구 클럽 리버풀의 로고도
있었고, 아, 물론 할리 데이비슨 로고도 박혀 있었다. 서너 개는

정상 작동했고 나머지는 불도 켜지지 않았으나 그래도 사왔다. 작업실에 와서 간단히 소제를 하고 라이터돌을 갈고, 어떤 것은 심지도 새로 갈아 끼우고, 마침내 불을 당겨보니 모든 지포가 다 켜졌다. 마치 내가 망가진 한 세계를 다 일으킨 듯했다.

순간 나는 이 세계가 지포라이터였으면 좋겠다고 생각했다. 단순하고 튼튼한 지포. 오래되어 이미지가 벗겨졌지만 그것이 오히려 근사해 보이는 지포. 길바닥에 떨어뜨려 흠집이 나도 보란듯이 불길을 일으키는 지포. 제대로 작동하지 않으면 심지도 갈고 돌도 교체하고 간단히 소제하면 어김없이 켜지는 지포.

게다가 사용설명서도 필요 없는 세계 아닌가. 지포라이터를 제외한 모든 사물들은 내가 어떻게 해볼 도리가 없는 것들이다. 살 때부터 난감하다. 사용설명서가 두툼한 책자다. 사용설명서를 위한 사용설명서가 필요할 정도다. 쓰다가 고장 나면 어찌할 방도가 없다. 차를 몰고 가서 번호표를 뽑고 A/S라인에서 대기한다. 이윽고 37분쯤 지나서 직원과 면담을 하는데 그가 꼼꼼히 살펴본 후 말한다. "맡겨 놓고 가시고…… 어디 보자, 3일 후에 다시 오세요." 나는 이럴 때 그 물건을 창밖으로 던지고 싶다.

차마 그러지는 못하고 주차장으로 와서 어떤 녀석이 함부로 세워 놓은 덩치 큰 차를 힘써 밀다가, 잠시 멈추고는, 나는 생각한다. 이거 나한테도 문제가 있는 게 아닌가? 그렇지, 맞아. 약정 기간도 끝나기 전에 바꿔버린 건 나란 말이지. 뽀너스 미끼상품 때문에 입지도 않을 옷을 산 것도 나란 말이야. 언젠가 쓰겠지, 하고 덤으로 두 개씩 산 것도 내가 한 짓이고. 겨울에 입을 옷을 세일한다 해서 한여름에 사둔 것도 나란 말이야. 아차, 냉장고에 재어놓은 음식들도 유통기한이 훌쩍 지났겠군. 가만 보자, 문제는 나한테도 있으렸다……?

계획적 진부화의 덫에 빠진 세상

이 자책과 한탄의 마음을 프랑스의 경제학자 세르주 라투슈로부터 위로받아 보자. 라투슈는 말한다. 우리가 모두가 지금 '계획적 진부화'에 덫에 걸려 있다고. 이 말, 즉 계획적 진부화planned obsolescence는 라투슈에게 저작권이 있는 말은 아니지만 『낭비사회를 넘어서』를 통해 현실적인 감각을 지닌 말이 되었다. '진부화'라는 역어가 조금 어색하긴 한데, 기업에서 신상품의 판매 촉진을 위해 기존의 상품을 계획적으로 진부화시키는 행동을 뜻한다. 현대 일상에서 내구소비재 수요는 기본적으로 다음의 사이클을 갖는다. 먼저 해당 분야의 시장 성장세에는 신규 수요가 크게 발생하여 소비재 판매가 증대하는데 이것이 성숙기에 이르면 그 신장 그래프가 완만해지고 서서히 대체 수요가 발생한다. 이때 새로운 대체 수요의 상품이 여전히 성숙기를 유지하고 있는 기존 상품의 권좌를 차지하기 위해서는 아직 늠름하게 작동하고 있는 기존 상품을 오래되어 낡고 진부하고 권태로운 것으로 만들 필요가 있다. 요란한 광고와 마케팅의 쓰나미가 불어닥친다. 소비자는 멀쩡한 상품 대신 신규 수요에 몰려든다.

이 전략을 계획적 진부화라고 하는데 크게 시간적 진부화, 기능적 진부화, 심리적 진부화로 나눈다. 사용한 지 오래되었다는 이유(시간)로, 첨단 기능이 새로 나왔다는 이유(기능)로, 요즘 디자인이 아니라는 이유(심리)로, 아직 멀쩡한 상품이 분리수거함으로 내던져진다. 라투슈는 『낭비사회를 넘어서』에서 제조사가 제품 생산 단계에서 이미 사용연한을 상정하고 그 안에 제품이 고장 나도록 기술적인 조처까지 한다고 썼다. 소비의 천국인 미국에서는 1924년 제너럴일렉트릭을 비롯한 전구업체들이 전구 수명을 1000시간 이하로 하자고 담합까지 했다는 것이다. 이 담합으로 튼튼하고 오래가는 독일제는 수입 면허를 받지 못했고 전구의 수명을 길게 하는 제작 방식의 특허는 사라졌다고 한다. 어떤 회사의 프린터는 인쇄 매수가 1만 8000장으로 제한되어 있어 이를 넘으면 기계가 작동을 멈춘다고 한다. 수리 자체가 아예 안되는 스마트폰 아이폰의 배터리는 18개월로 수명이 제한되어 있다. 우리나라의 휴대전화 평균 교체 주기가 16개월인 까닭도 여기에 있다. 보조금과 미끼상품의 유혹을 넘긴다 해도 제품 자체의 수명이 기술적으로 제한되어 있는 것이다. 물론 그 사이에 신상이 쏟아져 나오는 판이니 버틸 재간이 없다.

기업 입장에서는 당연히 소비자들이 한 상품을 오래 쓰는 게 마땅찮을 것이다. 그래서 온갖 전략으로 소비자들을 공략한다. 그런데 이것이 단지 화려한 광고전쟁 정도가 아니다. 더 많은 상품이란 곧 더 많은 자원의 낭비이고, 이는 거대한 환경 파괴와 교란으로 직결되며, 특정 자원의 확보와 약탈을 위해 가난한 나라에서 총질을 일삼는 만행으로 연결된다. 이 파괴와 만행이 자행되는 동안 소비자, 곧 우리는 멀쩡한 물건들을 분리수거함에 던져버리고 신상품의 사용설명서를 읽고 앉아 있는 것이다. 라투슈는 이 악순환의 끔찍한 구조와 과정을 정밀하게 분석해주고, 대안을 제시한다.

그가 일차적으로 제시하는 것은 '순환경제'다. 기본적으로 에코디자인 개념을 확산하여 제조 과정에서부터 환경의 파괴와 자원의 낭비를 억제해야 하며 사용 후에 불가피하게 버리게 될지라도 그것의 재활용이나 엄격한 폐기를 제시한다. 말하자면 지속가능한 생산과 소비 패턴을 강조한다.

라투슈가 제안하는 것은 이것만이 아니다. 좀더 근원적인 문명적 대안으로 '탈성장'을 강조한다. 선량하고 부지런한 특정한 소비자의 결심만으로는 해결할 수 없는 이 '대량생산-대량 소비' 시스템 자체와의 결별을 준비하자는 것이다. 에너지 자립, 비재생 자원 관리, 낭비사회를 근절하기 위해 세계 기구 설립 등이 구체적인 제안 내용이다.

인간이라고 예외이겠는가

그러나 솔직히 이 책의 미덕은 이러한 제안에 있지 않다. 제안의 내용이 신선하지 않고 문제의 절박함에 비하면 상당히 온유하며 '대안'을 찾다 보니 생생한 현실의 '바깥'으로 많이 나갔다. 어떤 대목은 TV 뉴스로 전쟁을 보면서 분개하는 듯하다. 그보다는 우리가 얼마나 낭비사회의 가해자이자 피해자인가를 역설하는 대목이 인상적이다.

이를테면 저자는 이렇게 말한다. "소유하는 순간에 이미 수명이 정해진 물건에 어떻게 애정을 느낄 수 있겠는가."(112쪽) 이러한 인식은 1950년대에 롤랑 바르트가 『현대의 신화』를 연재하면서 플라스틱 장난감에 대해 쓴 에세이를 떠올리게 한다. 전통 사회에서 장난감은 나뭇가지였다. 자연에서 손쉽게 택하여 맘껏 가지고 놀다가 물건을 고일 때도 쓰고 불쏘시개로도 쓴다. 현대의 장난감, 곧 플라스틱 제품은 그런 연속의 수명을 갖고 있지 않다. 장난감 자동차의 바퀴 하나라도 고장 나면 그냥 분리수거함으로 직행이다. 다른 기능으로 전화될 가능성이 전혀 없다.

그렇다면 인간은? 우리의 삶은? 라투슈는 세상천지가 일회용품의 거대한 소비 사이클이 되어 버렸으니 인간이라고 해서 예외인가, 라고 묻는다. "이 일회용 제품의 제국은 마침내 인간마저 그 대상으로 삼게 되었다. 이 과정이 계속 진행된다면 어느 날엔가는 인간도 진부해져 버리는 날이 오지 않을까."(59쪽)

내가 만약 이 책의 저자라면, 바로 이 지점에서 사태의 본질로 좀더 육박해갔을 것이다. 아니, 이미 그러한 책들이 국내에 없지 않다. 지그문트 바우만은 이 처참한 상태를『쓰레기가 되는 삶들』(새물결)에서 다룬 바 있다. 그가 말하는 쓰레기는 공장에서 내버려지는 산업 폐기물이나 일상생활에서 버려지는 사소한 쓰레기가 아니다. 다름 아닌, 인간이다. 인간이 쓰레기가 되고 있는 상황을 바우만은 응시한다. 산업구조에 편입되지 못하여 잉여로 남는 존재들, 설령 편입했다 해도 능력과 서열에 밀려 외진 곳으로 추방당하는 자들, 아무런 인정도 존중도 받지 못하여 자존감을 상실해버리는 사람들, 곧 우리 모두의 어떤 요소들을 바우만은 응시했다.

솔직히 말하여 나는 자신이 없다. 대안 경제도 잘 모르고 대안 소비도 잘 모르며 대안 체제도 잘 모른다. 내가 사는 아파트에서는 목요일에 분리수거를 하는데, 매주 쌓이는 그 많은 플라스틱과 폐지와 깡통과 박스들을 보면서 너무나 절망에 빠진 나머지 그 너머를 아직은 상상조차 못하고 있다. 다만 이것은 말할 수 있다. 쓰레기가 되는 삶에 대한 연민, 그렇게 내동이치는 구조와 권력과 힘들에 대한 분노 말이다. 그 파국은 어떤 '잉여'나 어떤 '쓰레기'의 불행이 아니라 우리 모두가 직면하고 있는 현실이다. 언제나 그랬듯이 이 연민의 사회화, 이 분노의 조직화가 중요하다.

이로써 우리 모두가 지포라이터처럼 되었으면 좋겠다. 단순하고 견고한 연대, 부속이 마모되거나 원료가 떨어져도 조금씩 나누고 보충해주면 얼마든지 다시 살아갈 수 있는 우애, 그 누구도 쓰레기가 되어 계획적 진부화의 분리수거 더미에 내던지는 일이 없는 삶, 지포라이터처럼 언제나 팅! 하는 경쾌한 소리를 내는 삶 말이다. 그렇다면 '대안 체제'는 가능하다.

정윤수 문화평론가

이 시대의 잉여는 진정한 잉여가 아니다

잉여사회
최태섭 지음, 웅진지식하우스, 2013

어떤 시점에 유행하는 개념을 포착하여 그것을 통해 한 사회를 개괄하는 시도는 언제나 어느 정도의 위험을 무릅쓰는 것일 수밖에 없다. 『잉여사회』 역시 마찬가지다. '잉여'라는 단어가 청년들 사이에서 스스로를 지칭하는 1인칭 단수 혹은 복수형으로 유행했던 시점은 이 책이 세상에 나온 2013년보다 다소 앞선다. 어휘가 갖는 설명력이 완전히 사라졌다고 볼 수는 없다. 하지만 그 개념을 설명하고 이해하는 일이 그렇게 '핫'하지 않다는 것만큼은 이론의 여지가 없다. 특히 필자가 이 서평을 쓰고 있는 2014년 5월 말 현재를 놓고 보자면 더욱 그렇다.

　저자의 후기를 펴보자. 최태섭은 "잉여를 주제로 하는 책을 써야겠다고 마음먹은 뒤 거의 3년에 가까운 시간 동안 끊임없는 압박감에 시달려왔다"(268쪽)고 술회한다. 이 말에 따르면, 청년 세대를 규정짓는 혹은 그럴 가능성을 보여주는 '잉여'라는 단어가 최태섭이라는 젊은 사회학자의 눈에 들어온 것은 2010년의 일이다.

다행히도 그가 책을 낼 때까지 '잉여'라는 단어는 신선함을 다소 잃긴 했지만 그 생명력은 유지하고 있었다. 지금 이 시점에도 마찬가지다. 〈월간잉여〉라는 이름의 독립 잡지가 나오고 있고, 한겨레 TV는 〈잉여싸롱〉이라는 인터넷 방송을 제작해 배포한다. 스스로를 적극적으로 잉여로 규정짓고, 그 속에서 발언의 폭을 넓히고자 하는 젊은이들이 꾸준한 활동을 하고 있는 것이다.

그럼에도 굳이 '잉여'라는 단어의 시의적절함 혹은 시의적절하지 않음을 지적하며 이 글을 시작하는 이유는 다음과 같다. 굳이 유통기한에 한계가 있는 그 단어를 골라 자신의 핵심 개념으로 삼은 저자의 목적의식을 명확히 파악하고, 그 성취와 한계를 있는 그대로 이해해보기 위해서이다.

이상이라는 것이 사라진 시대에 나타난 잉여들

저자는 잉여의 개념을 지그문트 바우만의 논의를 빌려 규정한다. 사실 정통 마르크시즘적인 입장에서 보자면 잉여는 산업예비군과 다를 바 없다. 자본주의가 고도화되면서 생산성은 향상되지만, 그 생산성 향상에 기여하는 요소는 가변자본이 아닌 불변자본이다. 오해의 여지를 무릅쓰고 아주 단순하게 말하자면 불변자본은 시설비, 가변자본은 인건비에 주로 해당하는데, 자본은 점점 제 몸집을 불려나감에 따라 가변자본의 비중을 줄이는 경향을 보인다. 따라서 인건비가 낮아지고 실업자가 증가하며 그렇게 구조적 문제로 늘어난 실업자를 '산업예비군'이라고 부르는 것이다.

지그문트 바우만은 『쓰레기가 되는 삶들』(새물결)에서 기존의 이론이 말하는 산업예비군과 자신이 지목하는 '쓰레기'가 존재론적으로 다른 것임을 설명하고 있다. 최태섭이 자기 주장의 이론적 근거로 삼아 인용하고 있는 대목을 함께 살펴보자. "'잉여'는 '불합격품' '불량품' '폐기물' '찌꺼기' - 와 그리고 **쓰레기** - 와 의 미론상의 공간을 공유하고 있다. '실업자' '노동예비군'의 목적지는 다시 노동 현장으로 돌아가는 것이었다. 그러나 쓰레기의 목적지는 쓰레기장, 쓰레기 더미이다."(지그문트 바우만, 『쓰레기가 되는 삶들』 32쪽, 『잉여사회』 17쪽에서 재인용, 강조는 원저자)

바우만이 말하는 노동예비군이 곧 우리가 이야기한 산업예비군이므로, 여기서 우리는 바우만이 잉여를 어떻게 규정하고 구분 짓고 있는지 어렵지 않게 파악할 수 있다. 산업예비군 혹은 노동예비군은 기존에 취업을 했거나 앞으로 취업하여 노동 현장에 투입될 가능성을 전제로 하고 있는 사람들이다. 반면 잉여나 쓰레기는 그렇지 않다. 잉여는 이전 시대의 '루저'들과 달리 제대로 된 반항의 기회조차 가져본 적이 없으며, 따라서 자기파괴적인 문화를 창출하는 방식으로 기존 권력에 대한 전면적인 저항의 기치를 들어 올릴 힘조차 없는 존재들이다.

최태섭은 그러한 오늘날의 잉여를 다음과 같이 정의한다. "우리 시대의 잉여는 풍요가 아니라 양극화로 대변되는 격차와 집중의 산물이고, 무너지고 있는 중간층의 잔해 속에서 태어난 것이며, 좌절한 이상주의자이기는커녕 이상이라는 것이 사라진 시대에 나타난 것이다. 잉여는 스스로를 인질로 삼기는커녕 자신의 생존을 세계에 저당 잡혀 있는 존재다."(22쪽)

잉여들이 살아가는 공간, 사이버스페이스

2차대전 이후 지속된 호황과 그것을 따라간 대한민국의 경제 성장의 원동력은 서서히 꺼져가고 있다. 누구나 노력하면 중산층이 될 수 있다는 희망은 사라진 지 오래이고, 그 자리를 채워넣은 것은 노력해도 안 되는 현실뿐이다. 일자리를 얻기도 어렵고 열심히 일해도 간신히 입에 풀칠하고 사는 수준이니, 스스로를 인질 삼아 세계와의 싸움을 벌일 여력 따위 당연히 없는 것이다.

그런데 『잉여사회』의 방점은 이러한 경제적, 정치적 변화에 맞춰져 있지 않다. "세계시장이 통합되며 만들어진 새로운 자본주의 체제, 지적이고 미학적인 영역에서 근대를 극복하려 한 포스트모더니즘, 역사의 전면에서 희극과 비극의 행보를 반복하며 갈지자로 나아가는 대중"(75쪽) 가운데 최태섭이 이 책에서 주로 설명하고 해석하는 것은 세 번째, 즉 새로운 방식으로 등장한 대중이기 때문이다. 책은 크게 1부와 2부로 나뉘어져 있는데, 잉여가 탄생하게 된 원인에 대한 해명은 주로 1부에 집중되어 있고, 나머지 2부는 그 잉여들이 살아가는 공간으로서의 사이버스페이스에 대해 다룬다.

"잉여들의 움직임이 가장 활발하게 드러나는 곳은 사이버스페이스다. 그 이유는 사이버스페이스가 애초의 금융자본과 산업자본의 이해를 넘어서서 우리 시대의 몇 안 남은 공유지 같은 역할을 떠맡게 되었기 때문이다. 사이버스페이스에서는 실제의 공간들에 비하면 훨씬 적은 비용만 지불해도 소통하고, 놀고, 존재할 수 있다. 거기에 '일단은' 보장되는 익명성과 연결성은 그곳을 현실 세계에서 자리를 잃어버린 우리들의 내밀한 회한과 욕망들이

날뛰는 아수라장으로 만들었다."(125쪽, 강조는 저자)

이른바 '사회과학'으로 분류되는 기존의 책에 익숙한 사람이라면 1부의 내용을 이해하고 받아들이는 데 그리 큰 무리가 없을 것이다. 잉여에 대한 개념을 파악하고 그 생성 과정을 추적하는 최태섭의 논의는 지그문트 바우만과 몇몇 중요 학자들의 그것에 힘입고 있기에, 해외 이론이 어떻게 국내에 적용되는가를 확인할 수 있기도 하다. 문제는 2부다. 저자 스스로가 그에 대해 "이것은 쉽지 않은 이야기고, 필연적인 불만족을 예견하고 있는 이야기"(128쪽)라고 말하고 있는 것처럼, 바우만의 '쓰레기'가 최태섭의 '잉여'로 변환되는 것은 그리 간단한 문제가 아니다.

앞서 인용한 단락에서 저자가 말하는 사이버스페이스의 성격을 나열해보자. 사이버스페이스는 현실보다 낮은 비용으로 유지되며, 일단은 익명성과 연결성이 보장된다. 따라서 현실에서는 다 표출되지 못하는 내밀한 회한과 욕망이 그곳에서 날뛰게 된다.

필자는 이 서평을 시작하면서, '잉여'라는 개념 자체의 수명이 다했다고 볼 수는 없지만 그것이 갖는 시의적 힘은 상당히 많이 줄어들었다고 지적한 바 있다. 이제 그 이유를 설명할 때가 온 것 같다. 최태섭이 분석 대상으로 삼고 있는, 디시인사이드(디시)에서 시작해 일간베스트(일베)와 오늘의 유머(오유)로 이어지는, 아무 말이나 마구 지껄여대고 인신공격을 퍼붓는 그 익명의 인터넷은 오늘날까지 물론 존속하고 있지만, 그것보다 더 끈적하고 무시무시한 세계가 도래했기 때문이다.

현실이 사이버 공간에 침투하는 무시무시한 세상

2부의 목차를 살펴보자. '병맛' '이말년' '귀귀' '고자' '후로게이' '키보드워리어' '일베' '민주화' 등의 키워드가 빼곡하다. 최태섭은 본인의 경험, 조사, 관찰 등을 종합하여 2000년대 초부터 2013년까지 이어져온, 미쳐 날뛰는 익명성의 공간에 대한 탐사 보고서를 펴냈다. 이런 종류의 '청년보고서'가 늘 그렇듯이 이 책의 2부 역시 몇몇 대목에서는 민망하고, 보는 이에 따라 '에이, 그건 그게 아니었지'라고 말할 대목도 종종 눈에 띈다.

하지만 그런 디테일이 문제가 아니라, 2014년의 '인터넷'이라는 것이 그 이전과 확연히 다른 양상을 보인다는 점이 중요하다. 디시, 일베, 오유 등의 사이트는 (몇몇 경우에 따라 예외가 있지만) 대체로 익명으로 접속하여 취미와 관심사에 따라 모이는 커뮤니티이다. 그들은 자신과 서로를 '게이' 혹은 '잉여'라고 부르며 시시덕거리고, 현실보다 평등한 인간적 관계를 구축하며 위안을 얻는다. 그 속에서는 최태섭의 분석이 잘 맞아떨어진다고 볼 수 있다.

문제는 오늘날의 사이버스페이스가 점점 현실의 그것과 밀착돼간다는 데 있다. 사실 2000년대 초중반의 싸이월드도 그랬지만, 그것이 스마트폰이라는 새로운 장치를 통해 온갖 소셜네트워크서비스(SNS)로 연결된 '다중Multitude'들의 사회가 도래해버렸기 때문이다. 일베를 열심히 하는 사람들의 주요 화두 중 하나는 어떻게 하면 '일밍아웃', 즉 본인이 일베 유저라는 사실을 현실에서 사람들에게 들키지 않는가 하는 데 있다. 일베나 잉여라는 정체성은 꼭꼭 숨겨두어야 할 무언가이지, 자랑스레 드러내고 그 정체성에 기반한 새로운 권리를 요구할 수 있는 바탕이 되지 못하는 것이다.

그리고 지금 이 순간 스마트폰에서 카카오톡이 새로운 메시지의 도착을 알린다. 현실 속의 단위 그대로 옮겨진 '단톡방'(단체카톡방)이 수없이 번쩍거린다. 내가 보낸 메시지를 누군가 읽지 않아 숫자 1이 말풍선 옆에 남아 있으면 너무나 신경 쓰이고 피곤하다. 이것은 우리가 늘 겪고 있는 '사회생활'이라는 것으로부터 결코 도망칠 수 없는 새로운 사이버스페이스다. 이 현실 기반 사이버스페이스 앞에서 잉여 기반 사이버스페이스들은, 그저 카톡방에 띄워놓고 함께 낄낄거릴 '짤방'의 공급지로 전락할 뿐, 잉여들의 힘을 모아 현실에 저항하고자 시도하는 근거지로서의 위엄을 갖지 못한다. 대학에 갓 들어간 학생들은 후배들을 단톡방에 모아놓고 군대식으로 군기를 잡는다. 해방 공간으로서의 사이버스페이스는 점점 줄어들고 있다.

기존과는 다른 활동의 기반이 되고 그 활동을 여러 사람과 함께 하면서 집단적인 정체성을 형성하며 현실에 영향을 줄 수 있었던, 그렇게 '잉여로웠던' 인터넷은 시대의 입지를 잃어가고 있는 것이다. 사이버스페이스가 현실을 바꾸기는커녕 현실의 질서를 강화하는 새로운 시대가 도래했다. 저자의 탐색이 한 차례 진화하기를 기대해본다.

노정태 자유기고가

임계점이 낮은 청춘들의 좌절

하류사회
미우라 아츠시 지음, 이화성 옮김,
씨앗을뿌리는사람, 2006

'이케아 세대'의 출현을 알린 이는 전영수다. 그는 『이케아 세대 그들의 역습이 시작됐다』(중앙books)에서 스웨덴 조립식 가구인 이케아 가구와 현재 30대 중반인 이들의 공통점으로 저렴한 가격(낮은 몸값), 빼어난 디자인(뛰어난 능력), 가격대비 내구성(스펙 대비 단기 고용), 미완성 제품(삶의 중간단계), 단기적 만족감(미래를 계획할 수 없는 삶) 등 다섯 가지를 제시했다.

일반 북유럽 제품과는 비교도 안 되는 저렴한 가격이 강점인 이케아 가구와 더딘 성장에 일자리가 줄어들어 과잉 공급 상태에 빠진 ±35세대, 값은 저렴해도 고급문화로 인식되는 북유럽 디자인을 그대로 표방한 이케아 가구와 안목이 코스모폴리탄인 ±35세대가 닮아 있다는 것이다.

이케아 세대의 출현이 슬픈 것은 고스펙, 고학력으로 두루 무장한 최초의 세대인 ±35세대를 일생에 한 번 사는 고가의 가구 대신 싸고 가벼우며 버리기 쉽게 만든 이케아 가구와 비교했다는 사실이다. 단군 이래 최고의 스펙을 쌓았건만 인턴과 수습, 계약 직이라는 단기 고용에 이용당하다가 여차하면 버림받는 이 세대의 서글픔을 어찌 말로 다하겠는가.

이케아 세대의 둘 중 한 명은 비정규직이라 상시적인 구조조정의 압박에 시달리고 있다. 부모의 강요로 해외여행이나 어학연수, 유학 등을 경험하면서 최고의 스펙을 쌓아 해외 문화에 익숙하고 높은 안목을 지니고 있는 이들로써는 너무나 서글플 수밖에 없다. 높은 스펙에 비해 몸값이 낮아 2년 단위의 계약직 직장을 잡을 수는 있으나 미래를 장담할 수는 없다. 게다가 가벼운 주머니 사정으로 2년마다 거처를 옮기면서 디자인은 좋지만 내구성이 약해 이사할 때 버려도 그만인 이케아 가구를 구입하고 있다.

더 이상 그들의 좌절을 보고 있을 수만은 없다

이케아 세대는 일본의 '하류사회'와 닮아 있다. 일본에서 젊은이들을 일컫는 말은 모두 부정적이었다. 부모의 둥지에서 기거한다 해서 '캥거루족', 기생충처럼 부모에게 붙어산다 해서 '패러사이트족', 취업할 의욕도 공부할 의욕도 갖지 않는다 해서 '니트족', 프리랜서로 아르바이트나 한다 해서 '프리터족' 등 그리 좋지 않은 닉네임이 붙어 다녔다. 그리고 급기야 대졸 임금의 10분의 1(약 300만 엔)밖에 벌지 못하는 사람들이라 해서 미우라 아츠시가 『하류사회』라는 문패를 달아줬다.

미우라 아츠시가 밝힌 하류사회의 특징으로는 수입이 형편없는 것 외에도 매일 매일 속편하게 지내고 싶어 하며, 나답게 사는 것을 좋아하고, 좋아하는 것만 하며 살고 싶고, 매사가 귀찮고 야무지지 못한 편이며, 외출하는 게 싫고, 혼자 있는 것을 좋아하며, 수더분해서 눈에 띄지 않는 성격이며, 패션은 나만의 스타일이 있으며, 먹는 게 귀찮을 때가 있어 과자나 패스트푸드를 자주 먹으며, 하루 종일 집에서 TV게임이나 인터넷을 할 때가 있는데 대부분 미혼이다(남성 33세 이상, 여성 30세 이상).

일본은 1950년대까지 소수의 '상'(일하지 않아도 풍족한 부자, 자본가, 지주 등)과 대다수의 '하'(아무리 일해도 풍족해질 수 없는 가난한 사람)로 이루어진 '계급사회'였다. 그것이 사회의 고도성장에 따라 이른바 '신중산층'이라는 계층이 증가하게 되었다. 즉 주로 샐러리맨이며 특별한 재산은 없지만 매년 소득이 늘어나 생활수준의 향상이 기대되는 '중'에 해당하는 사람들이 늘어난 것이다. 특히 '하'에서 '중'으로 상승한 사람이 늘어나 '하'가 '중류화'되었다. 이런 성장을 주도한 이들이 단카이 세대(1947~1949년생)다. 그들은 타고난 근면성과 기술력으로 경제번영을 이뤄왔으며 '총중류사회'를 추구해왔다.

총중류사회란 모두가 중(류), 즉 중산층이 되는 사회다. 그들은 '회사형 인간'이 되어 성실하게 일하기만 하면 '풍요로운 사회'의 일원이 될 거라 믿었다. 집과 회사밖에 모르고 살아온 그들은 '내 자식만은 자신이 원하는 인생을 살아가길 바란다'는 말을 입에 달고 살아왔다. 그런데 정작 그들의 자식들인 단카이주니어 세대는 장래의 수입을 꿈꿀 수 없을 뿐 아니라 정리해고의 위기에 일자리도 찾기 힘들 정도로 희망을 가질 수 없는 환경이 되자 '자아붕괴'를 피하는 최후의 수단으로 하류인생을 선택하기 시작했다.

이로 인하여 사회는 급격하게 양극화되기 시작했다. 다원화 시대임에도 불구하고 '승리조·패배조' 같은 이분법이 난무했다. 35세의 에세이스트인 사카이 준코가 결혼한 여자를 '가치이누勝利犬(싸움에서 승리한 개)', 이혼녀나 노처녀를 '마케이누敗北犬(싸움에서 패배한 개)'라고 부른 것이 대표적이다.

하류사회는 절대빈곤 세대는 아니다. '하류'는 기본적으로 '중하' 정도로 먹고 사는 일은 걱정하지 않는 수준의 생활을 하고 있다. 하류라고 해도 DVD플레이어나 컴퓨터 정도는 갖고 있는 그들에게 가장 부족한 것은 상승하겠다는 '의지'다. 커뮤니케이션 능력, 생활능력, 일하겠다는 의욕, 배우겠다는 의욕, 소비의욕, 즉 종합적인 인생에 대한 의욕이 매우 낮다.

단카이 세대는 2012년에 65세 정년을 맞이하기 시작했다. 일부는 경제적 여유가 있지만 많은 사람들이 아르바이트로 겨우 제 용돈 벌이나 하는 자식을 챙기다 보니 노후 자금을 마련할 여력이 없었다. 이들이 이제 파산할 지경에 이르렀다. 따라서 부모의 지원을 받을 수 없는 자식들마저 파산하는 '이중파탄'에 빠지기 시작한 것이다.

이렇게 된 가장 큰 이유는 신자유주의가 이제 임계점에 도달해 많은 한계를 노출하고 있기 때문이다. '2013 일본 신서대상 1위'를 차지한 오구마 에이지의 저서 『사회를 바꾸려면』(동아시아)에서는 '글로벌화'나 '리스크 사회화'라는 용어 대신 '탈공업화'라는 용어를 쓰고 있다. 제조업 공장의 해외 이전이 많아지고, 정보산업이나 IT기술을 기반으로 한 글로벌 금융업이 융성하게 된다. 사회 전반으로 비정규직이 늘어나고 한 사람의 핵심 엘리트 사원을 지원하기 위한 단순 사무직이나 빌딩 청소원, 편의점이나 외식 산업 등에서 일하는 점원들이 늘어난다. 맥도날드의 아르바이트로 상징되는 '맥잡'처럼 단기 고용되는 노동자가 많아진다. '맥잡'은 일본의 '프리터족'과 빼닮았다. 이런 사회가 바로 탈공업사회다.

한국사회 또한 탈공업사회다. 오구마 에이지가 지적하는 "고용과 가족의 불안정화, 격차의 확대, 정치의 기능부전, 의회제 민주주의의 한계봉착, 공동체의 붕괴, 노조의 약체화, 우울증이나 식이장애의 만연, 편협한 민족주의와 포퓰리즘의 증대, 이민자 배척운동이나 원리주의의 대두" 등의 현상이 그대로 나타나고 있다. 이러한 상황이니 상시적인 구조조정의 압박에 시달리는 '이케아 세대'의 미래가 있을 리 없다. 그래서 그들은 '취업 - 연애 - 결혼 - 출산 - 양육'이라는 정규 코스를 거부하기 시작했다. 그저 "지금 이 순간 잘 사는 것"을 선택한 이들이 기성사회에 할 수 있는 가장 강력한 복수는 '결혼 포기'다. 그로 인해 저출산율이 세계 최고 수준일 정도로 심각하다.

전영수는 사회의 요구와 인간의 본능, 국가의 경제 성장에 맞춘 제도적 라이프 스타일 대신 철저히 자신들의 상황과 눈높이에 맞춘 생존법으로 살아가는 이케아 세대의 역습을 막지 않으면 이 나라의 미래가 없다고 경고했다. 맞다. 이 문제가 이케아 세대에만 한정되지 않는다. 단군 이래 최고의 스펙을 쌓은 이케아 세대를 삼촌, 고모, 이모, 형, 누나로 둔 그 아랫세대는 윗세대의 좌절을 목격하고는 시작도 전에 좌절부터 한다. 이미 20대의 절반가량은 미취업 상태이고 취업자들도 절반 이상은 비정규직이다.

정규직 취업자들도 힘겨운 노동과 퇴출의 공포로 인해 심각한 불안에 사로잡혀 있다. 바늘구멍이라는 상장기업에 입사한 사람들마저 1년 안에 회사를 그만두어야 하는 고민을 뜻하는 '신입사원 사춘기'에 시달린다. 그들 중 절반은 1년 안에 실제로 그만둔다. 그걸 '신입사원 손절매'라고 부른다.

대학문을 나서기를 두려워한 이들은 2013년 말에 '안녕들하십니까' 대자보 열풍은 불러일으켰다. 이 열풍은 미래에 대한 불안에 시달린 젊은 세대가 세상과 사회에 대한 불만과 좌절감을 표출한 것으로 분석되었다. 이케아 세대가 침묵으로 세상에 저항한 데 비해 이들은 아날로그적인 감성으로 자신들의 진정한 마음을 드러내 보였다. 이제 이들이 좌절을 극복할 수 있도록 우리 사회 체제를 완전히 뜯어고쳐야 한다.

사회를 바꾸려면, 모두 바꿔야 한다

세월호 침몰 사고는 '한국전쟁 이후 최대의 참사'로 일컬어진다. 이 참사는 전형적인 '임계臨界사고'였다. "노후 선박의 운항이라는 근본적인 취약성에 더해 무리한 개조와 증축, 과적, 균형수 부족, 화물 고박固縛 미비 등의 불법적 관행이 중첩되어 이미 안전의 임계치에 달한 배가 맹골수로의 가파른 물살을 통과할 때 선원들의 운항 실수로 돌이킬 수 없는 사고를 낸 것"(한기욱, 「세월호 참사와 '임계사회' 혁신의 과제」, 〈창작과비평〉 2014년 여름호)이다.

게다가 재난구조 사령탑은 거의 작동하지 않았다. 선박과 운항의 안전을 무시하는 온갖 불법, 편법의 관행과 이른바 '해피아(해양수산부 마피아)'의 '적폐', 국민과 소통할 줄 모르는 대통령의 제

왕적인 통치 스타일, 받아쓰기만 할 줄 아는 국무위원과 청와대 비서들, '기레기(기자+쓰레기)'란 비난을 들어야만 했던 언론, 생명보다 돈을 중시하는 사회 체제와 삶의 방식 등 상시적인 임계 상태에 이른 우리 사회의 민낯이 모두 드러났다. 임계사고의 가능성이 확인되는 것은 원자력 발전소, 지하철, KTX, 선박, 항공기, 케이블카, 건물, 공장, 다리 등 우리 주변에 널려 있다.

박근혜 정부는 2014년 초부터 마치 세월호처럼 정책 방향을 급선회하여 '규제와의 전쟁'을 벌이기 시작했다. 세월호 참사는 이명박 정권이 규제를 푼 엉터리 선박개조와 기업하기 좋은 '비즈니스 프렌들리'의 결과이기도 하지만 '중소기업만이 우리 경제가 살길이다'라고 외쳐서 당선된 박근혜 대통령이 경제민주화와 각종 복지 공약을 헌신짝처럼 내던지고 '규제는 암 덩어리'라면서 하루아침에 재벌 편으로 돌아선 결과이기 하다. '세월호'는 침몰함으로써 우리 사회가 완전히 개조되지 않고는 앞으로 어떠한 희망도 가질 수 없다는 것을 보여줬다.

박근혜 대통령은 분노한 민심을 수습하기 위해 안대희 전 대법관을 국무총리에 지명한 바 있다. 하지만 그는 전관예우를 이용해 초보 변호사임에도 불과 5개월 만에 20억 원의 매출을 올린 사실이 드러났다. 이를 연매출로 환산하면 48억 원이나 되지만 실제 소득은 훨씬 더 많은 것이라는 소문에 시달려야 했으며, 결국 그는 사퇴를 해야 했다. 청렴하게 살았다는 이미지를 가진 이가 이런 정도니 권력층 주변의 법조계 출신들의 속사정이 얼마나 진흙탕인지는 아무도 모른다.

우리 사회의 적폐는 몇 사람 갈아치우고, 기구를 재편하고, 법치를 강화한다 해서 해소되지 않는다. 적어도 이케아 세대와 그 아랫세대, 그리고 모든 국민의 분노를 해소하려면 분명 국가개조 수준의 사회 혁신이 이뤄져야 한다. "공공운송수단과 공공시설의 상태를 진단하여 임계점에 이른 것들을 갈아치우고 온갖 '적폐' 들을 청산하는 실제적인 작업과 시장 만능주의와 성장제일주의, 배금주의에 젖어 있는 사회 전반의 체질을 바꿔나가는 두 차원의 혁신이 병행되어야 할 것"(한기욱, 앞의 글)이다.

사회의 패러다임이 완전히 바뀌는 바람에 부모 세대가 자식 세대에게 가르쳐줄 지혜란 없다고 보아도 무방하다. 지금까지 부모들은 19세에 좋은 대학에 들어가면 평생 신분 상승의 에스컬레이터를 탈 수 있을 것이라 여겨 자식에게 스펙 쌓기를 강요해왔다. 그러나 스펙은 이제 '노예의 학문'으로 전락했다. 따라서 이제 아이들은 어려서부터 다양한 인문사회과학, 달리 말하면 교양 서적을 많이 읽으며 어떤 세상, 어떤 직업에서도 살아남을 수 있는 지혜를 터득해야 한다. 왜 일반교양을 '리버럴 아트liberal arts', 즉 '인간을 자유롭게 하는 학문'이라고 부르지 않는가? 노예가 되기를 거부하고 평생 진정한 인간으로 살려는 자는 책을 함께 읽고 토론하며 일반교양부터 제대로 쌓아야만 한다.

한기호 한국출판마케팅연구소장

탈학교로 가속화하는 학교 변화

학교 없는 사회
이반 일리치 지음, 박홍규 옮김, 생각의나무, 2009

탈학교를 이야기하기에 앞서 6·4지방선거의 시도 교육감선거 결과부터 보자. 17개 시도교육감을 뽑는 이번 선거에서 진보 성향 후보가 무려 13개 지역에서 당선됐다. 서울, 경기, 인천은 말할 것도 없고 부산과 경남에서조차도 진보 성향의 후보들이 당선됐다. 보수진영 후보가 승리한 곳은 경북, 대구, 울산, 그리고 대전 4곳에 지나지 않는다.

진보 성향 후보들이 압승한 요인으로는 세월호 참사로 인한 '앵그리 맘'의 표심에 더해 진보 진영 단일후보 출마 등이 꼽힌다. 보수 진영의 패배는 후보 단일화를 이뤄내지 못한 보수 진영이 자초했다는 것이다. 진보는 13곳에서 단일후보를 냈으나, 보수는 단 한 곳에도 단일후보를 출마시키지 못했다. 실제로 당선된 진보 성향 후보들의 득표율이 대부분 40% 안팎인 점에 비춰 단일화가 승리의 큰 요인이 됐다는 분석은 설득력이 있다. 그럼에도 진보 진영 교육감 후보의 대거 당선은 현 교육에 대한 일반의 정서를 반영한다고 할 수 있다. 학교가 병들거나 왜곡돼 변화가 필요하다는 진보 진영의 주장이 먹혀들었다는 것이다.

이번 선거에서 진보가 내세운 이슈는 이들이 공동 공약으로 발표한 입시고통 해소, 공교육 정상화, 학생 안전 및 건강권 보장, 교육비리 척결 등으로 요약된다. 입시교육을 위한 비정상적 과잉경쟁 구조를 정상화하자는 것이다. 이는 기존의 학벌체제나 대학 서열화로 상징되는 기득권 질서를 혁신하는 것으로 압축된다. 탈학교 논의는 이 같은 진보 진영의 교육 개혁에서 조금 더 나아간 지점에 위치한다.

의미가 사라진 학교교육

전통적인 학교교육의 문제를 비판하며 탈학교교육을 제창한 이는 이반 일리치다. 일리치는 1970년에 출간한 『학교 없는 사회 Deschooling Society』에서 현대사회의 모순, 즉 비인간화, 물량주의, 소외, 빈부 격차 등을 분석하면서 그 원인이 학교제도에 있다고 주장했다.

책에 따르면 학교는 과대 소비와 반생태적 소비를 촉진시키는 신화에 의해 탄생해 그것을 유지시키는 기관일 뿐, 교육 변혁 뿐 아니라 사회 변혁을 위해서도 학교는 폐지돼야 한다. 학교의 확장은 사회의 평등에 기여하기보다 오히려 불평등과 가난을 정당화하고 영속화한다는 것이다. 그에 따르면 자격증 있는 교사만 교육자는 아니며 학교보다 훨씬 더 효과적인 교육제도가 있을 수 있다. 학교 안에서 배운 것보다 학교 밖에서 배운 것이 훨씬 더 많을 수 있으며 학교는 교사를 위한 곳일 뿐 학생을 위한 곳은 아니다. 모든 가치 있는 지식을 상품화하며 진정한 교육을 마비시키는 학교로부터 탈출하지 않고는 궁극적으로 어떤 사회 개혁도 불가능하다는 이야기이다. 일리치가 내세우는 학교의 대안은 네트워크에 기반한 새로운 교육 모형을 창출하는 것이다.

또 다른 탈학교론자인 미국의 에버레트 라이머는 『학교는 죽었다School is Dead』(한마당)에서 오늘날 학교는 국가에 의해 독점돼 통치와 지배의 도구로 사용될 뿐 참인간을 양성하는 학교는 죽었다고 주장했다. 이에 비해 브라질의 민중교육운동가 파울로 프레이리는 엄연한 인격으로 존중받아야 할 인간이 극좌와 극우가 추구하는 이데올로기에 희생되고 있다며 비인간화, 주입식, 이데올로기화, 학과와 학교 중심, 교수 의존, 전일제 교육 등을 비판했다.

오늘날 국내에서 번지고 있는 탈학교 현상은 이들 탈학교론자의 주장과 맥을 같이하면서도 내용은 다르다. IMF외환위기 이후 본격화된 탈산업화와 정보화, 글로벌 신자유주의의 외부 요인에 더해 역대 정권의 경쟁 위주 교육 정책 등이 맞물려 있기 때문이다. 1990년대 중반 이후 야기된 초중등 교실의 붕괴만 해도 자유주의적 분위기에서 양육된 세대가 권위적인 학교교육과 충돌하면서 빚은 문화적인 성격이 짙은 것이었다. 그러나 오늘날 현장 교사들은 이보다 훨씬 광범위하고 발본적으로 학교교육이 해체되고 있다고 말한다.

신자유주의 사회경제적 변화 속에서 탈학교를 부추기는 표면적인 요인으로는 취업난이 꼽히고 있다. 학교 자체가 근대 자본의 기획이기도 하지만, 중·고등학교와 대학 할 것 없이 본래 의

미의 교육이나 학문의 교수 및 연구라는 기능을 상실한 것이다. 이제 중고등학교는 대학 입시를 준비하는 통로로, 대학은 졸업장을 얻어 취업을 하는 기관으로서만 존재한다. 그런데 학교를 나와도 취업이 쉽지 않다는 것이 문제다.

사실 청년들에게 집중된 현재의 취업난은 일시적인 것이 아니다. 탈산업화와 정보화, 글로벌화 자본주의 경제체제를 반영한 것으로 구조적이고 장기적이다. 이미 제조업은 높은 국내 임금을 피해 해외로 이전하거나 제조 단가가 싼 해외 공장과 계약을 체결하는 것으로 생산 양식을 바꾸었다. 국내에 공장을 두는 경우에도 자동화로 숙련된 정규직 노동자가 필요 없어졌다. 사무직도 비정규직으로 대거 전환하면서 전문적인 업무는 외주로 돌렸다. 정규직 사원은 기획 등의 분야에서 소수의 핵심만 필요하고, 피라미드형의 회사 조직도 필요 없어졌다. 일에 따라 모였다가 일이 끝나는 대로 해체하면 되기 때문이다. 정보산업이나 IT기술을 기반으로 한 일부 글로벌 금융산업 등은 비대해졌으나 여기에서 일할 수 있는 사람은 극소수 엘리트뿐이다. 이들을 제외한 대부분은 대학을 졸업해도 비정규직을 감수하거나 청년 실업을 감수할 수밖에 없는 구조다.

이런 상황에서 극소수 엘리트를 제외한 대다수 아이들에게 경쟁교육은 의미가 없어진다. 대학을 나와 봐야 좋은 일자리를 얻을 수 없기 때문이다. 물론 경제적으로 윤택하고 성적이 좋은 층에서는 학력을 통한 경쟁력 강화를 위해 더 많이 투자할 수 있다. 그러나 여타 대부분의 아이들은 비정규직이나 청년 실업자가 되기 위해 초중고 12년과 대학 4년을 지옥 같은 경쟁에 시달릴 이유가 없어졌다. IMF 이후 비정규직 비중이 높아지고 노동자들의 실질 소득이 감소한 가운데에도 사교육이 강화된 것은 다른 이유가 있다. 치열해진 경쟁구조 속, 먹고사는 것 자체가 힘들어진 현실에서 불안을 내면화한 부모들이 '공부에서 밀리면 끝'이라는 절박한 심정으로 아이들을 사교육 시장으로 내몬 것이다. 어려서부터 경쟁 시장에 내몰린 아이들의 스트레스는 탈학교를 부추기는 또 다른 요인이다. 결국 탈학교의 근본 요인은 학교가 삶을 가르치는 것도, 노동시장에 진입시키는 것도 못하면서 대책 없이 경쟁으로만 내모는 것에 있다고 할 수 있다.

탈학교는 학교 변화의 동력

탈학교는 여러 양상으로 나타나고 있다. 초중등 학생들의 가장 흔한 탈학교 방식은 대안학교나 홈스쿨링으로 탈출하는 것이다. 1990년대까지만 해도 몇몇에 지나지 않던 대안학교가 2000년대 들어 우후죽순 생겨난 것도 이 때문이다. 처음에는 주로 공교육에 적응하지 못하는 아이를 대상으로 하거나 경쟁교육 대신 전인교육, 생태교육 등을 기치로 내걸던 대안학교들은 시간이 흐를수록 다양하게 분화하고 있다. 이런 와중에 일부 여유 있는 학부모를 중심으로 귀족학교라고 불릴 만한 고비용 대안학교도 생겨났다. 교실 붕괴, 교육 불가능 시대의 공교육에 아이를 맡기는 대신 소수 정예의 대안학교에서 입시 준비에 집중하는 것이다. 보수 진영이 확대하려 하는 자율형 사립학교는 이를 제도화한 것으로 볼 수 있다.

미국이나 영국에서 그랬듯이 진보적 교육운동 진영에 대한 보수 진영의 공격도 거세지고 있다. 교실 붕괴나 교육 불가능을 신자유주의 사회경제적 변화 탓이 아닌, 교원 노조의 교육운동이나 개혁적인 교육 정책 탓으로 돌리는 것이다. 몇 년 전, 한 국회의원에 의한 전교조 가입교사 명단 불법유출이나 보수 언론들의 전교조에 대한 공격이 여기에 해당한다. 특히 박근혜 정부 들어 전교조에 대한 공세는 더욱 노골화해 전교조는 1999년 합법화 이후 15년 만에 정부로부터 법외노조 통보를 받았다. 6·4교육감선거에서 진보 진영이 단일화에 성공한 것도 진보 교육 진영이 맞이한 위기 탓이라고도 볼 수 있다.

대학의 탈학교와 관련해 주목할 만한 것은 제도권 밖 인문학 공동체의 번성이다. 대학의 학문이 신자유주의 자본에 복속되면서 가장 큰 타격을 받은 분야가 대학 인문학이었다. 대학 평가에서 취업이 가장 중요한 변수가 되면서 취업에 도움이 되지 못하는 인문계 학과가 대거 통폐합된 것이다. 설상가상으로 현실 적응력을 상실한 채 대학 체제에 안주한 교수들은 대학 인문학의 위기를 심화시켰다. 그들은 인문학이란 이름의 학문을 하면서 인간의 삶을 도외시한 채 칩거하다 대학과 사회로부터의 고립을 자초했다.

대학 인문학이 위기에 처한 것과는 반대로 대학 밖 인문학은 열풍이라 할 만하다. 각급 지자체와 도서관은 물론, 백화점과 언론사, 각종 시민단체와 기업 등에도 인문학 강좌가 경쟁적으로 열린다. 제도권 밖 인문학 학습 공동체의 활동도 폭과 깊이를 더해가고 있다. 기존의 대학 체제를 거부하거나 여기서 소외된 이들이 진보적 교육운동의 영향 아래서 성장한 세대와 합세해 현실의 삶에 바탕을 둔 새로운 흐름을 만들어낸 것이다. 수도권의 청년 세대에서 시작된 이 흐름은 청소년에서 노년에 이르는 전 세대를 아우르면서 전국으로 확산되고 있다. 이들 인문학 공동체는 강좌의 다양성은 물론, 지식 생산의 양과 질에서도 대학에 필적한다. 대학의 지성이 자본에 압류된 상황에서 현실의 삶과 소통하는 공부로 자기 변화와 사회 변화를 추구하며 나름의 진지를 구축하고 있는 것이다.

그러나 길어야 10여 년의 역사를 가졌을 뿐인 인문학 공동체는 가능성만큼이나 한계 또한 분명하다. 경제적인 압박이 일상인 단체들은 국가나 자본의 지원을 기대하는 탈저항적 의존 심리에서도 자유롭지 못하다. 생계에 압박을 받는 연구자는 연구자대로 제도권 대학으로의 진입을 노린다. 이들이 개설한 강좌나 세미나에 사람이 찾지 않으면 폐강이 불가피하다는 건 이들이 대학 못지않게 적나라하게 시장에 노출되어 있음을 드러낸다.

하지만 이런 현실적인 한계와 어려움이 있다고 해서 인문학 공동체의 가능성까지 부정하는 근거는 되지 못한다. 이들의 현실과 소통하는 자유롭고도 발랄한 학문 활동은 그 자체로 의미를 지닐 뿐만 아니라 경직된 제도권 교육의 내파와 변화를 가속화한다. 최근의 인문학 열풍도 대학보다 이런 공동체에서 활동하는 학자들의 활동과 지식 생산에 활동에 힘입은 바 크다. 결국 중·고등학교든 대학이든 탈학교는 학교의 변화를 이끌어낸다는 점에서 제도를 개혁할 주요 동력이 되기도 한다.

김종락 대안연구공동체 대표

서로 어깨를 겯고 광장으로 나가자

허기사회
주창윤 지음, 글항아리, 2013

"나는 아직 배고프다." 2002 한일월드컵 16강 진출 직후 거스 히딩크 감독이 했던 말이다. 그 허기 때문인지는 몰라도, 히딩크가 이끄는 당시 축구 국가대표팀은 전무후무한 4강 신화를 이뤄냈다. 스포츠 현장에서 빚어진 허기 아닌 허기는 축구뿐만이 아니다. 2014년 소치동계올림픽 피겨스케이팅에서 김연아 선수가 월등한 실력에도 불구하고 금메달을 수상하지 못하자 전 국민이 공분을 느낀 일도 있었다. 요즘은 미국 메이저리그에서 활약하는 류현진 선수와 추신수 선수의 일거수일투족이 국민들의 시선을 모으고 있다. 이른 아침 류현진의 승리 소식이나 추신수의 활약 소식을 들으면 아침밥을 먹지 않아도 든든한 게 요즘 우리네 삶의 방식이다.

내가 차린 밥상에 숟가락 얹지 마라

배곯던 시절은 벌써 지나갔건만 우리 사회는 여전히 허기지다. 단지 먹지 못해 허기진 게 아니다. 무언가 마음을 채우지 못하고 있는 것이다. 채우지 못한 마음의 허기는 이내 무언가를 향한 갈망과 집착으로 나타난다. 월드컵이나 올림픽 등 스포츠에 과도하게 열광하거나 걸그룹을 비롯한 아이돌에 광적으로 집착하는 것이 한 예라고 할 수 있다. 걸그룹의 열혈팬을 자처하는 삼촌팬들은, 그럴싸한 이름은 가졌지만 기실 현실에서 채우지 못한 허기를 대신 채우려는 처절한 혹은 삐뚤어진 몸부림은 아닐까.

서울여대 언론영상학부 주창윤 교수는 『허기사회』에서 이 같은 현상을 '정서적 허기사회sentimental hunger'라고 명명한다. 한국사회 구성원들이 욕구의 배고픔이 아닌 "갈증의 배고픔"에 빠져 있다는 것이다. 열심히 노력해도 살아가기 힘든 무기력증의 시대를 살아내자니 한국인들이 '정서적 허기'에 빠질 수밖에 없다는 주장이다. 이어지는 주창윤 교수의 설명을 들어보자.

"우리 사회는 탐식환자와 유사한 증상을 보이는 것 같다. 우리는 이미 식탁에서 밥을 먹었다. 욕구는 해결되었다. 그러나 우리는 남아 있는 빈 밥그릇을 보면서 허기를 느낀다. 나는 이 마음들의 상태를 '빈 밥그릇의 허기'라고 생각한다. 우리는 욕구만 채우면 되는 동물이 아니기 때문에 채우고 싶어 하는 욕망들을 갖고 있다. 그러나 그 욕망은 채워지지 않고 있어서 허기는 더 큰 허기를 야기한다."

'허기'라는 말로 표현되었지만, 이 단어는 우리 사회 저변을 감싸고 있는 '욕망'이라는 말로 치환할 수 있다. 욕망이라는 말이 부정적으로 쓰일 때가 많아서 그렇지, 사실 욕망이 없으면 모든 인간은 존재 자체가 불투명하다. 허기를 채우고자 하는 욕망이 사냥과 농경생활을 가능케 했고, 거칠게 표현하면 성욕이 오늘의 우리를 있게 했다. 일단의 사람이 가진 지적 욕망은 찬란한 학문적 성취를 축적했고, 유한한 재화를 풍성하게 누리고자 했던 욕망은 오늘 우리 삶의 토대가 되는 경제 시스템을 낳았다. 더 설명할 필요 없이 욕망, 아니 허기가 우리를 살게 하는 것이다.

문제는 허기의 강도剛度에 있다. 현대사회는 허기의 적정선을 알지 못한다. 내남없이 굶던 시절에는 밥 한 숟가락이라도 덜어주는 인정과 미덕이 있었지만, 지금은 내 밥그릇에 누군가 숟가락 들이미는 것을 참지 못한다. 영화배우 황정민이 2005년 청룡영화제 남우주연상을 받으며 "차려놓은 밥상에 숟가락만 얹은 것뿐"이라는 겸양의 말을 했지만, 오늘 우리는 내가 차린 밥상에 누군가 숟가락 하나 얹는 것을 극도로 경계한다. 그만큼 각박하고, 과장을 조금 보태면 더불어 살려야 살 수 없는 세상과 직면하고 있는 것이다.

개인이 국가보다 부자인 세상

정서적 허기를 채우는 방법은 간단하다. 누군가와 연결하면 된다. 누군가 차려놓은 밥상에 숟가락을 얹음으로써 연결되는 것과는 다른 차원의 연결, 즉 온라인상의 연결이다. 홍콩 느와르 영화가 유행하던 1980년 중후반, 조폭들이 멋진 요트 위에서 누군가와 전화 통화를 하는 것을 보며 나는 깜짝 놀랐다. 망망한 바다 위에서 누군가에게 전화를 한다? 당시 그건 있을 수도 없고, 있어서도 안 되는 일이었다. 기껏 삐삐에 찍힌 전화번호나 음성을 확인하기 위해 공중전화박스의 긴 줄을 감내해야 했던 세대에게 휴대전화는 충격 아닌 충격이었다.

지금은 어떤가. 스마트폰 하나로 우리는 온 세상과 연결을 시도한다. 카카오톡(카톡)의 기술은 나날이 발전해, 나로서는 어떤 기능이 있는지조차 잘 모른다. 카톡뿐인가. 스마트폰을 이용하는 사람이라면 트위터, 페이스북 등 SNS가 하나 이상 깔려 있을 것이 분명하다. 사람들은 거기서 누군가와 연결을 시도한다. 농담이겠지만, 연인들도 카페에서 마주 앉아 얼굴을 마주 보고 대화하는 게 아니라 카톡을 날린다고 한다. 이건 진담이다. 식당에서 여럿이 둘러앉았지만, 앞사람의 얼굴을 보며 혹은 대화를 하며 밥을 먹는 사람은 드물다. 다들 그 작은 스마트폰에 연결된 더 큰 세상(?)을 보며 젓가락질을 한다.

주창윤 교수는 "정서적 허기는 경제적 결핍과 관계적 결핍으로부터 나온다"고 했다. 온라인상에서 누군가와 연결되고자 하는 욕망은 곧 관계적 결핍이 낳은 산물이다. 그런데 생각해보면 전국 각지 심지어 외국 사람에게도 안부를 물으면서 옆집에는 누가 사는지 알지 못하는 게 우리 현실 아닌가. 마을 전체가 아이 하나를 키우고 노인의 지혜를 공경하던 시절이 불과 얼마 전이건만, 이제 노인은 설 자리가 없고 아이들은 육아시설이 도맡아 키운다. 정서적 안정감을 얻으며 자라야 할 아이들은 생의 시작부터 허기에 노출되고, 삶을 아름답게 마무리해야 할 노인들은 관계의 부재 속에 극도의 절망에 빠져 있다. 여타 세대의 정서적 허기도 크게 다르지 않다. 다시 주창윤 교수의 말이다.

"세대 간 단절, 이념적 단절, 소셜 서비스에서 나타나는 관계의 과잉, 새로운 관계 맺기를 통해서 밖으로 확장하고자 하는 욕망, 개인과 개인의 관계가 가상공간 속에서 이어지는 불안감 등이 관계적 결핍을 야기한다. 가능성이 상실된 현실에서의 탈주는 가상의 관계에 집착하게 만들고, 가상의 관계 속에서 살고 있다는 불안감을 새로운 관계 맺기를 부추긴다."

중요한 것은 관계적 결핍이 어디에 토대하고 있는가이다. 주창윤 교수는 "경제적 결핍은 문자 그대로 경제적 관계로부터 야기되는 허기인데, 이것은 관계적 결핍을 불러일으키는 토대"라고 주장한다. 우리 사회 모든 해악의 원인을 신자유주의 시스템으로 돌리는 것은 지나치게 손쉬운 접근이지만, 딱히 그것 아니면 원인을 지목할 수 없는 것 역시 사실이다. 알다시피 신자유주의 시스템은 세계 곳곳에서 맹위를 떨치고 있다. 대안적 처방이 나오고 있지만 가뭄에 콩 나듯 할 뿐이고, 이미 굳어질 대로 굳어진 신자유주의 시스템의 철벽 방어를 뚫지 못하고 있다.

장 지글러는 『왜 세계의 절반은 굶주리는가』(갈라파고스)에서 신자유주의 시스템, 그중에서도 금융자본이 산업과 무역, 서비스 등의 자본을 제치고 주된 자본으로 부상한 것이 문제라고 지적한다. 장 지글러는 "금융자본의 이윤극대화 법칙"은 기술혁신을 통해 전 세계에 강력한 영향력을 행사한다고 말한다. 문제는 이러한 현상이 국가가 부를 축적하고 보편적 복지로 나아가기보다 국가보다 부유한 개인을 만들어낸다는 점이다. 삼성, 현대기아차 등 재벌들의 드러난 재산 규모만 봐도 이는 명확하다.

우리 모두 게릴라가 되자

경제적 결핍이 토대가 되어 나타는 관계적 결핍, 이 두 가지가 배태한 정서적 허기를 극복하는 해법은 무엇일까. 주창윤 교수는 「허기사회를 넘어」라는 제목의 에필로그에서 우리 모두 "게릴라 되기"에 나설 때라고 주장한다. 지그문트 바우만의 말처럼 금융자본의 지배를 받는 세상에서 우리 모두가 사냥꾼이 되었고, 사냥꾼의 사회에서는 아무도 남을 돌보지 않는다. 유일한 생존 방법은 결국 게릴라가 되는 것이다.

그러나 지역이나 변방에 머무르는, 특정 이념에 빠져 있는 전통적 의미의 게릴라는 아니다. 오히려 "권력과 제도 속에서 상상력을 발휘하며 저항하고, 제도화된 틀 속에 갇히기를 거부"하는, 즉 온라인이나 SNS 공간을 난장의 영역으로 삼아 싸움을 벌이는, 새로운 개념의 게릴라인 것이다. "이제는 숲이나 산이 아니라 가상공간도 게릴라의 활동무대가 된 것이다. 이들은 가상공간에서 진지전을 구축하기도 하고, 현실공간에서 기동전을 펼치기도 한다." 온라인이나 SNS 공간에 모여 새로운 기획을 만들고, 현실 세계로 뛰쳐나와 광장의 문화를 만들어가는 것이다. 월가 시위가 그랬고, 깨어 있는 우리 국민들이 촛불을 들었던 것도 같은 맥락이다.

한편 김두식 교수는 『욕망해도 괜찮아』(창비)에서 주창윤 교수와는 같은 듯 다른 처방을 내놓는다. 부정적 의미로만 사용되는 욕망을 새로운 차원에서 조명한 김두식 교수의 해법은 고전적이지만, 욕망 혹은 허기를 분출하기 위해 여념이 없는 우리 사회에 시사하는 바가 크다. 욕망을 허기로 바꾸어 읽어도 무방할 것이다. "자기 자신을 인정하고, 내면에 꿈틀거리는 욕망(허기)을 잘 다독이며, 자신만의 공간을 지키고, 깊은 내면을 이웃과 나누다 보면, 나도 모르는 새 주변에는 같은 길을 걷는 친구들이 하나씩 늘어납니다. 비슷한 고민을 안고 살아가는 평범한 시민, 혼자서도 행복할 줄 아는 개인, 사냥꾼의 광기 속에서 남을 지켜주려는 따뜻한 이웃, 말을 많이 하지 않아도 서로의 속마음을 읽을 수 있는 동지들이죠. 그런 개인들과 아주 작은 연대가 싹트고 나면, 이 험한 정글 속의 삶도 한결 견딜 만합니다."

해법이나 대안이 있다고 해서 우리 사회가 쉬이 바뀌지는 않을 것이다. 그만큼 기득권은 공고해졌고, 공고해진 만큼 박차고 올라오는 힘을 제어하는 것이 용이해졌기 때문이다. 결국 거대한 싸움이 아니라 일상의 영역에서 어떤 변화를 일으킬까의 문제로 귀결될 수밖에 없다. 배고픔이 실생활의 영역이듯, '정서적' 허기도 사실상 실생활의 영역에서 일어나는 문제이기 때문이다. 단 실생활의 영역은 나 개인만의 영역이 아니라 공동체의 영역이어야 한다. 가상공간에서만 얽히고설킬 것이 아니라 지금 곧 광장으로 달려나와 서로가 서로에게 어깨를 겯는 것. 그것이야말로 허기사회를 넘어서는, 고단하지만 우리 모두가 가야 할 길 아니겠는가.

장동석 〈기획회의〉 편집주간

2장

불안은 영혼을 잠식한다

새로운 근대로 가는 길

위험사회
울리히 벡 지음, 홍성태 옮김, 새물결, 2006

울리히 벡의 『위험사회Risikogesellschaft』가 출간된 1986년 바로 그 해에 체르노빌 원자력발전소 원자로가 폭발했다. 우크라이나와 벨로루시를 비롯한 유럽 일대와 북미지역 일부까지 방사능에 오염됐다. '위험사회'는 이미 구체적 현실이었다. 울리히 벡도 지적했듯이, 체르노빌 원전사고는 소련 붕괴의 주요 원인 중 하나였다.

그 사고로 수많은 사람들이 죽거나 다쳤다. 국가적 경계를 벗어난 광범위한 지역이 언제 끝날지도 알 수 없는 초시공적 방사선 재난으로 폐허 또는 위험지대로 남게 됐다. 이 전례 없는 사고는 인간의 의지나 힘과는 무관한 천재가 아니라 인간이 만들어낸 재난, 즉 인재였다. 근대 산업사회 이전에 인간은 그런 엄청난 사고를 만들어낼 능력이 없었다. 인명 살상과 파괴 규모만으로 본다면 인간이 만든 전쟁도 그에 못지않았으나, 인지도 예측도 할 수 없고 피해 범위가 당사국들 범위를 훨씬 벗어날 뿐 아니라 그 영향이 수많은 세대 이후까지 미치고 그 결과 또한 예측할 수 없다는 점에서 원전사고는 차원이 달랐다.

체르노빌 원전사고로 "모든 걸 통제할 수 있다"고 했던 근대 산업사회의 신화는 무너졌다. 국가와 전문가들도 믿을 수 없다는 게 명백해졌다. "우리에게 맡겨라"라는 말은 공허해졌다.

2011년에 일어난 동일본 대지진과 그로 인한 후쿠시마 원전사고 역시 전례 없는 대재난이었다. 처음에 그것은 지진과 쓰나미라는 천재인 듯 보였으나 지진 예측과 대비책 부실, 훈련과 지휘 체계 난조 등이 뒤얽혀 피해를 키운 인재적 성격이 점차 짙어졌다. 무엇보다도 지진 대국에서 원전이라는 통제불능의 대규모 전력 생산과 공급 장치를 만들어내야 했던 인간사회의 요구 및 기획, 착오와 실수가 그 끔찍한 사고와 밀접하게 결합돼 있다는 점에서 명백한 인재였다.

『위험사회』가 출간된 지 약 30년이 지난 2014년 한반도 서남쪽 근해에서 일어난, 세계 해난사고사상 가장 끔찍한 사고의 하나로 기록될 세월호 참사는 처음부터 끝까지 인재였다. "가만히 있으라"던 선내방송은 그것을 상징하는 선언이었다.

전 지구를 덮친 새로운 위험들

벡에 따르면, 근대 산업사회 초기의 위험들은 '잠재적인 부수효과'로 간주될 수 있었다. 그러나 근대화의 진전에 따라 그 위험은 지구화되고 공적인 비판과 과학적 탐구의 주제가 되면서 사회적, 정치적 논쟁의 중심을 차지하게 된다. 지구 온난화, 환경 파괴와 오염, 방사능 물질 확산, 새로운 질병의 등장, 유전자변형 작물,

재정·금융 위기, 실업의 공포, 국가체제 및 민주주의의 위기, 테러 등이다. 이들 새로운 '위험'은 초계급적이며 초시공적이다. 전통적 산업사회의 계급구조는 이미 깨졌다.

세월호 사태도 다르지 않다. 지구 저편 독일에서 그 사건을 주시하던 한병철이 "세월호 사태의 진짜 살인범은 신자유주의"라고 했듯이, 불법적인 선체 변형과 싼 임금을 노린 비정규직 투입, 규정 위반, 관료와의 결탁 등 어린 학생들을 포함한 300여 명의 승객들을 죽음으로 몰아간 그 사건을 특정 회사나 특정인들의 부적절한 처신이 만들어낸 돌출사건의 하나로만 파악해서는 그 실체가 보이지 않는다. 한반도의 지역 선박회사와 말단 관리들까지 얽어맨 전 지구적 신자유주의 착취구조를 빼고는 그 사건을 설명할 수 없다.

삼풍백화점 붕괴, 성수대교 붕괴, 대구 지하철 방화 참사, 경주 리조트 시설 붕괴 등 세월호 사태까지에 이르는 지난 수십 년의 대형 사고들, 더 길게 보면 동학농민 학살, 보도연맹과 좌우익 학살 등 지난 100여 년간 한반도에서 자행된 식민지배와 외세 점령, 분단과 전쟁의 와중에 빚어진 크고 작은 수많은 참혹한 살상도 국내요인만으로는 설명이 불가능하다. 거기에는 제국주의 침탈과 식민지배, 외세에 빌붙기, 그 연장선상의 오랜 군사독재체제, 자본의 신식민지적 지배가 밀접하게 얽혀 있다. 근대 산업사회 등장 이후 자본과 과학기술을 매개로 세계를 엮는 연결망은 촘촘해졌고, 신자유주의와 급속한 지구화로 이윤 극대화와 자본 이동에 대한 통제장치가 사라지면서 자본의 손이 닿지 않는 오지도 사라졌다. 그로 인한 위험의 지구화도 동시에 진행됐다.

제2의 근대, 성찰적 근대로의 전환

근대 산업사회는 그렇듯 변질됐으며, 더욱 급속히 변질되고 있다. 그리하여 "고전적 산업사회에서는 부의 생산 논리가 위험 생산 논리를 지배했다면, 위험사회에서는 이 관계가 역전된다." 벡이 『위험사회』 서문에 쓴 다음과 같은 얘기도 같은 맥락으로 읽힌다. "근대화가 19세기에 봉건사회의 구조를 해체하고 산업사회를 생산한 것과 똑같이, 오늘날의 근대화는 산업사회를 해체하고 있으며 다른 근대성이 형성되고 있는 중이다."

요컨대 근대 내에서 단절이 일어나고 있다고 벡은 얘기한다. "이 단절은 고전적 산업사회의 윤곽에서 해방되고 있으며 새로운 형태의 산업사회 즉 (산업적) 위험사회를 형성하고 있다."『위험사회』가 '새로운 근대(성)를 향하여'라는 부제를 달고 있는 건 바로 이런 근대 산업사회 내에서 일어나고 있는 변화, 단절에 맞춘 새로운 근대, 근대의 재구축을 염두에 둔 것이다. 벡은 이를 '제2의 근대' '성찰적 근대'라고 불렀다. 1990년 독일사회학회가 학술대회의 제목으로 붙였다는 '근대화의 근대화?'도 그 성찰적 근대의 다른 표현이었다.

예컨대 앙겔라 메르켈 독일 총리는 후쿠시마 원전사고 뒤 기존의 원전정책을 버리고 탈원전을 선언함으로써 제2의 근대, 성찰적 근대로의 전환이라는 시대 요구에 부응했다. 벡은 한상진 서울대 명예교수와의 대담(《한겨레》 2014년 5월 16일자)에서 이런 전환, 성장논리와 기술과학의 논리에 바탕을 둔 파멸적인 근대에서 벗어나고자 하는 "이제는 그만!" 윤리의 실현을 위해서는 두 가지 연대가 필요하다고 했다. "하나는 깨어 있는 시민과 전문가들의 참여다. '유로 위기'가 터졌을 때 개별 국민국가들은 위기 수습에 소극적이었다. 그러나 유럽의 중앙은행장은 잠재적 파국 상황에서 공개적으로 '내가 책임지겠다'고 나섰다. 이처럼 책임의식이 투철한 공적 인사들이 개혁정치를 끌고 간다. 다른 하나는 언론이다. 뉴스 미디어는 비판적으로 반응하고 이를 견지함으로써 정치적 공간을 열 수 있다. 과학자들도 잠재적 파트너로서 개혁을 추진할 수 있다." 벡 자신이 2011년에 탈원전을 제창한 독일 윤리위원회 위원이었다.

후쿠시마 원전사고가 나자 일본은 우왕좌왕하더니 결국 원전 재가동으로 가고 있다. 각종 여론조사에서 원전 재가동 반대 쪽이 찬성 쪽을 압도하고 있음에도 보수우파 정권들은 끝내 재가동으로 방향을 잡고, 원전 수출까지 독려함으로써 임박한 국내의 위험과 그로 인한 부담을 외부로 전가하는 방법을 택했다. 거기에는 기존 원전정책 강행이 정권을 위태롭게 만들 수도 있는 독일과는 달리 일본 시민(운동) 세력의 상대적 약세, 독일에 비해 재생에너지 의존 비중이 낮고 미약한 대체에너지 상태 등도 영향을 끼쳤다.

소련은 체르노빌 원전사태를 계기로 아예 무너졌다. 위험에 쉽게 노출되고 크게 당하는 쪽은 언제나 약한 고리들이다. 일본은 아직 버티고 있지만 소련과 그 사회주의 위성국가들은, "우리에게 맡겨라"하는 국가와 전문가 신화가 깨지면서 일거에 무너졌다. 이는 개인 차원에서도 마찬가지다. 같은 사고를 당해도 치명타를 입는 쪽은 언제나 약자들, 소수자들이다. 체르노빌 원전사고와 후쿠시마 원전사고 최대의 희생자들은 원전 운영자나 소유자가 아니라 이름 없는 주변의 민초들이었고, 위험한 사고수습에 동원된 이들도 주로 그들 약자였다.

벡은 위험에도 사회적 지위가 있다고 했다. 사회적 위험 지위는 약자들이 당연히 낮다. 이런 불평등은 돈보다는 지식, 정보의 차이 때문에 생긴다. 결국 돈과 연결되겠지만, 위험에 대한 지식과 정보를 쉽게 더 많이 얻을 수 있는 자들이 유리하다. 세월호에서 무사히 빠져나간 선장과 승무원들은 서둘러 배를 버려야 하는 이유, 즉 정보를 희생자들보다 훨씬 빨리 더 많이 가지고 있었다. 그들은 빠져나갈 수 있는 시간과 통로 등의 정보를 독점한 채 희생자들에게 그 정보를 알려주지 않는 끔직한 용의주도와 부도덕까지 겸비했다. 벡에 따르면, 이는 정도의 차이는 있지만 근대 산업사회 말기의 전 세계적 현상이다.

미래를 보지 못하는 일본과 한국

일본 우파 정권은 제2의 근대, 성찰적 근대로 가라는 벡의 권고를 듣지 않았다. 미하일 고르바초프의 페레스트로이카(개혁), 글라스노스트(개방)에서 보듯 소련 등 약한 고리들은 최후의 순간에야 허둥지둥 전환을 꾀했지만 실패로 끝났다. 그들은 기성체제의 철옹성을 깨는 데는 성공했지만 대안체제를 세울 안목도 능력도 시간도 없었다. 상대적으로 강한 고리인 일본은 좀더 버틸 수 있겠지만, 퇴행적인 복고에 집착하고 있는 아베의 우파 정권은 위험사회 일본의 앞날에 희망의 빛을 비추기보다는 짙은 그늘을 만들지 않을까.

벡은 "이제 막 형성되기 시작한 미래를 이동시켜 여전히 지배적인 과거에 대항하도록 하는 것"이 저술 목적이라며『위험사회』에서 이렇게 썼다. "구조적 변혁의 시대에 나타나는 대표적인 양상은 과거와 동맹을 체결하고 지평선의 모든 지점에서 뾰족하니 솟아오르고 있는 미래의 앞머리를 볼 수 없도록 막는 것이다."

바로 일본의 아베 정권을 두고 하는 얘기 같다. 하지만 어쩌면 그 이상으로 흘러간 과거와 동맹하고 언론을 장악해서 지평선 위에 모습을 드러내기 시작한 미래를 보지 못하게 하는 데 급급한 나라는 한국이 아닐까. 국정원의 대선 개입과 난데없는 전임 대통령 방북 당시 서해 북방한계선(NLL) 발언 왜곡, 검찰총장 경질, 탈북자 간첩 조작, 정파적 낙하산 인사를 통한 노골적인 언론장악 등등. 세월호 사태 이전부터 그랬고, 세월호 사태 이후에도 요란한 말잔치뿐 달라질 조짐은 없어 보인다. 뜬금없이 총리 후보자로 지명된 자의 믿기 어려운 역사인식, 더욱 한심하게도 그 한 사람만이 아니라 국가 요직에 앉은 자들 대부분이 공유한 듯 보이는 그 식민사관에서 비롯된 낯뜨거운 '문창극 사태'를 보라!

세월호 사태 와중에 대통령이 찾아간 해외 방문국이 하필 중동의 원전 수출 대상국이었다. '이런 상황에서도 국익을 위해 뛰는 대통령' 이미지 창출이 노렸음직한 국내 정치적 함의까지 포함해서 그것은 아베의 일본 우파 정권과 전혀 다를 바 없는 인식 수준과 행동 양태였다. 그 연장선상에서 나온 '국가개조'가 무엇을 염두에 두고 또 어디를 향하고 있을지는 불문가지다. 적어도 그 지향점이 벡이 얘기한, 저 멀리 지평선에서 떠오르고 있는 미래를 향한 제2의 근대, 성찰적 근대가 아니라는 점은 분명하지 않은가.

헌법 개정과 자위대의 국군화와 재무장, 그리고 내셔널리즘 강화, 정보보호법 제정 등 규율과 중앙통제 강화, 대외 군사개입 확대가 '과거의 영광' 재건을 위한 길이라고 믿는 아베 일본과의 위험한 한미일 삼각 군사동맹만이라도 거부하는 성찰을 보여주기를.

후쿠시마는 일본에만 있는 게 아니다. 한중일의 원전들이 밀집해 있는 동북아시아 전체가 '잠재적 후쿠시마'들이 대책없이 돌아가고 있는 초시공적 위험지대다. 벡의 위험사회에 대해 길게 인용한 일본 사회학자 오구마 에이지 게이오대 교수는 저서 『사회를 바꾸려면』(동아시아)에서 이렇게 썼다.

"소련은 팽창한 세력권으로부터 철수를 결단하지 못해, 그 유지비와 군사비가 너무 많이 들어가고 말았다. (일본) 자민당은 2012년에 '국가 강화 기본법안'을 국회에 제출해, 향후 10년간 200조 엔(약 2000조 원)의 공공사업을 실행할 것이라고 하는데, 이대로 가면 일본은 공공사업과 원전에서 철수하지 못해 쓰러지고 말지도 모른다."

4대강 등 대규모 토목공사 위주의 성장정책에 경제와 정권의 성패를 맡긴 이명박 정부가 그랬고, 그런 과거를 답습하는 데 박근혜 정부 역시 전혀 흔들림이 없어 보인다. 한국 보수우파는 일제시대 이래로 외세에 빌붙어 동족을 팔고 광복 뒤에도 신식민지적 개발독재로 숱한 희생자들을 양산하면서 자신들의 지배력을 확대 재생산해왔다. 그렇게 해서 도달한 이른바 'G15'의 지위에 도취했음인지, 그들은 벡이 얘기하는 이 전환의 시절에도 성찰적 근대를 외면하면서 지평선에 솟아오르고 있는 미래를 가리기에 급급하다는 인상을 준다. 일본 우파들에겐 남이야 욕을 하든 말든 자신들이 동맹해야 할 그들 나름의 '영광스러운 과거'라도 있지만, 이땅의 우파들이 동맹한 과거는 도대체 무엇인가. 일본 우파 정한론자들이 헤집고 뿌려놓은 제국주의 식민지배의 처참한 유산과 파편들 외에 무엇이 있을까.

'근대화의 기적'마저 동족, 국토, 역사, 생활, 분단이라는 희생 위에 구축된 허상에 지나지 않을지도 모른다. 항상적인 전쟁위기 고취 속에 자신의 전시작전통제권까지 맡긴 외세와 끊임없이 벌이고 있는 합동 군사훈련이라는 이름의 전쟁연습, 북의 대항 핵무기 개발, 남의 원전 밀집 가동만으로도 우리는 이미 초위험사회에 살고 있다. 북은 정말 위험한 '적'인가, 아니면 그런 초위험 사회를 연출해내야 할 필요가 있는 세력이 주도면밀하게 희화화하고 악마화하면서 창조해낸 또 다른 희생자에 지나지 않는 것인가. 이런 상황은 베를린 장벽이 무너지기 한참 전에 『위험사회』를 쓴 분단 독일 지식인 벡으로서도 아마 상상하기 힘들었을 것이다.

시민 주도로 만들어가는 새로운 근대

벡은 성찰적 근대, 성찰적 정보지식 네트워크 사회를 만들어가기 위해서는 "시민적 개입"이 필수적이라고 얘기한다. 그러니까 그가 말하는 제2의 근대나 성찰적 근대는 결국 국가나 자본, 정치권력에 저항하는 시민들 주도의 정보지식 네트워크라고 할 수 있을까. 그것이 위험사회의 대안이 될 수 있을지, 좀 막연해 보이지만 그렇다고 제3의 다른 대안이 쉬이 나타날 것 같지도 않다. 벡과 기든스 등이 구상한 길이 바로 제3의 길이었다.

오구마는 이를 계급을 초월한 시민 주체의 참가형, 대화형 민주주의라고 표현했다.『사회를 바꾸려면』의 마지막을 그는 이렇게 장식했다. "데모를 해서 무엇이 바뀌는가? 데모할 수 있는 사회를 만들 수 있다. 대화를 해서 무엇이 달라지는가? 대화를 할 수 있는 사회, 대화가 가능한 관계를 만들 수 있다. 참가한다고 무엇이 달라지는가? 참가할 수 있는 사회, 참가할 수 있는 자신이 탄생한다."

한승동〈한겨레〉문화부 기자

들끓는 분노를 차분한 의지로

분노사회
정지우 지음, 이경, 2014

'보복 운전'이라는 것이 있다. 뒤에 따라오던 차가 자기를 추월하면 심술이 나서 재빨리 그 차를 추월하는 것이다. 그것으로 끝나면 다행이지만 경우에 따라서는 추월당한 차가 다시 반격에 나서고, 그에 대해 또 다시 보복 추월이 일어나기도 한다. 때로 2차선 도로에서 그런 일이 벌어지기도 하는데, 중앙선을 마구 침범하면서 곡예운전을 하기에 대단히 위험하다. '내가 그렇게 만만해 보여?' 하는 유치한 심리가 발동해 죽음을 무릅쓰는 것이다. 심지어는 서로 추월 경쟁을 벌이다가 공기총으로 상대 운전자에게 중경상을 입힌 사건도 있었다. 1995년 충남 아산시 국도에서 벌어진 일인데, 프레스토 승용차가 자기를 거듭 추월하는 것을 참지 못한 볼보 승용차 운전자가 그런 일을 저질렀다. 조그만 차가 계속 '맞짱'을 뜨는 것에 대해 자존심이 상했던 것이다.

분노를 증폭시키는 미디어

한국인들은 사소한 일에 짜증을 내고 툭하면 화부터 버럭 내는 경향이 있다. 핸들을 잡으면 인격과 구별되는 '차격'이 드러난다는 말이 있듯이, 도로는 그러한 심성이 가감 없이 드러나는 현장이다. 사람들이 운전하면서 하는 말들을 경찰차처럼 마이크와 스피커로 연결해 내보낸다면 어떻게 될까. 아마 도로는 온갖 욕설로 가득 찰 것이다. 여기저기에서 쌓인 울분을 억누르고 있다가 만만해 보이는 상대가 나타나면 터뜨리기 일쑤다. 충동조절장애는 아이들만의 증상이 아닌 것이다. 그래서 우리 도시의 마음 풍경은 날로 사나워진다. 어쩌면 우리의 심성이 서로 이상한 독소를 내뿜는 관계에 중독된 것이 아닌가 하는 의심이 들 정도다.

그런 감정의 소용돌이는 미디어를 통해 재생산되고 증폭되는 듯하다. 텔레비전에서 방영되는 드라마를 보면, 거의 모두가 갈등과 적대관계로 얽혀 있는 경우가 흔하다. 배우들의 표정은 분노와 허탈과 냉소로 가득 차 있고, 그 입에서 나오는 대사들도 상대방에 대한 공격과 증오심을 즉물적이고 반사적으로 쏟아낸다. 한국에서는 그러려니 하고 익숙해 있다가도 외국에서 한국 드라마를 보면 그 난폭함이 새삼스럽게 느껴지는 모양이다. 〈조선일보〉 양상훈 기자는 미국 특파원으로 지낼 때 한국 드라마를 자주 보게 되었는데, 거기에서 흘러나오는 목소리에 주의를 집중하다 보니 그 조야함이 섬뜩하게 다가왔다고 한다. 그는 그때의 느낌을 「미국서 〈아내의 유혹〉을 보니」(〈조선일보〉 2009년 4월 15일자)라는 칼럼에서 다음과 같이 술회하고 있다.

"드라마 내용 얘기가 아니다. 한국에서 이 드라마의 줄거리를 놓고 '막장'이라고 한다지만 줄거리로 따지면 미국이나 다른 나라들의 TV 드라마도 이 못지않은 것이 흔하다. 〈아내의 유혹〉을 보면서 출연자들이 어떻게 이렇게까지 악을 쓰는지 놀라지 않을 수 없었다. 특히 심한 것 같은 한 회는 화면을 보지 않고 소리만 들어보았다. 조금 과장하면 거의 시종일관 악쓰는 소리만 들리는 듯했다. 극중의 어느 여자는 악을 쓸 때 몸을 떨면서 소리를 쥐어짜는 모습도 보였다. 길거리에서 악쓰며 싸우는 장면 그대로다. 악역만 악을 쓰는 것이 아니고 주연급까지 같이 악을 쓰고 소리를 지른다. 악쓰며 상대를 향해 퍼붓는 저주도 할 말 못할 말을 가리지 않는다."

미디어가 현실을 있는 그대로 반영하는 것은 아니지만 그러한 드라마를 즐겨 보는 이들의 심경과 상당 부분 조응한다고 볼 수 있지 않을까. 그리고 극언으로 가득 찬 내용들을 자주 접하다 보면 자기도 모르게 적개심에 익숙해지고 감염되기 쉽다. 대중매체가 생산하는 픽션과 그것을 소비하는 사람들의 삶 사이에는 서로 피드백을 주고받으면서 일정한 방향으로 강화되어가는 것이다. 그래서 사소한 일에도 짜증을 내고 분노에 쉽게 다다른다.

한국사회에 나타나는 분노의 양상

분노에 휩싸인 감정 상태를 한국어는 매우 다채롭게 표현한다. '신경질 나다' '성나다' '뿔(딱지)나다' '화나다' '화가 치밀어 오르다' '열 받다' '분하다' '울분이 치솟다' '분통 터지다' '원통하다' '미치다' '꼭지가 돌다' '속이 뒤집어지다' '뚜껑이 열리다' '부글부글 끓다' '끌탕하다' '난리를 치다' '방방 뜨다' '노발대발하다'

'길길이 날뛰다' '씩씩거리다' '으르렁거리다' '골내다' '발끈하다' '눈에 쌍심지를 켜다' 등등.

화를 내는 것은 정신건강에 도움이 될 수 있다. 한국인들이 많이 걸리는 (그리하여 미국정신과협회에서도 문화 관련 증후군으로 인정해 'Hwabyeong' 또는 'Hwabyung'이라고 표기하는) 화병도 화를 참는 것이 반복되면서 걸리는 질환이다. 남편이나 시어머니와 갈등 관계에 있는 여성들, 권위주의적이고 막무가내인 상사의 압박을 받으며 일하는 직장인, 친구에게 배신이나 중상모략을 당한 사람 등이 걸리기 쉽다. 이외에도 부당한 재판, 사업 실패, 만성적 빈곤, 승진 누락, 돈 떼인 것 등이 원인으로 지목된다. 분노를 직접 표현하지 못하고 안으로 꾹꾹 억누르다 보니 스트레스가 지속되고, 그 부정적 기운에 짓눌려 신체적으로 매우 불편한 증상들이 일어나게 되는 심신의 증상이 화병이다.

도저히 분을 참을 수 없을 때 아무도 없는 곳에 가서 소리를 지른다든가, 타악기나 샌드백을 온 힘으로 두들겨대면 마음이 많이 누그러진다. 그런데 대개는 다른 사람을 향해 고함을 친다. 그렇게 내지른 사람은 화가 풀릴지 모르지만, 그만큼 또는 그 이상의 화가 고스란히 상대방에게 쌓이게 된다. 상하관계가 분명해서 권력이 비대칭적인 상황에서는 울분을 삭일 수밖에 없다. 억지로 삭이다 보면 울분이 점차 커지고, 자기보다 약한 상대가 나타나면 약간의 실수나 허물을 꼬투리 삼아서 쏟아부어버린다. 엉뚱한 사람에게 복수를 하는 셈이다.

반면에 화를 낸 상대가 대등한 관계에 있고 분노의 이유에 동의할 수 없을 때는 즉석에서 맞대응이 이뤄진다. 순식간에 서로의 감정이 격앙되면서 언성이 높아진다. 한국인은 위계서열이 분명한 상황에서는 권력관계에 순응하지만, 그 테두리를 벗어나면 대단히 평등주의적인 성향을 드러낸다. 지고는 못 산다. 상하가 분명하지 않은 관계에서는 상대방의 존재를 좀처럼 인정하지 않으면서 '너만 잘났냐'는 식으로 눈에 쌍심지를 켠다. 갈등관계에서 냉정하게 해결책과 타협점을 모색하기보다는 일단 기선부터 제압하려 한다. 그런 길항관계가 집단 차원에서 일어나면 더욱 거센 힘으로 응집된다.

타인을 짓누르려는 심리는 서로 면식이 없는 관계에서도 나타난다. 한국사회에 특히 만연하는 악플이 그 단적인 징표라고 할 수 있다. 자기와 상관없는 사람들을 헐뜯고 비방하는 까닭은 무엇인가. 백영옥 소설가는 어느 대담에서 이렇게 풀이한다. "올라갈 수 없다는 열패감에 빠진 사람이 이미 올라가 있는 사람들을 끌어내리며 상승감을 느끼는 것이다. 이때 '상승하는 쾌감'은 누군가를 밑바닥까지 끌어내리면서 생기는 착시현상이다. 유명한 희생양을 찾아 헤매는 사람들이 늘어난다는 건 그만큼 이 사회에 누적된 분노가 높기 때문이 아닐까."(「백영옥이 만난 '색다른 아저씨' - 정신과 의사 서천석」, 〈경향신문〉 2013년 5월 11일자) 이른바 '샤덴프로이데(타인이 겪는 재난이나 불행을 즐거워하는 마음)'와 같은 뿌리에서 나오는 감정이라고 볼 수 있다.

건전한 분노는 사회를 변화시킨다

한국인들은 남들의 시선에 매우 민감하다. 타인보다 얼마나 우월한가를 기준으로 자존감을 확보한다. 그러다 보니 열패감에 사로

잡히기 쉽고, 그것이 축적되어 대상을 알 수 없는 분노로 변질되면서 자기보다 높다고 여겨지는 누군가를 공격하는 방식으로 표출한다. 일상에서 아무렇지 않게 모욕이 자행된다. 박탈감과 피해의식이 만연하고 증오심이 확대 재생산된다. 가족관계에서 그러한 응어리가 생성되고 대물림되는 경우도 대단히 많다. 존재를 무시당한 상처가 자존감을 좀먹고, 그 울분이 타인과 세상을 향한 분노로 날아가기 일쑤다. 이는 자신에 대한 분노에서 비롯되는 것이면서 그 감정을 점점 증폭시키는 악순환으로 쉽게 빠져든다.

물론 모든 것을 개개인이나 가족 차원에서 규명할 수 없다. 대부분의 경우 그 삶이 영위되는 사회 자체의 부조리가 그 배경에 깔려 있기 때문이다. 돈의 힘이 절대화되는 가운데 점점 더 많은 사람들이 실직과 가난의 수렁에 빠지는 한편, 부유한 이들은 수월하게 재산을 늘린다. 사람에 대한 아무런 증오나 분노의 감정을 수반하지 않은 채 체제에 의해 엄청난 폭력이 자행되는 셈이다. 이는 세계적 현상이지만 한국처럼 시민적 공공성과 공동체적 신뢰가 취약한 사회일수록 더욱 첨예하게 드러난다.

세상을 바꾸기 위해서는 불이익을 당하는 사람들이 뜻과 힘을 모아야 한다. 분노는 그러한 연대의 정서적 토대가 될 수 있다. 그러나 그 감정의 뿌리가 무엇인지를 따져보아야 한다. "분노에는 반드시 이유가 있지만, 합당한 이유인 경우는 드물다"고 벤자민 프랭클린은 말했다. 무엇이 문제인지를 제대로 분별하지 못하고 엉뚱한 방향으로 분노가 표출되기 쉽기 때문이다. "미움은 정확해야 한다"는 영국 시인 오든의 말을 음미할 필요가 있다. 근본적인 틀은 간과하고 겉으로 드러난 단편적 현상이나 거기에 연루된 사람들에 대한 공격으로 분풀이를 하는 것은 잘못된 현실을 더욱 굳어지게 할 뿐이다. 역사 속에서 수없이 반복되어온 마녀 사냥의 함정은 지금도 곳곳에 놓여 있다.

세월호 참사를 겪으면서 범국민적인 공감대가 형성되었다. 2002년 월드컵의 열광 이후 처음으로 광범위한 정서적 유대가 창출된 것이다. 2002년이 희열의 축제였다면, 이번에는 비통함의 제의라고 할 수 있을 것이다. 슬픔과 미안함과 분노로 많은 사람들이 마음 깊이 연결되었다. 그러나 감정은 휘발성을 갖고 있기 때문에 시간이 지나면서 자연스럽게 사라지기 마련이다. 그리고 누군가를 규탄하고 희생자들의 고통에 공감하는 마음이 자칫 카타르시스로 끝날 수도 있다. 불의에 대한 공분은 소중한 계기이고 동력이다. 그것은 냉철한 이성의 기획으로 승화되고 지속 가능한 운동으로 정착되어야 한다. '잊지 않겠습니다'라는 다짐이 꾸준한 변화로 이어지기 위해서는 들끓는 분노를 차분한 의지로 변환시켜야 한다.

김찬호 성공회대 교양학부 초빙교수

역감시사회

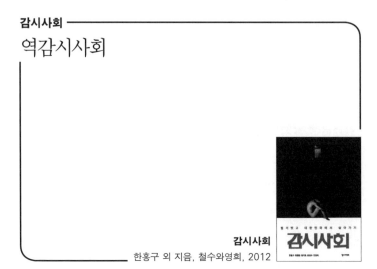

감시사회
한홍구 외 지음, 철수와영희, 2012

감시의 주체와 객체

감시 자체가 무조건 나쁜 것은 아니다. 흔한 예로 우리는 언론의
사명 중 하나를 권력에 대한 '감시'라고 말하며 이 말에 대부분의
사람들은 아무런 거부감을 갖지 않는다. 오히려 권력을 잘 감시
하는 언론은 칭찬을 받으며 그러한 의미에서 언론의 별명 중 하
나가 '감시견whach dog'이기도 하다.

　하지만 반대로 권력이 언론을 감시한다고 할 때 사람들은 문제
가 있다고 생각하게 된다. 최근 KBS에서 벌어진 길환영 사장 퇴
진운동 역시 정치권력이 공영방송의 보도에 영향을 미쳤다는 데
에서 촉발된 것이다. 흔히 이런 경우를 권언유착이라고 표현하는
데 이는 다소 오해가 있을 수 있는 표현이다. 왜냐하면 '유착'이
라고 하면 마치 평등한 관계에서 상호이익을 도모한 것처럼 느껴
지는데 권력과 언론의 관계는 평등하지 않기 때문이다. 실은 권

력이 우위에서 언론을 감시하고 자신들의 입맛에 맞도록 운용하는 것으로 권력에 의한 '언론 통제(감시)'인 셈이다.

그렇다면 언론은 모든 것을 감시할 권한이 있을까. 언론의 감시는 늘 정당할까. 결코 그렇지 않다. 만약 언론이 평범한 개인을 감시할 경우, 그러니까 개인의 동의를 구하지 않고 사람들의 일상을 언론이 무단으로 촬영하고 그것을 보도에 활용한다고 하면 사람들은 그러한 언론이 문제가 있다고 판단할 것이다. 반면 개인이라고 해도 그 사람이 '고위 공직자'였다면, 혹은 '재벌 총수'였다면 언론의 감시에 대한 사람들의 평가는 정당한 것으로 여길 수 있다.

위의 예에서 알 수 있듯이 '감시'라고 하는 건 그 자체로 옳고 그름을 판단할 수 있는 개념이 아니다. 우리가 감시의 정당성을 판단하는 기준은 감시 그 자체가 아닌 감시하는 주체와 감시당하는 객체 사이의 '관계'이며, 특히 그 양측의 '힘의 관계'에 따른 것이다. 언론이 감시견으로서 정당성을 얻는 경우는 자신보다 '힘이 센' 이들, 혹은 우리 사회에서 일반적으로 큰 힘을 가지고 있다고 생각하는 존재를 감시할 때이지 힘없는 평범한 개인을 감시할 때가 아닌 것처럼 말이다.

그런 면에서 '감시'라고 하는 것 자체를 자유주의적 관점에서 무조건 잘못된 것으로만 치부하는 것은 옳지 않다. 이는 자칫 감시가 지닌 본질, 즉 감시가 '힘의 관계'와 밀접한 관련이 있다는 걸 은폐할 수 있기 때문이다. 단순히 사생활 침해라거나, 빅브라더가 모든 걸 다 보고 있는 것이 끔찍하다거나, 비인간적이라거나 하는 식으로 접근해서 감시 그 자체를 혐오의 대상으로 만들어선 안 된다.

감시는 반드시 필요한 것이다. 단 그 대상은 평범한 이들이 아니라 힘을 지닌 이들에 대해서 그렇다. 만약 이것이 역전되어 힘 있는 이들이 거꾸로 힘없는 이들을 감시하고 있다면 이는 단순히 '감시사회'라기보다는 '거꾸로 감시사회', 즉 '역감시사회'라고 불러야 한다. 감시당해야 할 이들이 감시를 당하기는커녕 오히려 감시해야 할 이들을 감시하는 사회 말이다.

감시와 힘의 균형

정치 권력이든 경제 권력이든, 대통령이든 재벌 총수든 그들에게도 분명하게 존재하고 존중받아야 하는 프라이버시가 있다. 하지만 그럼에도 불구하고 이들이 언론을 통해 감시를 당하는 게 정당하다면 그 이유는 무엇일까. 그저 더 가진 게 많으니 그만큼 책임도 뒤따른다고 막연하게 생각하면 되는 걸까. 흔히 말하는 '노블리스 오블리주'처럼 말이다.

여기에 대해 답을 하기 전에 먼저 생각해봐야 할 점은 적어도 이들이 가지고 있는 권력과 돈 그 자체를 사람들이 부정하지는 않는다는 점이다. 이들이 가진 권력과 돈이 사회적으로 합의된 절차를 통해 획득한 것이라고 한다면 그 자체는 정당한 것으로 사람들은 인정해준다. 하지만 동시에 사람들은 이들이 그 권력과 돈을 자기 마음대로 사용해서는 안 된다고 생각하기도 한다. 즉 그들의 '소유'는 인정하되, 그것을 '사용'함에 있어서는 제한을 두고자 하는 것이다. 이는 그들이 지닌 '힘'에 대한 권한 행사에 제한을 두려는 것으로, 정확하게 말해 그들 힘의 일부를 빼앗아서 평범한 다수에게 양도하게 만들려는 것이다.

그런 면에서 권력에 대한 감시가 정당성을 얻는 이유는 단순히 권력을 가진 이들 개인에 대한 책임감이나 도덕성의 차원이라기보다는 구조적으로 불균형 상태에 있(을 수 밖에 없)는 힘의 상태를 균형 상태로 맞추고자 하는 것이며, 따라서 감시는 일종의 '힘의 균형을 위한 사회적 장치' 중 하나라고 이해할 수 있다.

　'역감시사회'라는 건 바로 이러한 힘의 균형을 맞출 수 있는 실질적인 장치 하나가 작동하지 않는 사회다. 아니, 균형을 위한 장치가 작동하지 않는 것뿐만이 아니라 오히려 힘을 가진 이들이 힘을 갖지 못한 이들을 감시하는 것으로 힘의 불균형이 더욱 가속화되는 사회를 의미한다. 이는 정치적으로는 '독재', 경제적으로는 극단적 '빈부격차'가 벌어지는 사회에 다름 아니다.

　흔히들 독재나 빈부격차를 외형적으로 판단할 때 '절차적 제도'가 마련되지 못한 상태라고 생각한다. 선거제도가 갖춰지지 못했거나 과세제도가 갖춰지지 못했거나, 갖춰졌더라도 제대로 시행되지 못하는 상태 말이다. 하지만 그 '절차적 제도'에 '감시제도'를 포함시켜 생각하는 경우는 매우 드물다. 그러다 보니 민주주의가 대단히 훼손되었다고 다들 말하는 현재에 대해 해석할 때 곤혹스러움을 느끼게 된다. 분명히 절차적 제도가 갖춰졌는데 왜 다시 과거로 회귀하는지 이해하기가 어렵기 때문이다. 그러면서 정부에 대해 사소한 정보공개청구를 했을 때 제대로 된 정보를 받을 수 있는 가능성이 거의 없다는 사실은 간과한다. 정상적 감시 절차가 사실상 거의 전무한 게 현재 우리나라 민주주의의 '절차적 수준'인 것이다.

　그렇다면 역감시 체계를 정상적인 감시체계로 바꿔놓기만 하면 모든 문제가 해결될 수 있는 걸까? 안타깝게도 꼭 그렇게 단정 지을 수만은 없다. 왜냐하면 '역감시'라고 하는 것이 단순히 절차(구조)적인 문제에 그치는 게 아니라 사람들 개개인의 '의식'에 끼치는 영향력이 매우 크기 때문이다. 아니 어쩌면 그것이 훨씬 더 중요한 부분이다. 대다수 사람들의 의식이 바뀌지 않으면 아무리 구조적 체계가 바뀌더라도 근본적인 문제는 해결될 수 없으며, 언제든 다시 과거로 회귀할 수 있다.

역감시사회의 목표, 자기 검열의 일상화

사실 권력이 아무리 정교하게 감시를 한다고 해도 수많은 이들의 일상 전부를 샅샅이 들여다볼 수는 없다. 물리적으로 한계가 있기 때문이다. 하지만 감시를 당하는 이들이 느끼는 건 그렇지가 않다. 개인의 입장에서 자신이 '감시당하고 있다'고 느끼는 순간부터 매순간 긴장하게 된다. 그렇게 보면 권력은 굳이 일일이 모든 사람을 감시할 필요가 없다. 그저 '감시당하고 있다'라는 느낌만 주면 그걸로 충분한 셈이다. 그러면 사람들은 스스로가 알아서 감시당하는 것에 준한 행동과 생각을 하게 되는데, 이것이 다름 아닌 '자기 검열'이다.

감시당하는 것에 준한 행동과 생각은 단순히 '그런 척' 하는 것에 그치지 않는다. 아니면서 그런 척 하는 것은 매우 극심한 스트레스를 사람들에게 주기 때문에, 이를 회피하기 위해 사람들은 자신의 생각과 행동을 실제로 감시를 하는 주체의 그것에 일치시키고자 애쓰게 된다. 이는 일종의 '내재화' 과정으로 감시하는 주체의 사상을 받아들여 자기의 것으로 삼는 걸 의미한다.

대표적인 예가 노예제도 폐지에 격렬하게 반대했던 노예들이다. 상식적으로 생각하면 매우 의아한 일이지만 이들은 주인의 생각을 자신의 것으로 내재화했기 때문에 주인의 입장에서 사고하고 판단했던 것이다. 비록 주인과 자신이 평등한 관계는 아니지만 주인 덕에 일할 수 있는 직장이 있고 이를 통해 삶을 영위해 나갈 수 있었는데 노예제도가 폐지됨으로써 실직자로 전락하게 되었다는 불만은 정확하게 주인의 입장에서 바라본 것이라 할 수 있다. 이러한 '노예'들이 많아진 사회란 '역감시' 체계가 완성 단계에 이른 사회라 할 수 있다. 자기 검열과 내재화를 통해 더 이상 감시할 필요가 없어졌기 때문이다. 일종의 '자동 감시' 기능이 작동하는 것으로 주인들은 굳이 노예제도 존속을 외칠 필요가 없다. 가만히 있어도 수많은 노예들이 노예제 존속을 위해 자기 일처럼 나서서 싸울 테니 말이다.

역감시사회의 정상적 감시사회화를 위하여

정상적 감시사회란 감시를 통한 자기 검열과 내재화를 평범한 이들이 아닌 힘을 지닌 이들이 하는 사회를 의미한다. 실제로 선진국에선 힘을 지닌 이들에 대한 감시가 야박할 정도로 촘촘하다. 물론 '감시'라고 하는 말이 주는 어감 때문인지 '투명성'이나 '정보(재산)공개'와 같은 말을 주로 사용하긴 하지만 결국 그 본질은 감시에 다름 아니다. 이를 통해 선진국 사회가 목표로 하는 건 단순히 힘을 지닌 이들이 잘 하고 있는지를 감시하는 것에 그치는 게 아니라, 힘을 지닌 이들 스스로가 알아서 평범한 국민들의 입장에 서도록 하는 것이다.

안타깝게도 우리 사회는 이 모든 것들이 정반대로 뒤집혀져 있다. 더욱 안타까운 건 이러한 상황이 문제라고 생각하는 많은 이들조차 '감시'라는 용어를 부정적 언어로 한정해버림으로써 힘 있는 이들이 힘없는 이들을 감시하는 것 자체를 자칫 감시의 당연한 '방향성'으로 사람들에게 인식하게 만드는 우를 범한다는 점이다. 다시 한 번 강조하건대 이는 '감시사회'가 아니라 '역감시사회'라고 명료하게 말해야 한다.

'프레임'이라는 개념을 제시해 유명해진 미국의 인지언어 심리학자 조지 레이코프는 자신의 저서 『코끼리는 생각하지 마』(삼인)에서 미국의 진보 진영이 보수 진영이 제시한 세금 구제 정책을 비난하면서 '세금 구제'라는 용어를 그대로 사용한 것을 비판한 바 있다. 진보 진영은 그 정책을 비판했지만, '구제'라는 말을 통해 보수 진영이 의도한 틀(프레임)을 그대로 사용함으로써, 결국 보수 진영이 짠 프레임 안에서 담론이 진행되었기 때문이다.

따라서 '감시'와 관련한 담론에서 선행되어야 할 건 '감시사회'에 대한 담론을 '권력이 사람들을 감시하는 것이 문제다'라고 하는 수동적인 입장(프레임)에서 벗어나 '권력을 어떻게 감시할 것인가'와 같은 공격적인 입장(프레임)으로 바꾸는 것이어야 한다. 그렇지 않으면 그저 권력의 감시를 완화하거나 해소하는 수준에서 담론은 끊임없이 맴돌 것이며, 이는 결국 권력에 의한 감시라고 하는 '역감시' 상태를 존속시키는 데 기여하게 될 것이다.

김진혁 EBS 프로듀서

일을 줄일 수 없는 사회

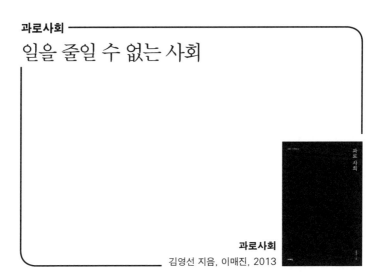

과로사회
김영선 지음, 이매진, 2013

주변의 지인들이 내 건강을 걱정하며 "일을 좀 줄이라"고 말할 때마다 늘 이렇게 대꾸하곤 했다. "일이란 하거나 안 할 수는 있어도 늘리거나 줄일 수는 없다."

하지만 일을 줄일 수 없다고 해서 아예 '안 해버리는' 선택이 쉽지 않다는 건 두말할 나위가 없다. 가장 중요한 건, 일을 안 하면 당장 생계를 꾸려갈 수입이 사라진다는 것이다. 그렇다고 당장의 생계를 걱정하지 않아도 될 얼마간의 여축이 있다고 해서 일손을 놓기가 수월해지는 것도 아니다. 일단은 일을 쉴 수 있다 해도 죽을 때까지 먹고살 만큼 벌어놓은 게 아닌 다음에야 결국 언젠가는 다시 일을 하지 않을 수 없는데, 일거리란 일을 하고 있는 사람에게나 계속 생기게 마련이어서 일손을 놓아버린 상태에서 일거리를 얻기가 어렵기 때문이다.

이런 경제적 동기는 사태의 지극히 사소한 일면에 지나지 않는다. 가령 아무 일도 하고 있지 않은 사람은 '사회적 신뢰'라는 면에서 매우 불리한 처지에 놓인다. 건강을 걱정하며 쉬라고 권하던 사람들이 언제 그랬냐는 듯이 돌변하여 무능과 무기력을 개탄하기 시작하는 건 순식간이다. 비유하자면, 학원 뺑뺑이를 도느라 친구들과 어울려 놀 시간이 없는 아이들이 딱하긴 하지만, 학원에 다니지 않는 아이에게도 막상 어울려 놀 친구가 없기는 매일반인 이치와 비슷하다.

또는 칼럼니스트 김규항이 예리하게 지적했듯, "현대의 왕족인 그들은 이전 시기 어떤 지배계급보다 안락해 보인다. 그러나 우습게도 그들에겐 지배계급의 가장 중요한 특권인 '유한함'이 없다. 그들은 일을 노예나 노동자에게 맡기고 예술 감상이나 사랑놀음을 구가하며 살아가는 게 아니다. 그들은 그들 덕에 가난해진 그 어떤 사람보다 더 바쁘다." 신자유주의의 수혜자이자 상위 1%에 속하는 그들이 '지배계급의 가장 중요한 특권'을 포기한 것이 경제적 동기 때문이 아님은 명백하다.

과도한 책임을 강제하는 건 소비자인 우리 자신

그런데 왜 일을 아예 안 하면 모를까 일을 줄일 수는 없다는 것일까. 여기에는 『과로사회』가 지적하듯, 해고 위협마저 불사하는 폭력적 강요와 왜곡된 임금구조에 기반한 교묘한 유혹이 맞물려 있으며, 더 깊숙하게는 저임금 구조가 바탕에 깔려 있다. 그러나 이런 문제들은 법제도적 개선만으로도 상당한 진전을 이룰 수 있는 것들이다. 최저임금을 현실화하고, 노동시간을 단축하는 한편으로 휴일을 확대하며, 비인간적인 장시간 노동을 엄격히 금지함은 물론, 위반시 처벌을 강화함으로써 있는 법조차 휴지조각으로 만들기 일쑤인 현장의 편법적 관행들을 근절시켜나가야 마땅하다. 달리 말해 누구도 법이 정하는 노동시간을 초과하는 노동을 강요당하지 않고, 이런 요구를 거절했다는 이유로 불이익을 받지 않으며, 또 그렇게 일하는 것만으로도 일정 수준 이상의 임금을 확보할 수 있도록 실질적으로 보장한다면, 쉬고 싶어도 '눈치가 보여' 못 쉬고 혹사당하거나 생계비에 터무니없이 못 미치는 임금을 수당으로 보전하기 위해 스스로를 혹사시키지 않아도 될 것이다.

하지만 과연 그럴까? 이 책의 저자도 여러 차례 지적하듯 장시간 노동의 현실은 단순한 법제도적 차원의 문제만은 아니다. 그럼에도 '총체적 접근'의 필요성을 당위적으로 역설할 뿐, 적어도 이 책을 통해서 '법제도적 차원을 넘어서는 지평'을 명료하게 파악하기가 쉽지 않아 적잖은 아쉬움을 남긴다.

우선 이 책은, 자영업자의 비중이 지나치게 높은 한국사회의 현실에 대한 착목이 소홀하다. 게다가 노동시장 유연화를 통해 임금노동자의 노동과정이 영세 자영업자와 유사하게 재편되어가고 있으며, 저자도 지적한 (낮은 기본급에 각종 수당이 덧붙는) 왜곡된 임금구조는 사실 그 징후적 단면에 지나지 않는다. 달리 말해 산업화 시기의 전통적인 산업노동자들의 장시간 노동과 신자유주의 질서에 함몰된 현재 한국사회의 장시간 노동은 전혀 성격이 다른 문제이다. 저자도 그것을 인식하고 있기에 법제도적 차원의 문제가 아니라고 강조한 것으로 보이지만, 구체적인 서술에서 양자의 차이를 명료하게 드러내는 데까지 나아가지는 못한 것이다.

물론 현재 한국사회에도 여전히 '전태일 시대'를 방불케 하는 법제도의 사각지대에 놓인 산업노동자들이 즐비하다. 특히나 이 책에서도 예시하고 있는 이주노동자들의 현실은 마땅히 더 많은 주목을 필요로 한다. 그러나 장시간 노동을 바라보는 시선이 여기에만 머물 때, "근로기준법을 준수하라"는 전태일의 외침이 상징하듯, 법제도적 차원을 넘어서는 지평이 어디에 어떻게 마련될 수 있을지 아리송해지기만 한다. 적어도 지금 시기에 장시간 노동을 강요당하는 노동자의 대다수는 '기계의 속도에 인간의 노동을 억지로 맞추는' 과정에서 혹사당한 전통적인 산업노동자와는 거의 인연이 닿지 않는다.

이 문제를 제대로 들여다보려면, 도대체 무엇이 '기계'의 자리를 대신하여 들어섰는지를 정확히 지목해내지 않으면 안 된다. 그것이 바로 우리 모두를 '과로'하게 하는 주범이기 때문이다. 단적으로 말해, 가령 나는 쉬기 위해 누구의 눈치를 볼 필요도 없고 누구의 허락을 구할 필요도 없으며, 내가 쉰다고 해서 멈추기는커녕 터럭만큼의 영향이라도 받을 가시적인 시스템이 존재하지도 않는 '자영업자'다. 그런데도 "일을 안 할 수는 있어도 줄일 수는 없다"는 것을 늘 절감한다. 그나마 일정한 사업장이나 고정적인 거래처가 없는 '인적 용역'(이른바 프리랜서)의 이점을 최대한 활용하여, 적잖은 일거리를 독한 마음먹고 '거절'하는 것(일을 안 하는 선택)으로 과로를 피해보려 여러 차례 시도해보기도 했지만, 번번이 '수입은 에누리 없이 줄어드는데, 희한하게도 일은 전혀 줄지 않는' 어처구니없는 상황에 맞닥뜨리곤 했다. 한 가지 어렴풋한 단서를 짚자면, 이 과로의 악순환에서 내게 조금이나마 숨통을 열어준 계기가 공식적으로 '환자'로 진단을 받으면서부터

라는 사실이다. '환자'라는 방패막이가 책임한계를 적당한 수준으로 경감시켜준 덕이라면, 결국 그동안 나를 과로로 몰아세웠던 건 '과도한 책임'이었던 셈이다.

이 해석이 일말의 타당성을 지닌다면, 나를 포함한 숱한 자영업자들에게 '과도한 책임'을 통해 과로를 강요하는 건, 물리적인 시스템이 아니라 바로 나 자신을 포함한 '소비자'들이다. 신자유주의 시대에는 임금노동자라 해서 처지가 크게 다르지 않다. 신자유주의 기업은 이미 단순히 노동을 통제하는 고용주가 아니라, 노동자로부터 노동력 상품을 구매하는 소비자이기 때문이다. 또는 왜 "현대의 왕족들은 그들 덕에 가난해진 그 어떤 사람보다 더 바쁜"가. 그들의 부와 그에 기반한 권력을 유지하기 위해 누군가에게 무언가를 끊임없이 팔아야 하는 한 자신이 판매하는 상품에 대해 과도한 책임이 어김없이 발생하기 때문이다. 요컨대 우리를 과로의 지옥으로 몰아넣는 것은 소비자로 기능하는 우리 자신인지도 모른다. 전통적인 말투를 끌어오자면, 우리를 소비자로 기능하게 하는 거대한 시스템이라 말할 수도 있겠지만, 구조를 움직이는 사람 없이 구조가 저절로 작동하지는 않는다.

더 많은 소비를 위해서가 아닌, 더 나은 인간이 되기 위해

다른 한편, 소비를 향한 욕망은 더 직접적인 방식으로 많은 사람들에게 장시간 노동의 굴레를 씌운다. 꿈같은 가정이긴 하지만 가령 주 40시간만 일해도 월 300만 원을 벌 수 있게 된다면, 나머지 시간은 쉬겠다는 쪽을 선택하는 사람들이 더 많을까, 아니면 부업으로 20시간쯤 더 일을 해서 150만 원쯤의 추가 소득을 확보하겠다는 쪽을 선택하는 사람이 더 많을까. 모르긴 해도 후자를 택하는 사람도 적지는 않을 것이다. 이때 '미래에 대한 불안'이란 그럴싸한 핑계거리에 지나지 않는 동어반복일 뿐이다. 역시 꿈같은 가정이지만 획기적인 사회보장으로 생계에 대한 불안이 해소된다 해도 상황이 크게 달라지지는 않을 것이고, 그래도 여전히 '더 많은 소비를 향한 (결코 충족되지 않을) 욕망'이 '불안'의 연료가 될 것이기 때문이다.

게다가 이미 소비에 익숙해진 우리는, 막상 일에서 놓여난 자유 시간을 확보한다 해도 정작 그 시간을 '자유롭게' 활용할 방법을 잊은 지 오래이거나 심지어 익힌 적조차 없기까지 하다. 실은 그 공허함에 쫓겨 차라리 '돈 버는 재미'라도 누리려 자신을 과로로 몰아넣기도 한다. '가족들과 더 많은 시간을 보내라'고 남편들을 일찍 퇴근시키자는 방안에 정작 아내들이 질색을 하더라는 에피소드가 의미하는 바는 분명하다. 같이 시간을 보내는 방법을 모르는 사람과 함께 시간을 보내야 하는 것보다 더 고역스러운 일도 없다. 하물며 혼자 시간을 보내는 방법을 모르는 사람에게 '혼자만의 시간'이 무슨 의미가 있겠는가.

그렇다면 과로사회를 벗어날 수 있는 실마리는, 소비자의 자리에만 머물기를 거절하는 사람에게서밖에는 찾을 수가 없을 것이다. 그것은 달리 말해 자신의 내면을 잠식하고 들어앉은 '소비의 욕망'을 성찰하고, 나아가 모든 것을 상품화하고야 마는 자본주의적 질서에 냉정한 비판적 거리를 유지하며, 자신의 삶에서 상품으로 거래되지 않는 영역을 확보하려는 노력을 게을리하지 않는다는 것을 뜻한다. '더 많은 소비'를 하기 위해서가 아니라 '더 나은 인간'이 되기 위해서 사는 사람이 늘어갈 때, 꿈쩍도 않을 것처럼 견고해 보이기만 하는 자본주의도 내파內破의 균열을 피할 수 없을 것이다.

그러니 서두의 말은 이렇게 수정되어야 한다. "자신의 일은 여전히 안 할 수는 있어도 줄일 수는 없다. 그러나 우리가 어떻게 사는가에 따라 서로 다른 사람의 일을 줄여줄 수는 있다." 팔 길이보다 긴 숟가락으로 밥을 먹어야 하는 건 천국이나 지옥이나 같지만, 지옥은 모두가 자기 입에 밥을 넣으려고만 해서 허기에 시달리고 천국은 서로 다른 사람 입에 밥을 넣어줘서 모두가 배불리 먹는다는 오래된 가르침은 아무리 되새겨도 늘 새삼스럽기만 하다.

변정수 출판평론가

탈감정은 무감정이 아니라 유사감정이다

탈감정사회
스테판 G. 메스트로비치 지음, 박형신 옮김, 한울, 2014

감정변형과 윤리

나는 최근 두 가지 도움을 요청받았다. 하나는 지방선거 지원이고, 하나는 성차별 사건의 가해자 비판에 동참해달라는 것이었다. 나는 모두 거절했지만 빚진 마음과 죄의식으로부터 자유롭지 못했다. 그러다가 선거 지원을 거절한 게 사실은 겸손함의 발로라는 생각이 들면서 마음이 편해졌다. 그들이 요구한 실천은 나의 사회적 위치에 맞지 않는 과분한 것이었고, 거절은 실천 회피가 아니라 평소 내가 가지고 있던 셀럽포비아(유명인사 환호에 대한 거부감)에 맞는 행동이었다. 생각이 여기에 이르자 미안함은커녕 유명세를 싫어하는 내가 자랑스럽기까지 했다(물론 말도 안 되는 논리다).

성차별 사건의 경우 나의 솔직한 감정은 분노와 두려움이었다. 나는 사건의 전말을 상세히 알고 있다. 피해자는 사회적으로 매장되었고 현재 입원 중이다. 사건의 내용도 매우 복잡하다. 가해자들은 여성이고 "사회적 지위가 높고 막 나가는 사람들"이란다. 이 문제에 나서면 휴대전화도 없이 사는 내 조용한 일상이 박살 나는 것은 물론 매장될 수도 있겠다는 생각이 들었다. 하지만 한편으로는 피해자와 동일시되어 분노를 감당할 수 없었다. '차라리 나서버릴까.' 괴로운 고민이 계속되던 와중에 '지원자는 피해자와 동일시하면 안 되고 이는 오히려 피해자에게 도움이 안 된다'는 옹호자 이론이 생각났다. 나의 분노가 심각하므로 개입해선 안 된다는 생각이 들었다. 더 나아가 가해자 세력이 막강하므로 피해자 지원은 정의감이 아니라 자포자기에 가까운 행동이라는 확신이 들었다. '나를 보호하자, 이건 정당방위야.' 나는 이내 편안해졌다.

누구나 이런 감정의 갈등 속에 산다. 위와 같은 나의 상황 회피 사고는 프로이트가 말한 자기 방어기제로서 합리화에 해당한다. 개입하지 말라는 주변의 조언과 내게 도움이 되지 않으리라는 생각 끝에 분노와 열정 같은 감정대로 행동하지 않고, 이성적인 판단을 한 것이다. 감정은 조절되었다. "이성적으로 행동하라"라는 말은 대개 여러 가지 감정 중 특히 분노를 누그러뜨릴 때 사용된다. 대중의 분노는 체제를 위협하기 때문이다. 세월호 사건 유가족의 고통을 "미개하다"고 한 경우를 보라. '감정적이지 않다'는 것은 이성과 감정의 위계와 대립에 기초한 근대의 대표적 통념이다. 스테판 메스트로비치의 『탈감정사회』는 이성과 감정의 대립이라는 낡은 구도 너머에 있는 탈감정 상태에 대해 논한다.

재현 혹은 표상으로서 감정

탈감정사회는 감정이 없는 메마른 사회가 아니라 감정이 조작되고 변형된 사회다. 『탈감정사회』에서는 감정변형의 조건과 배경을 탐색한다. 이 책은 감정 연구의 연장선에 있지만, 부정의에 대한 정상적인 인식이 왜 분노 혹은 증오와 같은 감정 차원으로 격하되는지, 그리고 그러한 인식이 왜 저항으로 연결되지 않는지에 천착한 문제의식이 더욱 매력적이다.

이 책은 감정에 대한 기존의 여성주의, 탈식민주의, 현상학, 후기 구조주의의 연구 성과에 기반하고 있다. 감정은 이성의 발명을 위해 고안된 개념이며 이동하고 교환할 수 있는 물질이라는 것, 감정은 가장 정치적인 인식, 즉 사상의 체현embodiment이라는 사실이다.

저자가 탈감정사회를 분석하기 위해 재해석한 사상가들의 면면은 탈감정 개념을 이해하는 데 도움이 된다. 장 보드리야르의 시뮬레이션 논의, 데이비드 리스먼의 『고독한 군중』(동서문화동판)에서의 또래 집단과 미디어 문제, 조지 리처의 소비생활의 극단적 합리화(감정의 맥도널드화), 에밀 뒤르켐의 신성한 것과 세속적인 것의 범주가 무너진 상황, 크리스 로젝의 여가의 지성화와 관료제화, 텔레비전 토크쇼로 대표되는 진정성 산업, 조지 오웰의 기계화된 사회주의에 대한 저항 등이 그것이다.

메스트로비치는 현실은 인지적 현실의 시뮬레이션 또는 극현실이라고 부르는 것에 의해 대체되지 않았다고 본다. 명백한 극현실의 표면 아래서 여전히 구조화된 기계적인 탈감정 현실이 작동한다는 것이다.(91쪽) 그러므로 현실과 재현의 불일치를 강조하는 포스트모더니즘보다 '탈감정'이 더 설득력 있다고 주장한다.

특히 데이비드 리스먼의 『고독한 군중』에서의 외부(타인) 지향성에 대한 재해석과 탈감정은 밀접한 연관이 있다. 외로운 군중의 특징은 '타자 지향성'이다. 타자 지향성은 번역하기 어려운 단어라고 생각하는데, 어쨌든 이 맥락에서는 내부(자기) 지향성의 상대어로 쓰인다. 타자 지향성이란 자신에서 출발하지 않는 삶의 방식이다. 대중은 부정의에 대한 분노를 타자 지향적 방식으로 처리한다. 자신은 정치를 변화시킬 능력이 없기 때문에 정치를 이해하기만 하면 된다고 생각하는 사람들은 정치를 '말해주는' 사람에게 의존한다. 이는 감정을 직접 경험하지 않도록 만드는 후기 자본주의의 다양한 문화장치(미디어)에 의해 더욱 강화된다. 타자 지향적인 개인들에게는 희생할 만한 초월적 가치가 없다. 남아 있는 유일한 가치는 생존이다.

외부 세계와 자신과의 관계는 주로 매스커뮤니케이션의 흐름에 의해 매개된다. 타자 지향적인 유형에서 정치적 사건들은 그 사건을 습관적으로 원자화하고 의인화 혹은 의사^{疑似} 의인화된 **단어의 스크린**(강조는 저자)을 통해 경험된다.(102쪽) 그러므로 타자 지향적 사람이 추구하는 목표는 그러한 지침과 함께 변화한다. 삶은 변화하지 않고, 남은 것은 다른 사람들에게 오는 신호에 세심한 주의를 기울이는 과정뿐이다. 도처에서 오는 신호를 받아들이지 않으면 안 된다. 그 발신지는 여러 곳이며 그 변화도 무척 빠르다.

이러한 과정, 다시 말해 감정의 기계화와 매개화 과정을 통해 저자는 감정이 전통적인 의미에서 몸의 생각이라기보다는 재현 emotions‑as‑representations(옮긴이의 용어로는 '표상')이라고 본다. 문화 산업은 석화石化된 방식으로 추상화된 감정을 사용한다. 추상적 감정의 대표적인 예는 연대가 아니라 연민과 동정이다. 동정하지만 공감하지는 않는다. 그러므로 탈감정사회는 대립 없는 사회다 현대의 문제는 문화적 빈곤이 아니라 감정적 빈곤인데, 문화는 넘치고 그 대가로 감정은 느끼는 것이 아니라 재현된 상품이 된다.

탈감정은 직접적인 감정이 아니라 재생된 감정이다. 『탈감정사회』는 감정 없는 사회에 대한 비판이 아니라 제조된 가짜 감정들로 충만하고 그러한 감정을 소비하는 사회, 소비재로서의 감정, 감정 제조 산업이 제도화된 사회에 대한 고찰이다. 대표적인 예로 보스니아 대량학살이 텔레비전을 통해 전달되는 과정을 들 수 있다. 대중은 미디어를 통해 자신들이 느끼는 극도의 혐오감이나 동정심(실제로는 연민), 공포 및 여타 감정들을 표현한다. 이러한 감정들에도 불구하고 대량학살은 수년간 계속되었다. 그러한 감정들은 비극을 중단시키는 데 아무런 영향이 없다. 이렇듯 동정심은 이제 하나의 사치품, 즉 '동정심 피로'로 귀착되는 소비재가 되었다. 이는 구매한 물건에 싫증나는 것과 유사하다. 오늘날의 탈감정적 인간은 어떠한 영역(국내든 국제든)에서도 감정을 경험하지만, 실천으로서 진정성을 입증할 것을 요구받지 않는다.

탈감정사회가 아닌 후기 감정사회

『탈감정사회』는 뛰어난 문제의식과 모범적인 서술 방식을 취하고 있다. 질문과 전개와 요약 모두가 잘 조직화된, 대가의 저술이라 할만하다. 요약하면 탈감정사회란 이전 시대라면 사람들의 마음을 움직였을 사건과 위기에 반응하지 않는 사회를 의미한다. 이책은 그 배경을 매우 지적이면서도 설득력 있게 분석하고 있다.

최근 한국사회에서 'OO사회'라는 방식의 책이 많이 출간되고 있는데, 푸코가 지적한 대로 '사회의 국가화'라는 구조주의적 접근(따라서 매번 같은 결론들)이 아니라 사회 혹은 신자유주의 체제 자체가 문제 영역으로 등장했다는 점에서 바람직하다고 생각한다. 이미 전 지구적 자본주의와 국가주의는 지구별을 감싸는 거대한 체제이기 때문에, 사회는 더 이상 국가의 하위 범주가 아니다.

세 가지 아쉬움을 전하면서 졸고를 마친다. 『탈감정사회』는 어쩔 수 없이 거대 서사에 속한다. 포지션과 맥락이 텍스트를 만든다고 보는 입장주의자로서는 불편한 점이 없을 수 없다. 사소한 사례를 들자면 이러한 대목 "사람들이 부정의에 분노를 드러내도 행위로 이어지지 않는 이유는, 분할된 집단 정체성(성별, 인종, 성정 체성 등)이 분노를 상쇄시키기 때문이다."(24쪽) 안타깝게도 이 부분은 책의 가장 중요한 부분에 나오는 서론 겸 요약인데, 다른 분노를 살 만한 틀린 분석이다. 성별과 인종에 대한 분노가 이미 정치학인데 무엇을 상쇄시킨단 말인가.

그리고 이 책의 내용과 주장으로 볼 때 탈감정사회보다는 '후기 감정사회'라는 표현이 더 적절하지 않을까 생각한다. 탈감정이 무감정이 아닌 새로운 양식의 발현이라면, '탈脫'이 아니라 '후기'로 서술되어야 한다. "감정 이후after-emotion도 고려했다"(65쪽)고 저자는 밝히고 있지만 '포스트'는 경합적인 단어다. 저자나 역자의 의도와 상관없이 우리말에서 '탈'은 '벗어남' '없어짐'으로 해석될 여지가 크다. 포스트모더니즘은 모더니즘의 양상이자 연속이며 인식자의 위치에 따라 다른 인식이지, 발생 시간상 순서가 아니다.

마지막으로 저자가 심도 있게 분석한 리즈먼의 타자 지향성은 문화이론, 탈식민주의, 페미니즘의 분야에서는 긍정적인 의미로 쓰인다(아더 오리엔테이션other-orientation). 영어로는 구분이 되는데 우리말에서는 구분이 어렵다. 우리 사회는 실존주의의 소외된 타자the others와 타인the different person을 구분하는 인식, 차이의 정치학이 부재하기 때문이다. 쉬운 예로 '여성은 남성의 타자'라고 할 때 여성은 제2의 성이라는 의미지만, 타자와 타인이 구별 없이 사용될 때 남녀는 평등하게 된다. 결국 그리고 역시 번역이 문제다. 우리 사회의 논쟁은 한국의 지식인이 생산한 언어보다는 번역과 관련된 것으로부터 촉발되는 경우가 많다. 물론 이 책의 번역은 가독성과 성실성, 원서에 대한 배경 설명 등 모든 면에서 나의 부러움을 샀지만 말이다.

정희진 여성학자

신자유주의 속 지배받는 또 다른 주체

피로사회
한병철 지음, 김태환 옮김, 문학과지성사, 2012

"현재 독일에서 가장 주목받는 비판적 지식인" "철학 서적으로 는 드물게 독일에서만 2~3만 부 팔렸으며" "독일의 권위 있는 언론이 그의 철학적 업적을 집중 조명했다." 2012년 한병철의 『피로사회』가 한국에 소개될 때의 언론 기사 한 대목이다. 이 책 은 한국에서도 꽤 큰 반향을 일으켜 수만 부가 팔렸다. 『피로사 회』가 한국에 소개되고 나서 지식사회가 보였던 이런 열광의 정 체는 무엇일까. 정말로 이 책이 지금 여기의 "고유한 질병"을 예 리하게 포착했기 때문일까.

나는 한국 지식사회의 지적 태만, 그리고 그것과 떼려야 뗄 수 없는 사대주의의 증거가 바로 『피로사회』에 대한 필요 이상의 주 목이라고 생각한다. 왜냐하면 『피로사회』는 분명히 훌륭한 책이 지만, 독일의 맥락이 아닌 한국의 맥락에서는 다소 때늦은 담론 이기 때문이다. 자, 왜 그런지 따져보자.

이미 한국에 존재했던 선취적인 담론들

『피로사회』를 놓고서 많은 이들은 이 책의 진단을 대단히 참신한 것처럼 치켜세웠다. 그런데 신자유주의 사회를 '성과사회'로 명명하고, 그 안에서 끊임없이 성과를 내고자 소진되는 개인을 언급한 것이 그렇게 새로운 분석인가. IMF외환위기 이후 한국사회의 성격 변화를 직접적으로 가리키는 몇몇 담론은 이미 이런 분석을 선취하고 있었다.

생각나는 대로 몇 가지만 나열해보자. 당장 2000년대 초반 대중적인 차원에서는 『부자 아빠 가난한 아빠』(황금가지) 열풍이 불었다. 지금 돌이켜보면, 이 책은 IMF외환위기 이후 대중의 한탕주의에 편승한 그저 그런 자기계발서가 아니라 한국사회의 변화와 그 구성원의 꿈틀거리는 욕망을 정확히 포착한 것이었다. 거칠게 설명하면 이렇다. 『부자 아빠 가난한 아빠』는 놀랍게도 카를 마르크스의 『자본』과 닮았다. 두 책은 모두 자본주의 사회가 돈이 돈을 버는 자산을 가진 이들(자본가)과 몸뚱이 외에는 돈 벌 수단이 없는 이들(노동자)로 나뉘어 있음을 정확히 포착해낸다. 잘 알다시피 마르크스는 노동자가 연대해서 자산가의 권력을 쟁취하는 변화를 꿈꿨다.

『부자 아빠 가난한 아빠』는 이 부분에서 『자본』과 정반대 전략을 제시한다. 이 책은 어차피 사회가 그렇게 둘로 나뉘어 있다면, 왜 비루한 노동자의 삶에서 벗어날 생각은 못하느냐고 반문한다. 신분제를 철폐하고 사적 소유에 기반을 둔 근대 자유주의와 민주주의는 바로 계급 이전을 가능하게 하지 않았는가. '자 노동자들이여, 이제 자산가가 될 궁리를 하라!'

2000년대 내내 열광과 공황을 반복하면서 산발적으로 이어지고 있는 수많은 개미들의 주식, 펀드 그리고 지극히 한국적인 부동산 열풍은 바로 이런『부자 아빠 가난한 아빠』가 제시한 담론을 체화한 신자유주의 주체의 집단 실천이다. 모든 주체가 스스로의 살림살이를 '경영하는' 사회. 이것이 바로 2000년대 초반부터 빚어진 한국판 성과사회의 생생한 예다.

이런 변화를 예리하게 포착한 지식사회의 담론은 또 어떤가. 사회학자 서동진은 2004년 박사학위 논문으로 한국사회의 '자기계발하는 주체'의 본질을 성찰했다. 이 논문은 일견 자유로워 보이는 한국사회의 노동자와 시민이 어떻게 자본이 원하는 맞춤한 인간형이 되고자 기를 쓰고 자발적으로 노력하는지 생생히 보여주었다. 2009년『자유의 의지 자기계발의 의지』(돌베개)로 나온 이 논문의 '자기계발하는 주체'는『피로사회』의 중요한 문제의식 대부분을 선취하고 있을 뿐만 아니라, 지금 여기 대한민국에서 『피로사회』가 말하는 '소진되는 주체'의 모습이 어떤지를 정확하게 보여줬다. 하지만 우리는 한병철의 그것만큼 서동진의 논의를 주목했던가.

이뿐만이 아니다. 2009년에는 서동진의 책뿐 아니라 제니스 펙의『오프라 윈프리의 시대』(황소자리)도 있었다. 〈오프라 윈프리 쇼〉의 성공이 신자유주의, 또는 그것이 바람직한 것으로 간주하는 '자기책임, 자기긍정하는 인간형'의 확산과 밀접하게 관련되어 있음을 보여준 이 책은 미국의 맥락에서『피로사회』의 문제의식을 선취한 중요한 예다.

한국에서도 꽤 많은 독자를 가지고 있는 바버라 에런라이크의

『긍정의 배신』(부키)은 또 어떤가. 『피로사회』가 소개되기 1년 전에 한국에 소개된 이 책은 이른바 미국에서 긍정 이데올로기가 어떻게 태동해 신자유주의의 새로운 통치 전략으로 채택되었는지를 생생히 보여준다.

바로 앞에서 나는 '통치'라는 표현을 사용했다. 이 표현은 프랑스 철학자 미셸 푸코가 1970년대 후반에 고안하고, 니콜라스 로즈를 비롯한 일군의 학자들이 1980년대부터 발전시킨 이른바 '통치성Governmentality' 개념에서 빌려온 것이다. 2012년 한국을 방문한 로즈는 나와의 인터뷰에서 자신이 푸코를 따라서 통치성에 주목한 이유를 이렇게 설명했다. "저를 사로잡았던 질문은 이런 것이었어요. '영국과 같은 자본주의 복지국가에서 새롭게 등장한 새로운 형태의 정치권력(신자유주의)이 어떻게 자기를 정당화하면서 스스로를 유지하는가'(중략) 영국과 같은 자유주의 복지사회에서 자유는 정치권력이 통치를 유지하는 가장 효과적인 수단입니다. 그 사회 구성원이 자유의 이름으로 관리되고 지배받고 있으니까요."

그래서 로즈는 자유를 상대로 푸코가 던졌던 방식과 비슷한 질문을 던졌다. '사람들은 자신을 어떻게 자유롭다고 여기고 살아가는가' '그렇게 사람들이 자신을 자유롭다고 믿게끔 하는 근거는 무엇인가' '우리가 자유롭기 위해서 치러야 할 대가는 없는가' '그렇게 사람들이 자신을 자유롭다고 믿게끔 하는 과정에서 지식(권력)의 역할은 무엇인가' 등.

로즈와 그의 동료들은 1990년대 이후에 이런 질문을 놓고서 다양한 답변을 내놓았고, 그 연구 성과는 서동진과 펙을 비롯한 여럿에게 여러 방식으로 지적 자극을 주었다. 자유가 대항 권력의 근거가 되기보다는 지배의 가장 효과적인 수단이 되는 역설적인 상황에 대한 분석, 『피로사회』 역시 이런 문제의식의 자장 안에 있다고 보아야 하지 않을까(한 가지만 덧붙이자면, 『피로사회』의 이런 때늦은 시차는 그가 속한 독일사회의 맥락을 염두에 둬야 한다. 미국과 영국은 1980년대부터 흔히 신자유주의로 통칭되는 시장 중심 자본주의로 사회의 체질 자체가 재편되었다. 한국은 1990년대 후반부터 그 뒤를 본격적으로 따르고 있다. 하지만 독일은 지금도 여전히 우리가 생각하는 신자유주의와는 한참 거리가 멀다).

한병철의 만트라

『피로사회』를 신자유주의 인간형의 본질을 탐색하는 지적 계보 속에 자리매김하면 우리는 새로운 질문을 마주하게 된다. 그렇다면 '지배받는 사람'이 아니라 '투쟁하는 사람'은 도대체 어떻게 만들어질까. 『피로사회』 식으로 말하면 성과사회의 소진하는 주체는 어떻게 스스로를 '부정'할 수 있을까.

서동진은 나와의 인터뷰에서 이렇게 고백했었다. "푸코는 사람들이 어떻게 지배받는 대상으로 빚어지는지 놀라울 만큼 섬세하게 얘기하지만, 그 역에 대해서는 모호한 화두만 던집니다." 로즈도 이렇게 말한다. "1999년 이후에 통치성 연구를 포기했어요. 통치성 개념은 이것에 대한 통치, 저것에 대한 통치 이런 식으로 무엇이든 유사하게 분석하는 도구로 전락했죠."

서동진과 로즈의 이런 고백에서 한병철의 『피로사회』 그리고 그 이후에 내놓은 『투명사회』(문학과지성사)는 자유로울까. 한병철은 성과사회의 소진하는 주체가 현실을 극복할 대안으로 긍정 대신 부정, '자기에의 집착' 대신 '타자와의 대면' 등을 내놓는다. 더구나 마치 도사가 되라는 권고로 들리는 이런 새로운 주체화 과정마저도 지극히 개인적이다. 『피로사회』가 상당수 독자에게 또 다른 자기계발서로 읽히는 것도 바로 이 때문이다. 마치 법정 스님의 에세이를 읽고서 무소유를 되뇌는 이들처럼, 혹은 〈오프라 윈프리 쇼〉를 보고서 자기긍정의 세례를 받는 미국 여성처럼, 어떤 이들은 『피로사회』를 읽고서 이렇게 결심하는 것이다. '그래, 성과에만 집착하는 긍정의 덫으로부터 벗어나자.'

한병철이 한 강연에서 한국에서 유행하는 강신주 같은 철학자의 책을 "달콤한 감정의 인문학"으로 비판했다는 기사를 보면서 쓴웃음이 나왔던 것도 이 때문이다. 과연 그의 책은 이런 비판에서 자유로울까. 오히려 이렇게 저항마저도 개인화하는 한병철의 철학이야말로 신자유주의가 빚어놓은, 지배받는 주체의 또 다른 주석이 아닐까.

『정의란 무엇인가』(김영사)에 이어서 몇 년 만에 『피로사회』를 손에 든 독자라면 독일에서 때늦게 도달한 한병철의 사유에서 뭔가 새로운 것을 접했을 수도 있다. 하지만 책 읽고 글 쓰는 일을 하는 이마저 이런 유행에 동참한다면 그것은 명백한 지적 태만이다. 그리고 이런 지적 태만은 어쩌면 한국의 지식사회에 뿌리 깊이 박힌 사대주의와 무관하지 않다. 예를 들어 『피로사회』가 독일에서 이례적으로 수만 부가 팔린 철학책이 아니라 한국의 비정규직 대학 강사가 쓴 노작이었더라도 이토록 주목을 받았을까. 그러지 못했을 것이다. 마치 서동진의 책이 그러지 못했듯이 말이다.

　다른 사회와 대항 주체를 고민하는 공론의 내용마저 세계 자본주의가 설정해놓은 지식 권력의 위계 속에 존재하는 이런 현실. 바로 이것부터 극복하지 못한다면 지금 여기에 대한 제대로 된 분석과 대안 없이 대한민국을 맨날 '○○사회'로 규정하는 지적 유희와 동어 반복만 계속될 것이다.

　그러고 보니 한병철은 얼마 전 세월호 참사의 원인을 '신자유주의'로 규정했다. 독일 언론에 실린 이 기고는 한국 언론을 통해서도 널리 알려졌다. 모든 문제의 정답으로 똑같은 만트라만 외우면 후발국에서 대서특필을 해주는 선진국 지식인은 얼마나 행복한가. 그의 다음 책이 기대된다.

강양구 〈프레시안〉 기자

한국사회, 어디까지 투명해봤니

투명사회
한병철 지음, 문학과지성사, 2014

"오늘날 '투명성'이란 단어는 마치 유령처럼 모든 삶의 영역을 떠돌고 있다." 재독 철학자 한병철의 『투명사회』 한국어판 서문의 첫 문장은 "하나의 유령이 유럽을 떠돌고 있다. 공산주의라는 유령이"로 시작하는 『공산당 선언』을 떠올리게 한다. 다만, 마르크스와 엥겔스가 작성한 『공산당 선언』은 공산주의 혁명을 역설하는 팸플릿이지만, 한병철이 쓴 『투명사회』는 투명성에 위험하게 깃든 폭력성을 예민하게 드러내는 철학적 경고문이다.

한병철은 흔히 긍정적인 것으로 여기는 '투명성'의 가치를 전도顚倒하고 전복한다. 그가 말하는 투명성은 드러냄, 밝힘, 벗김, 폭로, 일방적 커뮤니케이션, 정보의 자유화와 동의어다. 투명성은 좋은 것만은 아니며, 대부분의 경우 나쁜 것이다. 투명성이 지배하는 사회는 비밀과 내밀함, 다름, 부정성을 억압하고 통제하는 사회다.

모든 것을 감시하고 전시하는, 투명사회

한병철의 투명성 개념은 한국사회 인터넷과 소셜미디어를 들여다보는 데 적절하다. 투명사회 범주 가운데 하나로 제시한 '통제사회'의 예를 찾기란 어렵지 않다. 인터넷과 소셜미디어는 "사회적인 삶을 감시하고 착취하는 디지털 파놉티콘"의 대표적 사례다. 이 공간에서 사람들은 욕망과 애호, 슬픔과 두려움, 분노와 공포, 은밀함은 버젓이 드러내거나 또 드러나기도 한다. 트위터나 페이스북은 죽음을 예고하는 장소로도 등장한다. 2014년 3월 게임 조작에 연루된 어느 프로게이머가 페이스북에 자살 유서를 남겼고, 2011년 어느 아나운서가 목숨을 끊기 전 트위터에 죽음을 암시했다.

드러난 것들은 종종 감시와 처벌의 기제로 작동한다. 2005년 '개똥녀 사건'은 한국적 디지털 파놉티콘의 원조격 사건이다. 네티즌들은 지하철에서 애완견 배설물을 방치한 어느 여성의 얼굴 사진까지 '투명하게' 공개했다. 디지털 기기와 소셜 미디어의 발달로 다른 사람들의 무례와 실례뿐만 아니라 존중받아야 할 일상까지도 녹음, 녹화하고, 인터넷에 공개하는 일은 더 쉬워졌다. 그만큼 타인에 대한 존경과 배려는 사라졌다. 존경의 전제가 되는 "떨어져 있는 시선, 거리의 파토스"를 찾기 어렵게 된 것이다.

유명인은 주요 감시와 처벌의 대상이다. 2009년 일이다. 가수 박재범이 미국의 소셜 네트워킹 웹사이트인 마이스페이스에 작성한 글 중 "Korea is gay" "I hate korean" 같은 문장이 맥락이나 뉘앙스와 상관없이 직역되면서 비하 논란을 일으켰고, 박재범은 결국 자신이 속해 있던 그룹 2PM을 탈퇴해 미국으로 돌아가야 했다. 2014년 3월 한 운동선수와 여자친구와의 성관계 사진이 페이스북에 올라와 순식간에 카카오톡과 블로그로 퍼져나간 사건은 "노출증과 관음증이 디지털 파놉티콘인 인터넷을 살찌운다"는 한병철의 말에 잘 부합한다. 애인이 변심하면 내밀하게 삭이는 게 아니라 함께 찍은 사진이나 동영상, 서로 주고받은 카톡, 문자 메시지를 공개해 복수하는 일도 디지털 파놉티콘에서 벌어진다. 인터넷 클릭도 다 저장되는데, 이를 두고 한병철은 "삶의 완벽한 프로토콜화는 투명사회를 완성한다"고 말한다. 최근 다음과 카카오톡의 합병을 "더 많은 커뮤니케이션은 더 많은 자본을 의미"하는 것으로 해석할 수 있다.

투명사회의 또 다른 범주는 전시사회다. 이 사회에선 "모든 주체가 스스로를 광고의 대상으로 삼는다. 모든 것이 전시가치로 측정"된다. 전시가치는 특히 '아름다운 외양'에 달려 있다. 한병철은 "자본주의 경제는 모든 것을 전시의 강제 아래 복속시킨다" "전시의 강제는 성형수술과 피트니스클럽에 대한 강박을 낳는다"고 말한다. 한국은 성형을 가장 많이 하는 국가다. 영국의 〈이코노미스트〉가 2013년 국제미용성형수술협회(ISAPS)의 데이터를 분석해 보도한 결과를 보면, 2011년 기준 세계 성형시장 규모는 200억 달러(21조 원)인데, 한국 성형시장은 전체 4분의 1에 해당하는 45억 달러(5조 원)였다.

TV 프로그램 〈렛미인〉은 전시사회가 자본주의에서 어떻게 작동하는지를 잘 보여준다. 이 프로그램에 '자발적으로' 참여한 여성을 성형수술한 병원은 '렛미인 닥터스 병원'이라 불린다. 이 병원들은 포털 사이트에 '파워링크' 광고를 싣고, 한데 묶인다. 수

술을 받은 여성은 병원 직원으로 채용되고, 이런 '사실'은 다시 온라인 보도로 전파된다. 여성이 일하는 병원 정보는 블로그 등으로 다시 확산된다. 한병철은 전시사회를 포르노사회라는 범주로 다시 이어낸다. "자본주의는 모든 것을 상품으로 전시하고 과도한 과시성의 장에 던져놓음으로써 사회의 포르노를 촉진한다. 자본주의가 추구하는 것은 전시가치의 극대화다." 한병철은 "전시는 곧 착취"라고도 말한다.

이처럼 "디지털 파놉티콘의 수감자는 자기를 노출하고 전시"한다. '내밀함'을 전시, 판매, 소비하는 투명사회는 또 친밀사회다. 사람들은 인터넷 커뮤니티나 페이스북 친구, 트위터 팔로워를 통해 자기 자신의 성향, 취향, 이념과 비슷한 사람들을 만나려고 한다. 사적인 영역에서 취향과 기호, 정치적 영역에서 진영 논리로 뭉쳐 있다. 한병철이 친밀사회에서 지적하는 건 "디지털 이웃 사촌의 공간은 참여자에게 마음에 드는 세계의 단면만을 제공하며, 그럼으로써 공론장, 공적 영역, 비판적 의식을 해체하고 세계를 사적인 장소로 만들어버린다"는 점이다. 내밀한 것, 사적인 것들이 쏟아져 들어오면서 공론장은 전시 공간으로 탈바꿈한다고 한병철은 말한다.

불투명성과 은폐가 난무하는 한국사회

한병철의 『투명사회』는 한국사회, 특히 인터넷과 소셜미디어 문제를 성찰할 수 있는 유효한 창이다. 그런데 한병철은 독일 철학자다. 독일과 서구 정치사회 현실이나 현상에 기반한 철학적 사유와 진단을 한국사회에 전면 적용하긴 어려운 점이 있다는 말이다. 예컨대 투명성과 정치, 권력, 경제, 부패, 정보 간의 관계를 따질 때 그러하다. 한병철은 "어디에서나 투명성이 요구되고 투명성의 물신화, 투명성의 전면적 지배로까지 치닫고 있다"고 말한다. "투명성을 부패와 정보의 자유라는 관점에서만 보는 사람은 그 영향력을 제대로 파악하지 못한다" "투명성은 더 많은 민주주의, 더 많은 정보의 자유, 더 높은 효율성을 가져다 줄 것으로 기대되고 있다. 투명성이 신뢰를 낳는다. 이것이 요즘 유행하는 믿음"이라고도 했다.

한국은 투명성이 전면 지배하는 사회라고 보긴 힘들다. 투명성이 신뢰를 낳는다는 것을 그저 '믿음'으로 치부하기도 힘든 사회다. 정치, 경제, 사회 부문에선 여전히 불투명성과 은폐가 문제다. 예컨대 국제투명성기구가 발표한 2013년 부패인식지수에서 한국은 55점으로 전체 46위를 차지했다. 국제투명성기구 본부가 있는 곳이자 한병철이 철학을 배운 독일은 78점으로 12위이다. 인터넷에서 수많은 정보가 방출되지만, 정작 중요 정보의 유통은 제한돼 있다. 중앙정부나 지방정부, 공공기관을 대상으로 정보공개청구를 해본 이들은 안다. 시민의 '알 권리'와 직결되는 중요 정보는 비공개 처리되기 일쑤다. 최근 투명사회를 위한 정보공개센터는 지난 4월 해양수산부가 만든 세월호 관련 문서 478개 가운데 71.6퍼센트인 343개가 비공개로 분류됐다고 밝혔다.

한국에서 시민을 감시하는 권력의 파놉티콘은 강건하지만, 권력을 감시하는 시민의 파놉티콘은 부실하다. 박정희식 근대화 즉 유사 또는 의사疑似 근대화의 부정적 유산이 여전한 한국의 정치, 경제, 사회 영역에서 서구 기준의 '과도한 투명성'의 혐의를 제기하기는 힘들다. 그는 "'정치적으로 올바른' 실천 양식은 투명성을 요구하고 다의성의 포기를 주장한다"고 했는데, 한국이 서구나 미국처럼 '정치적 올바름'이 존재하는 나라인지도 의문이다.

한병철은 투명성의 대척에 있는 '비밀' '기밀' '은폐' '베일' 같은 말에 담긴 가치를 높이 산다. 그는 카를 슈미트의 "공개주의 원칙과 특수한 적대 관계에 있는 것은 (중략) 기밀 즉 정치기술적 비밀이 모든 정치의 본질적 속성이라는 관념"라는 말을 인용하며 "정치는 전략적 행위이다. 이미 이 이유 때문에라도 비밀스런 영역은 정치와 잘 어울린다. 전면적인 투명성은 정치를 마비시킨다"고 지적한다. 한병철은 또 슈미트의 "18세기만 하더라도 아직 대단한 자신감이 있었고 비밀스러움이라는 귀족적 개념을 과감하게 시험해볼 수 있었다"면서도 "그렇다면 비밀의 종언은 정치의 종언일 것"이라고 했다.

"전면적인 투명성은 정치를 마비시킨다"는 한병철의 말은 서울 교육감 후보로 나온 아버지 고승덕의 과거를 페이스북에다 폭로한 고희경의 사례에 해당하는 걸까. "모든 것이 즉각 공개된다면 (중략) 정치는 잡담처럼 얄팍해진다"지만 한국 정치에서 비방과 비난을 제외한 어떤 것들이 즉각 공개되고 있을까. 서구 정치사에서 뽑아낸 '정치기술적 비밀' '비밀스러움이라는 귀족적 개념'을 한국 정치 상황에 그대로 대입해 읽어내긴 힘들다. 박근혜와 김기춘, 문재인과 안철수, 새누리당과 새정치연합, 한국 외교부장관과 일본 외무상 간의 조합에서 벌어지는 일이나 박근혜의 최근 UAE와의 원전 외교에서 '정치기술적 비밀'란 게 있다면 과연 어떤 것일까. 한병철의 규정은 한국적 상황에서 권력의 비민주적인 결정과 그에 대한 시민의 견제나 감시를 무화시키는 쪽으로 읽힐 수 있다. "사람들은 지배자를 믿고 신뢰해야 한다"는 리처드 세넷의 인용은 또 한국적 상황에서 어떤 의미가 있을까.

한병철은 "투명성의 명령에는 파놉티콘적 효과가 있다"면서 투명성의 폐해 사례로 독일 전 함부르크 시장 올레 폰 보이스트의 "부단한 미디어의 관찰 때문에 우리(정치가들)에게는 도발적이고 인기 없는 주제나 입장에 관해 비공개 석상에서 터놓고 토론할 자유도 없어졌어요. 그런 얘기를 했다가는 반드시 누가 그걸 언론에 알릴 거라고 보면 됩니다."(〈디 자이트Die Zeit〉 2013년 1월 13일자)는 말을 인용했지만, 한국의 미디어가 여러 지자체 시장이 주재한 비공개 석상의 이야기를 부단히 관찰할 수 있는 상황은 아니다. 특히 정치 영역에서 한국은 여전히 투명성보단 불투명성이 문제인 사회다. 투명 유리로 지었으나 이런 건축적 투명성이 정치적 투명성을 담아내지 못하는 여의도 국회 제2의원회관도 한국 정치의 투명성을 역설적으로 드러내는 하나의 사례다.

사회를 바꾸려 했던 한국의 디지털 무리들

한병철은 네그리와 하트의 '다중'과 네트워크 커뮤니케이션, 타자 착취의 논리를 비판하면서 "오늘날 사람들은 자유의 환각 속에서 자기 스스로를 착취한다"고 했는데 한국에서 착취의 주체가 과연 '자기'인지도 생각해볼 문제다. 한병철은 "다시 한번 다수의 대오가 기존의 권력 및 지배 관계를 무너뜨리는 중"이라며 그 다수의 이름을 '디지털 무리'라고 부른다. 이 무리는 영혼, 정신, 결의가 없다는 점에서 노동자 집회에 모이는 '군중'과 다르다고 했다. '플래시 몹flash mob'을 예로 들며 "영혼이 없는 디지털 무리의 운동 패턴은 동물의 무리처럼 순간적이고 불안정하다"고도 말한다.

한국에서 '디지털 무리'를 플래시 몹에 한정하긴 힘들다. 쌍용차 투쟁이나 김진숙의 한진중공업 고공농성에서처럼 노동자의 집회는 디지털과 결합한 사례도 있다. 한병철이 한국의 사례를 언급하거나 분석한 것은 아니지만, 그의 투명사회를 한국 상황에 대입해 읽어내는 이 글에서 2002년 효순 미선 촛불집회부터 최근 세월호 참사의 침묵시위까지 디지털로 촉발되고 확산된 한국적 디지털 '무리'의 형성을 동물의 그것과 같은 선상에서 비교하긴 힘들다. 그리고 한국의 기존 권력 및 지배 관계는 무리에 의해 무너져선 안 될 가치를 지닌 것들인가라는 생각도 『투명사회』를 읽으며 떠오른다.

김종목 〈경향신문〉 기자

믿음이 가능하지 않은 시대

탈신뢰사회의 위험관리 Risk Management in Post-Trust Society
래그나 E. 로프슈테트Ragnar E. Lofstedt 지음, Routledge, 2008

세월호 참사가 일어난 지 한 달이 넘어가지만 유가족들의 상처는 치유되지 않고 있다. 모든 행동이 죄스럽고 조심스럽다. 온 국민이 세월호의 침몰과 사고 수습 과정을 보며 비통해하는 것은 이번 사고가 인재로 시작하여 철저하게 인재로 끝나고 있음을 알기 때문이다. 많은 사람을 구할 수 있는 '황금시간'이 주어져 있었음에도 살아 있는 생명을 수장한 천인공노할 죄악상을 보았기 때문이다.

이번 참사는 민주화 27년을 맞이한 우리나라, OECD 선진국 대한민국의 명과 암을 상징적으로 보여주었다. 뿐만 아니라 국가와 탁월한 시민의 당면한 과제가 무엇인지를 깨닫고 아픔을 치유할 수 있는 바람직한 방향에 대해 진지하게 고뇌할 것을 촉구하였다. 이번 사건을 어떠한 각도와 프레임으로 보느냐에 따라 여러 가지 원인 진단과 해법이 나올 것이며, 각 프레임 간의 처방도

달라질 것이다. 대통령과 정부는 내각인사 교체, 해경 해체, 피해자 보상, 국가안전처 신설, 안전 예산 우선 배정, 특별법 제정, 국정조사 등 국가 개조수준의 대책을 제시하고 있지만, 이런 것이 국민들에게 얼마나 납득되고 실효성이 있을지 장담할 수 없다. 대통령과 정부에 대한 국민적 불신이 증대하게 되면 백약이 무효이기 때문이다.

상처와 불신은 단시간에 회복될 수 없고 이를 극복하기 위해서는 많은 시간과 노력이 요구된다. 상처가 회복되었다 해도 외상후 스트레스라는 트라우마에서 벗어나는 일은 결코 쉽지 않다. 한 번 무너진 신뢰는 트라우마와 상호작용하면서 더 많은 갈등을 양산하기에 더 많은 시간과 치료비용을 요구한다. 세월호 사건으로 인한 상처와 불신의 트라우마 조짐은 과거의 불신구조와 더불어서 이미 작동되고 있다. 이는 문제 해결을 더욱더 어렵게 하고 있다.

트라우마와 정부불신의 현상들

이러한 불신구조와 트라우마를 소개하면 다음과 같다. 첫째, 2014년 5월 2일 서울 지하철 2호선 추돌사고 때 드러난 승객의 태도이다. 상왕십리역에서 열차 추돌사고가 발생했을 때, 승객 대부분이 "밖으로 나오지 말고 대기하라"는 안내 방송에 따르지 않고 객차에서 탈출했다는 점이다. 전기가 끊겨 깜깜해진 어둠 속에서 일부 승객이 "대기하자"라고 의견을 냈지만 한 남성이 "세월호 때도 시키는 대로 가만히 있다가 다 죽었다"고 소리치면서 탈출하는 쪽으로 분위기가 바뀌었다고 한다. 어린 학생들이 "선실에서 대기하라"는 안내 방송에 따랐다가 대거 참변을 당했으니, 지하철 승객들이 "대기하라"는 안내 방송에 따랐다가는 무슨 일을 당할지 모른다는 공포감에 사로잡혔고, 자신을 지키기 위해 서로를 밀치는 사태가 발생했다. 이는 세월호 트라우마의 한 단면을 보여준다.

둘째, 5월 8일 OECD가 공표한 「2014 더 나은 삶 지수」이다. 정부의 세월호 침몰 대응에 대한 비판이 일고 있는 가운데 한국인 10명 중 2명 정도만 정부를 믿는다고 하는 통계는 충격을 더했다. OECD는 한국을 조사 대상국 36개국 중 29위로 소개하면서 "정부에 대한 신뢰는 사회통합과 국민의 복지, 안녕을 위해 필수적"이라며 "한국에선 불과 23%의 국민만 정부를 신뢰한다"고 지적했다. 트라우마와 불신구조가 개선되지 않고 사회 각 분야로 도미노처럼 파급된다면, 치유 불가능한 국가 분열 사태라는 더 큰 참극을 만들어낼 수밖에 없다. 국가를 믿지 못하는 국민들은 결국 각자 생존의 길을 선택할 수밖에 없으며, 이런 사회는 공공성과 공동의 가치를 함께 세우지 못해 만인에 대한 만인의 투쟁을 벌일 수밖에 없다. 결국 국가의 붕괴와 함께 사회와 개인도 급격히 붕괴될 수밖에 없다. 더 큰 문제로 번지지 않도록 엄밀한 원인 진단과 함께 재발방지책을 세울 필요가 있다. '탈신뢰사회'라는 개념을 활용할 경우 정부 불신의 원인을 밝히고 해법을 찾는 데 용이하다.

우선 탈신뢰사회는 '믿지 못하는 사회'가 아니라 '믿음이 가능하지 않은 사회'를 말한다. 즉 종전의 진리, 제도, 공동체, 국가의 힘과 권위 및 가치가 점점 의문시되는 사회이다. 탈신뢰사회라는 말은 2005년 『탈신뢰사회의 위험관리$^{Risk Management in Post-Trust Society}$』를 쓴 로프슈테트에 의해 고안되었다. 전문가와 정부 관료의 권위가 축소되고, 정부에 대한 불신이 급증하는 시대상황을 말한다. 전문가와 관료 및 정부제도에 대한 회의주의가 탈신뢰사회의 주요 특징이다.

　로프슈테트에 의하면 신뢰를 구성하는 세부요소는 능력, 공평성, 객관성이고, 이러한 신뢰요소에 강력한 영향을 미치는 것은 '불확실성'이라는 변수이다. 이러한 불확실성은 전문가와 관료들이 신종재난과 신기술 대해 무능하게 만들며, 이해당사자들의 의견을 대변하는 데 불공평하게 만든다. 또 정보 수집이나 정책 집행에서 편견과 비효율성을 만들어낸다고 진단하였다. 그는 신뢰와 정책적 의사결정 간의 관계에 대해 분석하면서, 신뢰가 높을 경우에는 하향식 의사결정이 가능하지만, 신뢰가 낮을 경우에는 상향식 의사결정, 즉 시민 참여와 숙의적 메커니즘을 활용한 위험 거버넌스의 틀(민관협력과 협치)이 필요하다고 보았다.

신뢰 거버넌스 구축과 제3섹터부 신설을 통한 정부혁신

한국사회 역시 불확실성이 높은 탈신뢰사회이다. 개인의 권리 의식이 증가되는 민주화에 지구화, 정보화, 후기산업화, 탈물질주의, 탈냉전이라는 전환기적 시대상황이 더해지고 있다. 개인과 사회 이익이 파편화, 유동화됨으로써 그 어느 때보다 불확실성이 커지고 개인주의와 이익 갈등이 첨예화되면서 분열, 불안, 불신의 시대를 맛보고 있다. 특히 정보통신과 과학기술의 발전과 더불어 증대된 불확실성은 각종 위험과 재난에 대한 막연한 불안과 공포까지 조장하기 때문에 과거에는 상상할 수 없었던 방식으로 위험을 둘러싼 갈등이 중요한 정치적 갈등으로 비화되기도 한다.

대표적인 예가 2008년 광우병 촛불시위이다. 전통적인 과학이나 예측의 범위를 벗어나는 위험들이 증대되는 만큼 정부에 대한 신뢰가 없을 경우, 불확실성의 확산은 사회적 불신을 구조화시킨다. 정부 불신은 그 원인이 불확실성을 잉태한 전환기적 시대상황이라는 사회구조적인 변수와 낡은 국정 패러다임에 따른 것이라는 점에서, 시대상황에 부응하지 못하는 전문가와 관료 및 정부제도에 대한 불신과 권위 축소를 동반하게 한다. 결국 변화된 시대상황에 부응하는 국정 패러다임을 개발하지 못할 경우, 집권 세력은 통치 불능 상태에 빠질 수밖에 없으며, 국정운영의 난맥에 부딪칠 수밖에 없다.

그렇다면 구조화된 정부 불신의 늪에서 벗어나고, 세월호 참사가 던진 당면 과제와 시대적 과제를 치유하기 위한 방향과 방법은 무엇일까. 대통령과 정부가 국민적 신뢰를 회복하는 것이 핵심이다. 내각인사만 바꾼다고 해서 해결될 문제가 아니다. 정부 불신의 원인이 변화된 시대상황에 부응하지 못하는 전문가, 관료 및 정부제도 등 낡은 국정운영의 패러다임에서 기인하는 만큼 새로운 국정 패러다임과 정부혁신이 필요하다. 그 핵심은 신뢰 거버넌스 구축과 제3섹터 중앙부처의 신설을 통한 국정운영의 혁신이다.

첫째, 정부 관료와 시민의 관계가 새롭게 설정되는 국정운영의 틀을 짤 필요가 있다. 민주화 이전에는 그 관계가 권위적이고 하향적이었다. 정부 관료는 명령을 내리고 시민들은 이를 추종하거나 수동적인 대상으로 동원되었지만, 민주화 이후에는 둘의 관계가 좀더 수평적이고 상향적으로 달라졌다. 정부 관료와 시민의 이분법적 구분도 상당히 약해졌다. 따라서 정부 관료와 시민은 리더십과 동시에 팔로어십을 겸비하지 않으면 국정운영이 마비되는 상황이 되었다. 둘의 관계가 민관협력이 가능하도록 새롭게 설정될 필요가 있다. 특히 리더십과 팔로어십의 겸비와 민관협력의 제도화를 통해 관료와 시민이 편협하고 부분적인 분파의식에서 벗어나 국가의 주인의식을 갖도록 조치해야 할 것이다. 이를 위해서는 영국이 제3섹터부와 시민사회청을 두고, 미국 오바마 대통령이 시민참여국을 설치한 것을 참조해야 한다. 2006년 영국 블레어 정부는 자원봉사조직 및 공동체조직, 자선단체, 사회적 기업, 협동조합 등의 제3섹터를 활성화하고 지원하기 위한 제반정책을 수립·집행하는 컨트롤 타워로 제3섹터부처를 설치한 바 있다.

둘째, 세월호와 함께 엉성한 과학과 전문성도 침몰한 만큼 엄밀한 과학과 지식 전문성을 추구하는 패러다임을 확보해야 한다. 복잡성과 불확정성이 증대하는 위험사회에서 지식을 생산하는 기술관료적 전문성은 효용성의 한계로 불신의 대상이 될 수밖에 없다. 효과적으로 위기에 대응하기 위해서는 공무원과 관료들이 현장에서 오랫동안 축적된 시민들의 노하우를 공유하고 현장전문가들과 함께 숙의하는 위험 거버넌스 및 민관협력의 틀을 제도화해야 한다.

셋째, 공부와 지식을 축적하기 위한 교육제도 및 공무원 선발제도를 현장체험과 연결시켜야 한다. 특히 학교교육은 실제 현장과 연결된 현장체험교육, 체험적 시민교육이 강화할 필요가 있다.

넷째, 정치가가 관료에게 의존하는 정치 관료화를 해결하기 위해서는 정치인들과 현장을 연계하는 생활현장정치가 강화되어야 한다.

다섯째, 탈신뢰사회는 전통적인 과학적 지식의 효용성이 한계를 드러낸 상황인 만큼 불확실성을 완전히 제거하려는 시도보다는 그에 대항하기 위한 사회적 지능과 '위험 거버넌스'를 활용하는 정책전략을 개발하고 활성화할 필요가 있다.

채진원 경희대 후마니타스칼리지 교수

3장

괴물들이 사는 나라

1등만 기억하는 세상

승자독식사회
로버트 H. 프랭크·필립 쿡 지음, 권영경·김양미 옮김,
웅진지식하우스, 2008

공기. 대지의 인간이 살아가는 절대 조건이다. 현대 자본주의 사회에서 공기는 질소와 산소 그리고 광고로 구성되어 있다는 프랑스 광고학자의 말이 회자되듯이 현대인은 누구나 광고에 파묻혀 산다.

광고학자들의 실증적 분석에 따르면, 개개인은 날마다 수백여 광고와 만난다. 따라서 옹근 20년 전의 광고를 뭇사람이 떠올릴 수 있다면, 그 광고는 광고사의 '기념비적 작품'으로 평가받을 성싶다. 1994년 6월부터 신문 지면과 방송 화면에 등장한 광고 카피 "아무도 2등은 기억하지 않습니다"를 아직도 생생하게 기억하는 사람이 적지 않다. 광고에 알러지 반응을 보이는 사람에게도 그 광고는 강렬한 이미지를 남겼다.

광고주는 삼성이다. 이건희의 이른바 '신경영' 선포 1년을 맞아 대대적으로 쏟아낸 그 이미지 광고를 삼성 계열사인 제일기획에서 만든 박웅현은 일약 스타덤에 오르며 광고와 인문학의 접목을 주창했다. 얼핏 우아해 보이는 그 광고 카피는 바로 '승자독식사회'를 상징한다. 승자가 모든 것을 갖는 독식사회는 그 이미지 광고처럼 아주 부드럽게 20년간 우리 사회 곳곳으로 침식해 들어왔다. 기실 승자독식을 "아무도 2등은 기억하지 않습니다"로 표현한 것에 '인문학의 성과'를 들먹인다면, 인문학에 대한 모욕일 터다. 인문학은 오히려 그 부드러움에 담긴 역겨운 이데올로기를 까발리는 학문이어야 옳기 때문이다.

삼성, 승자독식의 상징

미국에서 『승자독식사회The Winner-Take-All Society』라는 책이 나온 것도 그 무렵이다. 1996년 출간된 책은 바로 다음해 한국어로 초역(2008년 완역 재출간)됐다. 경제학자 로버트 프랭크가 필립 쿡과 함께 쓴 『승자독식사회』에서는 "승자에게 돌아가는 보상이 몇몇 최고 실력자들에게 집중되고, 재능이나 노력의 미미한 차이가 엄청난 소득의 차이로 이어진다." 프랭크와 쿡은 승자독식이 가져온 사회적, 경제적 변화에 긍정적 측면도 있다고 보았다. 기술의 발달로 가장 재능 있는 사람이 넓은 범위에 있는 구매자들의 요구를 충족시킬 수 있고, 세계 최고의 신경외과 의사가 수천 킬로미터 떨어진 곳에 있는 환자를 진료할 수 있게 되었다. 하지만 두 경제학자가 고발하듯이 승자독식 시장은 빈부 차이를 크게 벌려놓는다.

　부익부 빈익빈 못지않은, 아니 더 큰 문제는 승자독식이 불러올 '탕진'이다. 다채로운 재능을 지닌 사람들을 죄다 유혹해 사회적으로 비생산적이고 때로는 파괴적인 일에 '몰입'시키기 때문이다. 가령 미국의 젊은이들이 너도나도 월스트리트로 들어가 파생금융상품 개발과 판매로 인생을 탕진한다. 승자독식 시장이 미래는 내팽개쳐둔 채 낭비적인 투자와 소비에만 몰두하는 경제체제를 조장했다고 비판받는 이유다. 따라서 승자독식은 단순히 경제적 이익의 문제에 그치지 않는다. 승자독식의 시장이 퍼져갈 때 경쟁 제일주의와 극단적 이기주의가 황금만능의 문화를 형성할 수밖에 없기 때문이다.

천문학적 순익을 자랑하는 글로벌 기업이 비정규직 노동자와 파견 노동자들을 선호하며 헌법에 보장된 노동3권마저 부정하는 모습 또한 승자독식의 사고에 뿌리를 두고 있다. 다름 아닌 삼성이 그렇다. 삼성은 들머리에 소개한 이미지 광고가 '선포'한 바와 같이 1등을 목표로 달려온 기업이다. 삼성의 '총수' 이건희 자신이 '천재 경영'을 주장해왔다. 그는 한 사람의 천재가 수십만 명을 먹여 살린다고 노상 부르댔다.

삼성은 이미지 광고 그대로 한국사회에 퍼져가는 승자독식 문화의 상징이 되었다. 실제로 삼성은 한국의 '1등 브랜드'로 그룹 전체 매출액이 국내총생산(GDP)의 23퍼센트를 차지할 정도다. 삼성전자 하나만으로도 GDP의 16퍼센트를 차지하고, 순이익은 전체 상장사의 절반이 된다. 삼성이 흔들리면 대한민국 경제가 흔들린다는 말이 공공연하게 나돌 만큼 삼성은 지난 20년 "아무도 2등은 기억하지 않습니다"라는 이미지를 현실화하는 데 힘써왔다.

하지만 삼성은 승자독식의 그늘 또한 고스란히 상징한다. 승자독식의 전쟁을 '최전선'에서 수행해온 여성 반도체 노동자의 운명을 톺아보자. 2007년 3월 기흥의 삼성반도체 공장에서 일하던 당시 스물세 살의 황유미는 급성백혈병으로 숨졌다. 부친은 그해 6월 산업재해 유족급여를 신청했지만 거절당했다. 노동운동, 인권운동 단체들은 '삼성반도체 집단 백혈병 진상규명과 노동기본권 확보를 위한 대책위원회'(반올림)를 발족했다. 반올림에 따르면 황유미가 세상을 뜬 뒤 삼성전자에서 백혈병, 뇌종양, 유방암을 호소하며 신고한 피해자가 160명에 이르며, 그 가운데 60여 명이 이미 사망했다. 하지만 삼성전자는 반도체 공정과 백혈병 발병 사이에 직접적 인과관계가 없다는 '미국 용역'의 연구결과를 근거로 모르쇠로 일관했다.

황유미만이 아니다. 삼성전자의 애프터서비스 센터에서 일하는 사람들이 노동조합을 결성하자 삼성은 탄압으로 일관했다. 결국 삼성전자 서비스에서 자살하는 노동자들이 곰비임비 이어지고 있다.

그럼에도 승자독식의 야만은 '설득 커뮤니케이션'이라는 학문의 옷을 입고 "아무도 2등은 기억하지 않습니다"라는 세련된 부드러움으로 우리 안 깊숙이 집요하게 파고들어왔다. 하지만 '1등주의 기업' 삼성에서 불행과 고통에 꼭뒤 눌린 사람들은 생산체제의 가장 아래, 또는 소비자 서비스의 가장 앞에서 일하는 사람들만이 아니다.

삼성의 '천재' 이원성을 보기로 들어보자. 서울대 전자공학과, 카이스트 전자공학 석사, 미국 스탠퍼드 공학박사 출신인 그는 반도체 기술공정에 국내 최고의 전문가로 삼성의 '반도체 신화'

를 일궈왔다. 최고 기술자에 주어지는 삼성 펠로우에 선정되며 삼성전자 보유주식 가치만 76억 원에 이를 만큼 선망의 대상이 돼왔다. 그러나 남들이 보기에 부러울 게 전혀 없을 것 같았던 그는 살고 있던 서울 강남의 고층빌딩에서 2010년 1월 투신자살했다. 세 장의 유서가 발견됐지만, 공개되지 않았다. 경찰은 유서에 업무 과다와 보직인사로 인한 스트레스를 호소하는 내용이 적혀 있었다고 전했다. 삼성전자 부사장의 자살은 삼성에서 '천재'의 삶조차 스스로 죽음을 선택할 만큼 불행하다는 진실을 새삼 깨우쳐주었다. 그렇다면 누구일까. 승자독식사회에서 행복한 사람은. 이건희 회장? 과연 이 회장은 행복할까.

그런데 이 회장의 막내딸도 자살했다. 미국 유학 중인 이윤형은 2005년 11월, 스물여섯 살 나이에 스스로 목숨을 끊었다. 그가 지닌 주식은 2200억 원으로 알려졌다. 그 뿐만이 아니다. 이 회장은 2012년에 맏형인 이맹희와 법정싸움을 시작했다. 그는 기자들 앞에서 형이 자신을 "건희"라고 부른 사실에 불쾌감을 드러내며 "건희, 건희 하지 말라"고 말하기도 했다. 창업주 이병철의 장남인 이맹희와 삼남인 이건희가 '삼성 비자금'을 놓고 나눠 달라, 못 주겠다며 볼썽사납게 법정싸움까지 벌이고 그 와중에 이맹희의 아들인 CJ그룹 회장 이재현(이병철의 장손)의 구속으로 이어지는 살풍경은 승자독식사회의 '절정'을 보여준다.

삼성공화국으로 불리는 대한민국에서, 창업주 이병철이 경영 방침으로 내세운 '1등주의' 재벌에서, "아무도 2등은 기억하지 않습니다"라는 기획광고로 1등만 보며 달려온 삼성에서, 맏형과 삼남 사이에 '돈'을 놓고 법정싸움을 벌이며 기자들을 상대로 추

태를 부리는 풍경(기자들 앞에서 작심한 듯 형과 아우가 서로에게 사실
상 '저주'를 퍼붓는 언행은 국민의 시선을 아랑곳하지 않겠다는 오만과 맞
닿아 있다)은 '1등주의'가 얼마나 인간성을 파괴시키는지 입증해
준 '탁월한 보기'다. 그 싸움이 이건희 이후 삼성의 후계 구도와
직결된 사안이라는 분석에 근거한다면, 승자독식은 '1등주의 기
업' 삼성 내부의 경영진 사이에서도 '1등 자리'를 놓고 벌어지는
살풍경에 관철된 셈이다.

소통, 삼성공화국을 허무는 작은 움직임

1등 자리는 물론 부사장을 비롯해 반도체 공정의 최일선 노동자
에 이르기까지 불행을 불러오는 삼성의 승자독식 문화는 그대로
'삼성공화국' 대한민국의 실상과도 이어진다. 삼성은 자본력을
바탕으로 신문과 방송을 직접 소유하고 다른 언론사들까지 광고
로 지배하고 있다. 세인들에게 '돈병철'이라 불리던 이병철의 '1
등주의' 문화는 언론을 통해 줄기차게 확대 재생산됨으로써 한국
사회에서 살아가는 사람들 다수에게 일상의 '신념'이 되었다.

하지만 승자독식사회는 상식적 판단에 근거해도 결코 지속될
수 없다. 삼성도 마찬가지다. 반올림을 중심으로 한 시민사회는
황유미의 억울한 죽음을 소재로 한 영화 〈또 하나의 약속〉을 제
작해 개봉했고 많은 사람들이 관람하면서 여론의 압박은 커져갔
다. 삼성전자 대표이사가 7년 만에 황유미의 죽음에 사과하며 반
올림과 대화에 나서겠다고 발표한 것은 '1등주의 경쟁체제'를 거
부하는 사람들이 힘을 모을 때 어떤 변화를 이룰 수 있는가를 증
언해준다.

삼성의 '세계 일류' 연재 광고는 암스트롱이 달에 착륙한 순간을 담았다. "아무도 2등은 기억하지 않습니다"라는 카피와 함께, 암스트롱 다음으로 달에 발을 디딘 에드윈 버즈 올드린은 아무도 기억하지 않는다고 광고했다. 그러나 정작 암스트롱은 자신을 '가장 처음 달에 착륙한 사람'이라며 예전과 다르게 대하는 사람들을 경멸했다.

실제로 과학적 발명이나 법칙에 처음 그것을 발견한 사람의 이름을 붙이지 않는 사례가 훨씬 많다. 이는 '과학적 발견 가운데 본디 발견자 이름을 따서 명명되는 것은 없다'는 명제를 통계로 입증한 학자의 이름을 따 '스티글러의 명명법칙Stigler's law of eponymy' 으로 불린다. 스티글러는 그 법칙 또한 자신이 먼저 발견한 게 아니라고 밝혔다. 요컨대 어떤 천재적 발명이든 어느 한 사람의 힘으로 이뤄진 것은 없다는 뜻이다.

승자독식을 미덕으로 권장해온 신자유주의 체제는 종주국에서 황혼을 맞았다. 하지만 대한민국에서 신자유주의는, 승자독식 문화는 여전히 활갯짓치고 있다. 승자독식의 상징인 삼성에 맞서 반올림이 애면글면 열어가고 있듯이, 대한민국의 승자독식 구조에 맞서 새로운 사회를 열어갈 사람들이 뜻을 모아가야 한다. 사람이 사람답게 살 수 있는 사회, 새로운 사회의 상상력을 적극 소통해간다면, 제 아무리 견고한 승자독식의 견고한 지배구조도 녹아내릴 수밖에 없다. 승자독식을 풀어가는 첫 걸음, 소통이다.

손석춘 건국대 커뮤니케이션학과 교수

두 개의 숫자가 말하는 한국사회

격차사회
다치바나키 도시아키 지음, 남기훈 옮김, 세움과비움, 2013

만일 단 두 개의 숫자로 최근 20년 동안의 한국을 보여줘야 한다면 무엇을 보여주는 게 좋을까. 다른 나라들과 비교할 때 현격하게 도드라지는 두 개의 숫자가 있다. 하나는 1인당 국민소득이고, 다른 하나는 자살률이다. 1990년대 초반 한국의 1인당 국민소득은 간신히 1만 달러대에 진입했다. 지금은 2만 달러를 훌쩍 넘어섰다. 2013년 현재 한국의 자살률은 10만 명당 33.5명으로, 20여 년 전보다 3배가량 높아진 수치다. 1990년대 초반 한국의 자살률은 10만 명당 10명을 넘지 않았다. 평균 국민소득과 자살률이 동시에 빠른 속도로 상승하고 있다. 왜 이런 일이 벌어졌을까.

점점 커져가는 사람과 자본 사이의 격차

가장 큰 원인은 점점 커져가는 '격차'에 있다는 게 내 잠정적 결론이다. 하지만 단순히 빈부격차라든지 자산격차가 아니라, 기업과 개인 사이의 격차를 꼼꼼히 들여다봐야 문제가 제대로 보인다. 즉 사람과 사람 사이의 격차라기보다는 사람과 자본 사이의 격차가 문제의 핵심이다. 사람과 사람 사이의 격차나 기업과 기업 사이의 격차도 문제이지만, 이는 사람과 자본 사이의 격차 다음 문제다.

세계 금융가에서 한국은 떠오르는 경제강국으로 불린다. 실제 한국은 2차대전 이후 가장 모범적으로 성장한 나라다. 전쟁으로 폐허가 됐던 나라는 세계 12위 경제대국이 됐다. 1인당 국민소득은 60년 동안 100배 이상 뛰어올랐다. 밀가루를 배급받아 살아가던 경제에서 자동차나 스마트폰을 만드는 글로벌 기업도 나왔다. 평화로운 선거를 통해 정권도 여러 차례 바뀌었다. 북한과의 체제 경쟁은 남쪽의 일방적인 우위로 결판이 났다.

1990년대 이후만 들여다봐도 사정은 비슷하다. 1990년대 초반 한국의 1인당 국민소득은 간신히 1만 달러대에 진입했다. 지금은 2만 달러를 훌쩍 넘어섰다. 이 과정에서 한국의 대표적 대기업들은 세계적 기업으로 커졌다. 삼성전자와 현대자동차는 1997년 IMF외환위기 이후 엄청난 성장을 구가했다. 저환율로 값싼 제품을 마음껏 팔고 인력은 쉽게 정리할 수 있게 되어서다. 그러면서 대기업의 역할과 힘은 이전과 비교할 수 없이 커졌다. 이제 삼성전자와 현대자동차, 두 기업이 보유하고 있는 현금은 100조 원에 육박한다. 한국 정부 1년 예산의 4분의 1이나 된다. 삼성전자와 현대기아차그룹의 1년 매출액을 합치면 정부의 1년 예산보다도 크다.

이런 상황을 머리에 담아두고 다시 한 번 눈을 크게 뜨고 국민소득 변화를 자세히 들여다보자. 분명 1인당 평균 국민소득은 늘었다. 그런데 가계소득과 기업소득이 각각 늘어나는 속도는 매우 다르다. 둘 사이의 불균형이 커지고 있는 것이다. 1990년대 초반까지만 해도 기업소득과 가계소득은 비슷하게 움직였다. 즉 국민소득 전체가 늘어나면 기업소득과 가계소득은 비슷한 정도로 늘어났다.

하지만 1990년대 중반부터 둘 사이의 격차는 점점 벌어진다. 특히 가계소득의 증가 속도는 점점 떨어져서 경제성장률보다 뒤처지는 정도가 점차 심해졌다. 한국의 가계소득 증가율과 경제성장률 사이의 격차는 OECD국가들 중 가장 크다. 물론 가계 사이의 소득 격차도 문제이지만, 그 이전에 기본적으로 가계 전체가 상대적 박탈감을 느낄 수 있는 환경이 조성된 것이다. 이 과정에서 좌절감과 박탈감이 커졌다. 특히 가계 중에서 가장 뒷줄에 서 있는 이들의 좌절과 박탈감은 더욱 컸다. 자살률이 수직상승하던 그 20여 년 동안 벌어진 일이다.

1992년에 가계소득과 기업소득 사이 격차가 0이라고 가정하고 계산해보면, 그 격차는 점점 넓어져서 2010년대에는 3.5를 오르내리는 숫자가 된다. 특히 가계소득은 GDP성장률에 견주어도 크게 뒤처지고 있는데, 이런 현상이 시작된 것은 1990년대 초중반부터다. 국제 비교를 해보면 가계소득이 GDP보다 뒤지는 현상은 세계에서 가장 심각하다. 노르웨이, 핀란드, 덴마크 등 유럽 복지국가뿐 아니라 미국, 영국 같은 시장이 강조되는 나라에서도 가계소득 증가율은 경제성장률을 앞서고 있다. 일본, 독일, 폴란드, 체코, 같은 나라들도 가계소득 증가율이 GDP 성장률에 못 미치지만 한국만큼 심한 곳은 없다. 즉 한국은 경제성장의 혜택이 가계소득으로 순환되지 않는 정도가 세계에서 가장 심하다.

가계소득은 왜 이렇게 뒤처지게 되었을까. 여러 요인이 있겠지만, 산업연구원 분석에 따르면 노동소득의 부진이 가장 큰 원인이다. 나라 전체로는 소득이 늘어났지만 그 소득이 일하는 사람들에게 제대로 지급되지 않았다는 뜻이다. 국민소득 가운데 일하는 이들에게 분배된 몫을 나타내는 노동소득분배율은 2000년 이후 눈에 띄게 떨어지고 있다. 실질임금 또한 사실상 정체 상태로 접어들었다. 특히 실질임금은 1990년대 중반 이후 노동생산성에 비해 지속적으로 뒤처지게 된다. 즉 노동생산성이 높아지면서 생긴 몫이 일한 사람들에게 분배되지 않았다는 뜻이다.

흥미롭게도 이런 현상은 1980년대 이후 미국에서 벌어진 양상과 비슷하다. 미국에서도 1980년대 이후 가계소득이 부진해지고 노동소득분배율이 낮아지며, 실질임금이 정체 또는 후퇴하는 상황이 벌어졌다. 이런 상황 때문에 버락 오바마 대통령이 최저임금 인상을 주요 과업으로 추진하고 있으며 폴 크루그먼, 조지프 스티글리츠 등 저명한 경제학자들이 불평등 해소 문제에 매달리고 있는 것이다.

이 땅의 주인들이 겪는 좌절감과 박탈감

앞서 우리는 한국 대기업이 엄청난 분량의 현금을 보유하고 있다는 사실을 이야기했다. 기업은 왜 이렇게 많은 현금을 보유하고 있을까. 자신의 생존과 성장을 위해서다. 기업 스스로가 생존과 성장을 추구한다는 말은 사실 이론적으로 틀린 말이다. 과거

주류경제학 이론이 맞다면 기업 스스로는 실체가 없는 조직이다. 기업에게 부과된 비용은 모두 다른 개인에게 전가되며, 기업이 벌어들이는 소득은 모두 다른 개인에게 귀속된다. 따라서 기업의 생존과 성장은 그 자체로는 의미가 없으며, 그 기업의 주주나 노동자 개인들에게게만 의미 있는 명제다.

하지만 기업이 있다는 사실을 누구나 안다. 하나의 유기체로 존재한다. 물론 그 유기체의 꼭대기에서 지배하는 사람들이 있다. 흔히 그들은 재벌이라 불리기도 하고 그들과 운명을 함께하는 귀족노동자라고 불리기도 한다. 어쨌든 그 유기체는 지금 자라나는 국부를 먹고 몸집을 불려 원래 이 땅의 주인들에게 좌절감과 박탈감을 주는 불가사리가 되어가고 있다. 지금 한국에서 벌어지는 현상을 종합하면 다다를 수밖에 없는 결론이다.

물론 기업과 가계 간 격차와 다른 격차가 맞물리기도 한다. 가계 사이에도 격차가 커진다. 대기업과 중소기업 사이의 격차 때문이다. 중소·영세기업의 경우 정규직이더라도 대기업 비정규직보다 임금과 복지 등이 열악하다. 그만큼 대기업과 중소기업의 근로조건은 격차가 크다. 통계청의 2011년 8월 자료를 기준으로 시간당 임금을 계산해보니, 300인 이상 대기업에 속한 비정규직의 시간당 임금은 1만 7621원으로 300인 이하 사업체의 정규직보다 높았다.

소기업 재직자들은 정규직이라도 복리후생을 거의 챙기지 못한다. 퇴직금만 해도 대기업은 비정규직 100명 중 67명이 받는데, 1~4인 사업체의 경우 37명만 받는다. 시간외수당은 48명 대 14명이고 유급휴가 및 휴일은 68명 대 28명으로, 대기업 비정규직이 1~4인업체 정규직보다 많다. 물론 전체 비정규직 가운데 대기업 재직자는 5퍼센트밖에 되지 않는다. 정규직과 비정규직을 합쳐도 대기업 취업자는 12퍼센트이고, 중소기업 취업자가 88퍼센트이다.

자영업자들은 어떨까. 경제가 발전하면 기업이 늘어나서 자영업자가 줄어드는 게 정상이다. 한국은 전체 취업자 중 자영업자 비중이 30퍼센트 이상으로 OECD국가 중 가장 높다. 그나마 줄던 그 비중은 2011년 8월부터 50대를 중심으로 다시 늘기 시작했다. 퇴직 뒤 자영업에 뛰어드는 사람이 많아지고 있다는 해석이 가능하다. 이 사람들은 대부분 생계형 서비스업에 뛰어든다. 음식점, 슈퍼마켓, 편의점, 제과점 등이다. 그 처지는 자세히 설명할 필요도 없을 정도다. 독립 자영업자들은 대기업 프랜차이즈와 대형마트의 등쌀에 죽을 지경이다. 대기업 프랜차이즈 사업에 뛰어든 이들도 지속적으로 사업 확장 투자를 요구받으면서 그 부담에 등이 휘어진다.

임금총액은 늘리고 임금격차는 줄여야

전반적으로 한국 노동시장은 성안과 성 밖으로 나뉘어 있다. 성안에 있다고 볼 수 있는 매출액 상위 2000위 안에 드는 기업에 고용된 사람은 100명 중 5명 정도다. 이곳의 정규직은 100명 중 3명가량으로 추산된다. 이들은 그래도 안전지대에 있다. 그러나 나머지 중소기업과 영세사업체 경영자나 정규직까지를 포함한 사람들은 성 밖에 있다. 이들이 성안에 진입하기는 매우 어려운 구조다. 이런 상황이니 인재가 대기업에만 몰리는 것도 당연하다. 악순환의 고리다. 그렇지 않아도 가계소득은 GDP성장률을 따라잡지 못하며 부진한 상태인데, 열악한 가계의 사정은 더욱 열악해진다. 가장 열악한 곳에 있는 이들은 보호장치 없는 난간에서 뒤로 밀려나기만 했을 것이다. 높은 자살률의 중요한 원인을 여기서 찾아볼 수 있다.

주목할 점은 최근 20여 년 동안 이 모든 격차가 동시에 빠르게 커졌다는 것이다. 왜 하필 지금일까. 흥미롭게도 미국을 포함한 다른 선진 자본주의 국가에서도 비슷한 현상이 관찰된다. 흔히 미국을 금융선진국이라고 부른다. 기업과 시장이 주도하는 사회라고도 하고 신자유주의의 출발지라고 여기기도 한다. 그런데 사실 이 모든 이름은 1980년대 이후에 얻은 것이다. 그 이전 미국은 상당히 다른 양상의 사회였다.

딘 베이커 경제정책연구센터(CEPR, 미국 워싱턴의 정책싱크탱크) 소장은 그의 책 『가장 최근의 미국사 1980~2011』(시대의창)에서 이렇게 설명한다. 지금 사람들이 미국 경제의 특징이라고 여기는 것은 대부분 1981년 로널드 레이건 대통령의 보수적 정부 아래 인위적으로 만들어진 것들이다. 딘 베이커 소장은 그 정책의 특징을 '부의 상향재분배'라고 부른다. 시장에서 저절로 생겨나고 확대된 게 아니라 정부의 의도적인 정책적 노력의 결과로 생긴 새로운 현상이라는 것이다. 가장 특징적인 것은 기업에 대해 우호적인 규제가 도입되고 노동자에 대해 적대적인 정책이 생겨나면서 사회 전반적으로 일하는 사람의 협상력이 낮아진 데 있다는 게 그의 생각이다.

1980년대 이후 미국에서 일어난 이 모든 현상이 레이건 대통령이 펼쳤던 이른바 '레이거노믹스'의 결과라면, 한국의 경우에는 이런 현상이 생기기 시작한 1990년대 이후, 어쩌면 그전부터 펼쳤던 다양한 정책에서 그 근원을 찾아볼 수 있다. 재벌 중심으로 수출 제조업을 키운 경제정책이 그 원인을 제공했을 것이다. 중소기업이 대기업에 종속될 수밖에 없는 막힌 경제구조가 그 원인을 제공하기도 했을 것이다. 끊임없이 약화되는 저임금 노동자들의 힘이나 낙후된 기업지배구조와 투명성 문제도 한몫했을 것이다.

어쨌든 작은 희망을 품어볼 수는 있겠다. 인위적으로 만든 원인이라면 인위적으로 제거할 수도 있다는 뜻도 되기 때문이다. 가장 먼저 손을 뻗어볼 대목은 임금이다. 지금 우리에게는 임금총액을 늘리고 임금격차를 줄이는 두 가지 정책 목표가 필요하다. 가장 낮은 임금을 받는 노동자들의 형편이 나아진다면 이 모든 문제를 푸는 중요한 실마리를 발견할 수도 있다. 임금총액이 늘어나면서 가계소득 부진을 완화할 수 있을 테고, 소득이 생긴 가계에서 내수에 돈을 풀면 내수 서비스 업종의 자영업자와 중소기업들에게까지 온기가 전해질 것이다. 최근 불평등의 문제를 강력하게 지적하고 있는 폴 크루그먼과 조지프 스티글리츠 같은 세계적 경제학자들이나 최근 최저임금 인상을 밀어붙이고 있는 오바마 대통령의 움직임에 더욱 주목할 필요가 있다.

이원재 경제평론가

실업자 300만, 혼자만 잘 살믄 뭔 재민겨?

부품사회
피터 카펠리 지음, 김인수 옮김, 레인메이커, 2013

지하도에는 노숙자가, 길거리에는 실업자가 넘쳐나고 있다. 바야 흐로 '실업자 300만 시대'를 맞았다. 최근 몇 년째 지속된 경제불 황에 세월호 참사까지 겹쳐 생산은 물론 소비마저 극도로 위축된 형국이다. 반면 노동자들의 일자리는 좀체 늘어나지 않고 있다. 아니 오히려 빠른 속도로 줄어들고 있다. 선거 때가 되면 정치인 들은 너나 할 것 없이 일자리 창출을 마치 식은 죽 먹듯 뇌까리지 만 그 성과를 놓고 보면 백약이 무효인 듯하다.

빚을 내면서까지 어렵게 대학을 나와도 젊은이들은 일할 곳을 찾기가 어렵다. 몇몇 대기업을 제외하면 한 달에 100만 원 벌기 도 어려운 것이 냉혹한 현실이다. 갈수록 빠르게 진전되고 있는 고령화사회를 맞아 사회, 제도적 합의를 통해 정년이 늘어나고 있는 추세이긴 하다. 그러나 공공부문을 제외하면 사실상 그 효 과는 미미해 보인다. 이로써 최근 들어 50대 초반 은퇴자가 급증하고 있으며, 노인취업 같은 건 그야말로 허울 좋은 수사일 뿐이다. 이제 실업문제는 노소의 구별이 없는 전 계층의 문제라고 하겠다.

대형마트와 슈퍼의 등쌀에 골목상권은 이미 다 죽었다고 해도 과언이 아니다. 가끔 지방엘 가보면 길거리에 문을 연 가게를 찾아보기가 어렵다. 러브호텔 불빛만 휘황찬란할 뿐 상가는 이미 철시한 지 오래됐다. 대도시의 이름난 상권도 사흘이 멀다 하고 개, 폐업을 반복하고 있다. 소문에 요즘 그나마 버티는 업종은 간판업자와 인테리어 업자뿐이라는 자조가 터져 나오고 있다. 상권이 죽고 가게가 문을 닫으면서 중소상공인들이 나가떨어지는 바람에 그나마 자투리 일자리마저 씨가 마른 형국이다. 대체 뉘라서 이런 난국을 타개해낼 수 있을까.

실직 사회를 야기하는 세 가지 원인

2014년 5월 18일, 통계청은 고용동향을 통해 전달(4월) 실업자는 103만 명, 실업률은 3.9퍼센트라고 공식 발표했다. '3.9퍼센트'라는 수치는 경제활동인구 2671만 4000명 중 실업자를 103만 명으로 계산한 결과다. 그러나 통계청 발표를 비웃기라도 하듯 실상은 세 배나 웃돌았다. 불완전 취업자, 잠재구직자 등 실업과 마찬가지인 사람을 포함한 '사실상 실업'은 이 수치의 3.1배인 316만 명에 이르는 것으로 나타났다. '사실상 실업자'는 통계청 공식 실업자 103만 명, 주당 36시간 미만 취업자 중 추가 취업 희망자 33만 3000명, 비경제활동인구 중 취업준비자 56만 5000명, 59세 이하 '쉬었음' 인구 86만 2000명, 구직단념자 37만 명 등을 말하는데 이럴 경우 사실상 실업률은 무려 11.1퍼센트에 이르게 된다.

그간 실업과 재취업, 고용문제 해결을 위한 전문가들의 다양한 견해가 도출된 바 있다. 그 가운데는 귀담아 들을 만한 것도 없진 않지만 탁상공론에 불과한 것도 부지기수라고 생각된다. 이명박 정권 초기 직장에서 쫓겨난 이래 필자 역시 현재 실업 상태다. 갓 50에 실직자가 된 필자는 지난 5년을 경제적으로나 심리적으로 어렵게 보냈다. 아직은 일할 나이인 데다 가정형편도 여의치 않아 여러 군데 일자리를 알아보았으나 성사되지 못했다. 물론 전직 기자 출신인 필자의 경우는 다소 예외적인 경우라고 할진 모르겠으나 구직 과정에서 겪은 것은 여느 실직자와 다를 바 없다고 본다.

오늘날 한국사회에 실직자가 넘쳐나는 것에는 여러 가지 요인이 있을 것이다. 굳이 학술적으로 논하지 않더라도 실직자라면 공감할 만한 몇 가지를 나열해보자면 대략 다음과 같다.

첫째, 과도한 자동화, 기계화가 가장 큰 요인이 아닐까 싶다. 산업화, 도시화가 진전되고 그로 인한 대량생산과 대량소비가 발생하면서 기계를 이용한 물품생산은 불가피한 측면이 없지 않다. 이는 대량생산이 안겨주는 물질의 풍요와 함께 저가생산을 통해 생산자는 물론 소비자에게도 유익한 측면이 있다. 문제는 이 같은 상품생산이 아니라 서비스 영역에까지 기계가 침투하여 사람의 일자리를 빼앗아가고 있다는 점이다.

고속도로 톨게이트를 예로 들어보자. 얼마 전까지만 해도 톨게이트에는 창구마다 사람들이 배치돼 도로사용비를 받았다. 그들은 돈만 받는 게 아니라 때로는 길을 알려주기도 하고 더러는 잔

돈을 바꿔주기도 했다. 그러나 어느 시점부터 창구의 일부는 선불제인 '하이패스'로 대체돼 사람이 사라지더니 요즘은 남은 창구마저 서서히 사람이 사라지고 있다. 물론 도로공사에서는 인건비 절감을 위해 그리 했겠지만 전국적으로 보면 수백 명의 일자리가 일거에 사라진 셈이다. 낮은 급료 노동자들의 대표적 일자리 가운데 하나인 경비도 요즘은 무인경비로 대체된 곳이 많다. 결국 사람이 기계에 밀려난 꼴인데 사회적 토론을 통해 무분별하고도 과도한 기계화에 대한 절제 합의가 필요하다고 본다.

둘째, 과도하고 허울 좋은 '스펙 열풍'을 들 수 있겠다. 요즘 대학생 가운데는 서른이 넘어서 졸업하는 경우는 흔하다고 한다. 필자의 경우 군대를 갔다 오고도 20대 중반에 대학을 마치고 직장을 잡을 수 있었다. 그러나 요즘 대학생들은 한두 곳 해외연수는 기본이요, 각종 자격증도 줄줄이 겸비해야만 취직이 가능하다고 한다. 문제는 그런 것들이 직장에서 과연 유용하게 활용되고 있느냐는 점이다. '토익 만점'을 요구하는 일자리가 과연 몇 군데나 있을까마는 대다수 대학생들이 토익 공부에 많은 시간과 정열을 낭비하고 있다.

자격증이 필요한 일부 직군을 제외한 대부분의 직장은 스페셜리스트를 필요로 하지 않는다. 다시 말해 '전공불문'으로 업무수행이 가능한 곳이 대부분이다. 그러나 이런 직장들조차도 대학을 갓 졸업한 젊은이들에게 과도한 스펙을 요구하다 보니 극소수만이 취업의 문을 통과할 수밖에 없는 상황이 돼버렸다. 이는 사회적으로도 엄청난 낭비다. 재계와 대학, 졸업생 등이 참여한 대토론을 통해 새로운 취업 가이드라인 마련 및 의식개혁이 절실하다. 『부품사회』의 저자 피터 카펠리 교수는 전 세계적으로 이런 경향이 있다고 지적하면서 직장인의 직무교육은 고용주의 몫이라고 역설한 바 있다.

셋째, 인간성 파괴로 인한 '이웃학대' 역시 큰 요인 가운데 하나다. 아는 후배 가운데 전자부품 제조업체를 운영하다가 경기부진으로 폐업한 후 지금은 서울 변두리에서 가내공업 수준의 공장에서 근로자로 일하는 사람이 하나 있다. 최근에 만나본 그는 한마디로 불만투성이었다. 노동시간은 길고 힘든 반면 월급은 형편없이 짜다고 했다. 주6일 근무하는 그의 월급은 200만 원 정도인데 도저히 생활이 안 돼 부인도 맞벌이를 시작했다고 했다. 그에 따르면, 특별한 기술 없이 월 200만 원을 받을 수 있는 직장은 찾아보기 어렵다고 한다. 그러다 보니 이런 일자리도 서로 하려고 줄을 서 있는 지경이며, 고용주는 직원들을 마치 '1회용 소모품' 정도로 여기는 것 같다고 했다. 그러면서 자신의 지난날을 되돌아보게 됐다고 털어놨다. 그 역시 경영자 시절 수입에 급급한 나머지 직원들을 '부품'처럼 대했다고 했다. 일할 사람은 얼마든지 있으니 직원 한 사람 한 사람에 대해 신경을 쓸 필요조차 느끼지 못했다는 것이다. 월급날짜 안 어기고 월급 주는 것만으로 자신이 할 도리는 다했다고 여겼다는 것. 그러나 막상 근로자 입장이 돼보니 지난 시절 자신의 행동이 얼마나 큰 '이웃학대'였는지를 절감하게 됐다고 했다.

한국인의 '이웃학대'는 외국인 근로자를 대하는 태도를 보면 여실히 알 수 있다. 필자가 살고 있는 경기도 일산 등 서울 외곽지대에는 중소규모의 공장이 즐비한데 근로자의 대다수는 외국인 노동자들이다. 그들 가운데는 비닐하우스 같은 움막집에서 생활하는 이들도 적지 않다. 비단 주거생활 뿐만이 아니다. 급료 또한 형편없이 낮다. 혹자는 고용주의 경영 상태를 감안한 불가피한 것이라거나 또는 그들이 자신들의 나라에서 받는 액수에 비하면 결코 적지 않다고 강변할진 모르겠으나 옳은 주장은 못 된다. '동일노동 동일임금 원칙'을 적용할 경우 이는 노동력 착취가 분명하다. 게다가 기업주 가운데 일부는 임금체불과 미불도 예사로 자행하고 있다. 이런 행태의 뿌리는 바로 이웃학대에서 기인한 것이다. '너 아니라도 일할 사람 많다'는 식의 기업주의 오만한 자세가 근로자들의 근로의욕을 꺾고 더러는 노사분쟁의 불씨로 작용하기도 하는 것이다. 이들에게 노조는 하늘나라 얘기나 다름없다. 이제라도 인간성 회복운동과 동시에 '다함께 잘 살기운동'을 펴야 하지 않을까 싶다.

인간을 외면하는 사회의 슬픈 자화상

근래 들어 심심찮게 언론에 오르내리는 최하위 계층의 자살사건은 우리를 슬프게 한다. 그 대부분의 가장의 실직에서 기인한 것이 많다. 가장의 실직은 곧바로 생활고로 이어지며 이를 견디다 못해 자살이라는 극단적 선택을 하는 경우가 적지 않다. 이들의 죽음을 두고 '사회적 타살'이라고 하는 것은 그래서 지나친 표현이 아니다.

지난 몇 년을 백수, 즉 실직자로 지내면서 필자가 터득한 것은 궁핍과 인내뿐이다. 혹자는 재취업을 쉽게 입에 올리지만 일자리 자체가 없는데 재취업이 말처럼 쉬울 리 없다. 적어도 50을 넘긴

세대는 남녀 불문하고 취업 자체의 길이 막혀 있다. 20, 30대 젊은이도 쌔고 쌨는데 고용주 입장에서 군이 중늙은이들을 써야 할 이유가 없질 않겠는가. 문제는 이 같은 50대 실직자들에 대해서는 최소한의 사회적 배려조차 없다는 점이다. 그냥 앉아서 숨만 쉬고 목숨만 부지하고 있으라는 얘기나 마찬가지다.

오래 탄 차는 고장도 나기 마련이지만 대개는 보링을 하거나 부품을 교체해서라도 계속 탄다. 그런데 오늘날 우리 사회는 그 정도도 못 되는 것 같다. 부품 교체는커녕 아예 폐차장에 폐차해버리듯 하루아침에 사람을 일터에서 매정하게 내쫓기 일쑤다. 물론 고용주야 그 나름의 이유가 없진 않겠지만 근로자는 그날로 일자리를 잃게 되고 수입도 끊어지게 된다. 모든 책임은 근로자가 져야 하고 혼자서 감당해야 할 몫이 돼버린다. 그러나 세상은 이들을 보듬어주지 않은 채 낙오자, 혹은 무능력자로 치부하는 경향마저 없지 않다.

신자유주의의 확산과 과도한 경쟁으로 사회는 더욱더 야박해졌으며, 1% 기득권 집단의 이익을 대변하는 보수 세력이 집권한 요즘 더더욱 절망스런 상황이다. '보편복지'마저 정쟁의 대상이 돼버린 세상에서 '안락한 노후'나 '100세 시대'는 한낱 말장난에 불과할 따름이다. 실업자 300만 시대의 암울한 그림자가 세상을 그리울 날이 멀지 않았으나 세상은 너무도 이기적이고 야멸차다. 문득 전우익 선생의 책『혼자만 잘 살믄 무슨 재민겨』(현암사)가 떠오른다.

정운현 언론인, 전 〈오마이뉴스〉 편집국장

집으로 신분이 결정 나는 사회

주거신분사회
최민섭 외 지음, 창비, 2010

우리 사회는 이미 계층이 고정된 신분사회라 해도 과언이 아니다. 이는 여러 형태의 격차가 발생하면서 시작되었다. 소득 격차부터 시작해 교육 및 건강, 안전까지 삶의 다양한 측면에서 계층 간 격차가 심각하다. 특히 주거의 형태와 소유 여부, 주거가 위치한 지역적 특성 등의 주거 격차는 신분사회를 보여주는 대표적 현상이다. 성공적인 인생을 살고 있는지에 대한 판단이 사는 집의 평수와 지역, 아파트 브랜드로부터 영향을 받는다. 지식인을 비롯한 성인은 물론이거니와 어린 아이들조차 주된 미래 불안으로 꼽는 것 중 집 문제가 있을 정도다.

성공의 주요 증표로 여김은 물론이거니와 수단과 방법을 가리지 말고 성공하면 된다는 식의 삐뚤어진 사회의식도 주택 마련 과정에서 그대로 재현된다. 누군가에게는 가슴 아픈 상실일 수 있는 주택 경매에 대해 일부 시민단체에서조차 시민교육의 주제로 삼기도 한다. 시니어 세대에게 주택 경매로 소득 창출을 돕는 다는 등, 주거 약자인 청년들이 저렴하게 주거문제를 해결하기 위해 경매를 배운다는 등, 한국사회에서 경매 제도가 어떻게 약탈적으로 작동하고 있는지 문제를 삼아도 모자랄 판에 돈벌이 수단 혹은 주거 소외 극복의 수단으로 교육한다니 참담할 뿐이다. 그러나 이 또한 내 집 마련이 삶의 목표이고 자신의 자존감의 주된 근거이며 수단과 방법의 약탈성이 쉽게 간과되는 주거신분사회에서 벌어지는 작은 해프닝에 불과하다.

이렇게 집을 둘러싼 신분의식은 어디에서 비롯되었을까. 정부 정책과 금융환경, 사회의식의 변화 등 여러 요소가 결합돼 만들어진 문제일 것이다. 여기서는 주로 사회의식의 변화를 살펴보면서 주거신분사회의 형성과 강화과정을 살펴보고자 한다.

우연성이 만들어낸 박탈감, 주택 투기의 불씨

'너는 집 한 칸이라도 있는 사람과 결혼해라.' 상담과정에서 만났던 어느 주부의 이야기이다. IMF외환위기(외환위기) 이전까지만 해도 단칸방에서 시작해 내 집을 마련하기까지 알뜰살뜰 살아온 이야기는 일종의 미덕이었다. 당시에도 집이란 언제나 갖고 싶지만 갖기 어려운 욕망의 대상이었음은 분명하다. 어느 시기나 집 장만이 쉬웠던 적이 없고 내 집 장만의 성취감이 부러움의 대상이 되지 않은 적이 없다. 다만 외환위기 이전까지 내 집 마련이란 누구에게나 공평하게 어려운 과제였다. 동시에 근면성실하게 일하면서 허리띠 졸라매는 노력을 기울이면 내 집을 갖게 될 수 있다는 희망도 존재했다. 그러나 외환위기가 지나면서 상황이 크게 달라졌다.

　자고 일어나니, 라는 말이 입버릇이 될 만큼 주택 가격이 크게 요동쳤다. 내 집 마련을 둘러싼 사건들에 '우연'이 중요한 변수가 되기 시작했다. 우연히 좀 무리해서 산 집의 가격이 크게 올랐다거나, 우연히 매입 시기를 늦추고 전세를 연장하고 말았는데 집값이 크게 올라버려 내 집 마련을 포기했다거나 하는 이야기들이 횡행했다. 사람들 사이 흥분과 박탈감이 교차했다. 누구나 상식적으로 이해하고 공감할 만한 과정이 전제되지 않은 결과를 맞닥뜨렸다. 느닷없는 행운을 거머쥐었다는 흥분, 바로 눈앞에서 내 것이 될 수도 있었던 행운을 누군가 가로챈 것 같은 박탈감이다.

　우연성은 곧 이어 여러 형태의 투기적 행동들을 감행하게 만든다. 때마침 부동산 경기 활성화라는 명분으로 부동산 거래과정은 투기를 유인하는 장치들로 넘쳐났다. 가령 외환위기 이후 부동산 경기 활성화의 일환으로 분양권 전매제도가 시행되었다. 분양권 전매제도는 소유자가 아닌 소유할 가능성이 있는 사람이 주택을 팔 수 있도록 권리를 부여한 기형적인 제도이다. 쉽게 말해 분양을 받아 계약금만 납부한 상태에서 그 집을 타인에게 팔 수 있도록 허용한 제도이다. 외환위기 직후 분양시장은 인구 대비 주택 부족, 새 아파트에 대한 선호 현상 및 주변 시세에 비해 저렴한 분양가 등 분양전쟁을 불러일으킬 만한 요인들이 가득했다. 분양권 전매제도는 이러한 분위기에서 투기적 욕구와 결합해 분양권 프리미엄 거래를 창출해냈다. 실수요자가 분양을 신청하게 만드는 것이 아니라 전매 차익을 노린 투기자들이 분양 시장에 대거 몰렸다. 분양권 프리미엄 거래로 일확천금을 거머쥔 대박 신화들이 떠돌기 시작했다. 아직 잔금도 치르지 않은 집의 계약서에 적게는 수천만 원 많게는 억 단위 이상의 프리미엄이 붙어 거래되었다. 황당한 이야기지만 그 이야기의 주인공은 짧은 시간에 부동산 재테크로 큰돈을 번 21세기형 부자로 경제지에 소개되기도 했다. 이제 집을 갖지 못한 사람들의 박탈감은 냉소와 불안, 절망으로 변해갔고 집을 차지한 사람들은 21세기에 걸맞는 자산가가 되었다는 삐뚤어진 성취감을 갖기 시작했다.

치팅사회, 집을 둘러싼 모럴해저드도 용인되는 사회

미국 공공정책연구소 데모스Demos의 공동설립자이자 수석연구원인 데이비드 캘러헌은 『치팅 컬처』(서돌)라는 자신의 저서에서 다음과 같이 말한다. "오늘날 미국에서 급증하는 속임수는 부자들 사이의 오만과 보통 사람들 사이의 냉소주의뿐 아니라 우리 사회의 깊은 불안과 절망을 반영한다."

저자는 미국사회에서 일반화되어 있는 수단과 방법을 가리지 않는 거짓 성공들을 소개한다. 가령 대학입학 자격시험에서 좀 더 긴 시험시간을 확보하기 위해 돈을 주고 의사로부터 특수학습장애 판정을 받는다. 이 속임수를 위해 필요한 돈은 "검사비로 2500달러, 환자에게 특수학습 장애판정을 내리기 위해 병원과 학교, 교육평가위원회를 상대로 로비를 벌이는 데 시간당 250달러" 가량이라고 한다.

성공하기 위해 필요한 온갖 수단과 방법들을 돈을 주고 사는 것이 만연화된 현상은 미국에서만 확인할 수 있는 일이 아니다. 수단과 방법이 정당하지 못해도 결과적으로 성공하면 칭송받는 것도 미국에만 있는 일은 아니다. 우리나라가 대표적으로 미국과 거의 비슷한 치팅 문화를 형성해가고 있다.

모 경제주간지에는 편법으로 분양권을 다량 매입한 뒤 분양권 전매를 통해 큰돈을 벌어들인 어느 주부의 이야기를 성공 스토리로 게재했다. 성공 스토리의 주된 내용은 외환위기 당시 남편의 사업이 부도위기에 처해 팔 걷어붙이고 재테크에 나서게 된 사연에서 시작한다. 이후 위기의 가정을 구하고자 했던 주부는 친인척들의 청약통장을 모아 여러 군데 주상복합아파트에 청약을 한다. 여러 건의 분양권을 확보하게 되고 수억 원의 프리미엄을 벌어들인 결과 남편의 부도를 막을 수 있었다는 절절한 사연이다. 그러한 방식으로 수차례 투자를 반복해 현재는 수십억의 자산과 부동산 여러 채를 보유하게 되었다는 결말.

명색이 전통 경제주간지임에도 청약통장 거래가 불법이고 오로지 전매 차익을 위해 의도적인 투기를 한 탓에 부동산 시장이 혼탁해지고 있음은 문제 삼지 않는다. 물론 이 정도 불법에 뭐 그리 호들갑인가라는 냉소적인 반문도 어색하지 않다. 이미 고위 공직자 청문회 때마다 단골로 등장하는 치팅에 비하면 점잖은 편법일 뿐이다. 고위 공직자가 되겠다는 사람이 집으로 돈을 벌겠다며 위장전입을 하고 땅을 투기하고 탈세를 하는 것이 다반사이다. 나라를 경영해야 할 공직자에게 가장 중요시되는 도덕성은 '뭐 그정도 재테크 편법을 가지고'라는 도덕적 해이 앞에서 쉽게 무시된다. 처음에는 분노하던 시민들도 점차 그것도 능력이라며 냉소하기 시작한다. 부유층의 오만과 시민들의 냉소가 거짓 성공을 인정하고 두둔하면서 주거신분사회를 강화시킨다.

재산권은 당당하고 주거 기본권은 절망한다

집값이 오른다는 뉴스가 주택을 소유한 사람들에게 반가운 소식일까? 2005년에 발표된 '세대별 주택 및 토지 보유 현황'에 따르면 전체 가구 중 45.4%는 무주택 가구이고, 유주택 가구 중 49.6%는 집을 한 채 소유하고 있다. 즉 전체 가구의 93.5%는 집을 사거나 늘려야 한다. 그러나 주택 가격의 변동성이 크고 소득 대비 주택 가격이 지나치게 높은 상황에서는 집을 사거나 교체하는 것이 재정적으로 어려운 결정이 된다. 집을 사거나 교체하기 위해 필요한 추가 비용이 소득에 비해 지나치게 높고 증가폭도 소득 증가에 비해 더 빠르기 때문이다. 이에 대해 명지대 주거건축과의 박인식 교수는 자신의 저서 『아파트 한국사회』(현암사)에서 집값이 오르면 2주택 이상을 소유한 6.5%의 가구를 제외한 모두가 손해라고 주장한다. 그는 "10년 전에는 큰 집으로 옮겨가는 데 6000만 원이 필요했는데 이제는 그 두 배가 필요하다"라고 말한다.

그러나 사람들의 상당수는 집값이 오르는 것이 주택 소유자에게 당연히 이득이라고 여긴다. 그에 따라 주택 소유자들은 정부의 주택 가격 상승을 유인하는 정책을 적극 지지한다. 반대로 주택 가격에 부정적인 영향을 미칠 만한 요인에 대해 대단히 민감하게 반응한다. 그 대표적인 예가 행복주택과 같은 임대주택에 대해 시범 지역 주민들이 강하게 반대하는 모습이다. 집단이기주의자라는 세간의 눈총조차 개의치 않을 정도로 임대주택이 미칠 주택 가격의 부정적인 영향에 강하게 저항한다. 정부가 실시한 행복주택 공청회는 주민 반발로 파행이 반복되고 있을 지경이다.

반대로 2년마다 전세금 폭등으로 전세난민 신세가 되는 무주택자들은 집단행동을 하지 않는다. 내 집을 갖지 못한 자신의 무능을 탓할지언정 정부를 향해 세입자 보호를 위한 정책 입안에 대한 요구가 거의 없다. 세입자협회가 2013년에 결성되기는 했으나 여전히 세입자들의 적극적인 참여가 저조한 실정이다. 전국적으로 소득의 절반을 주거비로 지출하고 있는 가난한 세입자가 120만 가구가 넘지만 구조 개선에 대한 목소리는 미미하다. 주택을 소유한 사람들은 자신의 권리를 적극적으로 주장하는 반면 주거 약자들은 권리를 쉽게 포기한다. 이것은 주거신분사회의 원인이자 결과이기도 하다.

그렇다면 이러한 주거신분사회는 어떻게 극복되어야 할까. 문제가 복잡한 만큼 간단한 해법은 없다. 정부의 주거 약자 보호를 위한 강력한 정책의지가 없는 한, 무주택자나 1주택 소유자와 같은 주거 약자들이 감당키 어려운 빚을 내어 집을 장만한다 해도 여전히 주거 약자에서 벗어나지 못한다는 자각이 없는 한, 해법은 없다. 집을 차지하기 위한 경쟁이 아닌 주거 공공성이 가장 절실하다는 주거 약자들의 연대의식과 공동체성 회복, 그에 따른 주거 공공성 요구가 강하게 제기되지 않는 한, 주거로 인한 격차와 계층의 고착화는 피하기 어려운 현실이 될 것이다. 한마디로 사회의 근본적인 개조와 사회 발전의 총체적인 방향 수정이 이뤄지지 않는 한, 우리는 집으로 신분이 결정 나는 사회에 갇히게 될 것이다.

제윤경 에듀머니 대표이사

팔꿈치사회

적법한 반칙을 깨뜨리자

팔꿈치사회
강수돌 지음, 갈라파고스, 2013

강수돌 교수의 『팔꿈치사회』를 읽으면서 한숨과 분노가 이는 게 비단 나뿐일까. 앞만 보고 달려야 하는 경쟁사회에서 옆 사람은 벗이나 동료가 아니라 팔꿈치로 가격하여 떨어뜨려야 하는 대상일 뿐이다. 그러나 정작 그 경쟁에서 이득을 보는 건 그 경쟁의 틀을 만들어놓고 자신의 이익을 극대화하는 숨은 권력이다. 그것이야말로 천박한 자본주의 시장에서 모두를 경쟁의 전쟁터에 내모는 '보이지 않는 손'이다. 이 책의 부제인 '경쟁의 내면화' 과정은 결국 우리가 어떻게 비인격화되는가에 대한 추적이고 고발이며, 각성과 쇄신의 촉구인 셈이다. 그러나 교묘하고 악마적인 경쟁인 이 거대한 공룡 앞에서 과연 우리가, 특히 한 개인이 할 수 있는 일은 무엇인가. 그저 '연대하라'거나 스테판 에셀의 지적처럼 '분노하라'고 하면 해결될까.

156

돈과 물질을 숭배하는 사회

대한민국에서 사람들이 가장 무서워하는 건 대통령도 국정원이나 검찰도 아니다. 바로 '삼성'이다. 보이지 않는 곳에서 대통령은 욕할 수 있지만 삼성은 대놓고 욕하지 못한다. 도대체 언제부터 이런 칼을 쓰게 된 것일까. 권력은 한시적이지만 돈은 영원하다는 냉소적 프레임을 공고하게 만든 것은 바로 김용철 사건이었다.

거대기업의 최고급 비밀 정보를 가장 많이 알고 있을 자리에 있던 그가 비리를 폭로하였지만 결과는 어땠는가. 그 기업의 그물망에 걸려 있는 이른바 최고위직군의 사람들(흔히 '삼성 장학생'으로 불리는)은 끈끈한 '악의 카르텔'을 형성하여 오히려 그를 바보로 만들었다. 대다수 언론들은 그의 책 『삼성을 생각한다』(사회평론)의 광고조차 거부했다. 심지어 불의를 고발한 최고위 내부고발자인 그를 '주인을 문 개'로 몰아세우는 확인사살까지 충실하게 실행함으로써 삼성의 예쁨을 받는 것이 더 중요하다는 것을 재확인시켜주었다. 이 사건은 결코 일시적이거나 가벼운 문제가 아니다.

이 사건 이후로 사람들은 삼성이나 회장에 대한 비판을 꺼렸다. 아무리 확실한 증거를 들이대도 검찰이나 법원까지 나서서 막아주는데 어찌 그럴 시도를 하겠는가. 이보다 더 지독한 '팔꿈치'가 있을까. 김용철 사건은 그렇게 우리 사회의 천박함과 야만성을 민낯으로 드러냈다.

무한경쟁과 착취의 이중 고리로 교묘하게 얽힌 사회는 과연 변화할 수 있을까. 목숨 바쳐 이룬 민주주의조차 헌신짝처럼 내던지고 반민주주의로 회귀하는 것은, 진보니 보수니 하는 가치관

의 갈등도, 좌파니 우파니 하는 이념의 갈등도 아니다. 결국 그것
은 비도덕적인 방식으로 만들어낸 기득권을 더 강화하겠다는 노
골적인 욕망 그 자체일 뿐이다. 이들로서는 공정한 경쟁은 기득
권의 해체를 초래할 뿐인 '위험한 짓'이고, 독점적인 권리 강화에
걸림돌이 되는 것일 뿐이다. 그런 프레임에서는 결코 팔꿈치사회
는 개선되지 않는다. 도덕이나 권력보다 돈이 더 강하고 질기며
뿌리 깊다는 것을 노골적으로 알아차린 현실에서는 불가능한 일
이다.

사실 강 교수의 책을 보면서 아쉬웠던 점은 날카로운 분석과
비판은 충분한데 구체적이고 적극적인 대안은 부족하다는 것이
었다. 물론 담론 자체가 무척 크고 복합적이며 구조적인 문제이
기 때문에 정의와 인격성을 회복하고, 각 개인이 사회적으로 연
대해야 한다는 주장에는 전적으로 동의하면서도 금세 그 한계성
을 드러낼 수밖에 없다는 점은 인정한다. 사회 구조를 개선하고
정의와 복지라는 기본적 사회 가치와 인격성을 회복하고 실현해
야 하는 건 양보할 수 없는 절대 명제이지만, 그것은 자칫 선언적
명제에 그치기 쉽다.

예를 들어 연대의 구체적인 방법 가운데 하나인 협동조합 등에
대해서도 보다 구체적인 사례를 통해 우리가 어떻게 이 팔꿈치사
회를 극복하고 탐욕의 유혹을 거절할 수 있는지의 가능성을 제
시했다면 좋았을 것이다. '몬드라곤의 기적'은 이미 그 모범적 사
례가 아닌가. 물론 그가 후반부에서 제시하는 이반 일리치나 앙
드레 고르의 메시지는 한 개인이 어떻게 자신의 인격적 정체성을
온전히 구현할 수 있는지를 볼 수 있다. 하지만 그것들조차도 과

연 구체적 대안이나 사회적 실천의 방식이 될 수 있는가에 대해서는, 안타깝지만 솔직히 회의적이다. 차라리 앙드레 고르의 경우보다는 니어링 부부처럼 자본주의의 구조적 모순에 저항하는 실천적 방안을 제시했다면 좋았을 것이다.

경쟁의 내면화를 벗어나기 위한 교육의 문제

그러나 그의 책을 통해 적극적으로 공감하고 함께 고민해볼 부분을 발견한 것은 반갑다. 이 책의 목적이 '경쟁의 내면화 과정'을 비판하며 그것을 해체하고 사람다운 삶을 살 수 있는 사회를 지향한다는 점에서 '교육'에 방점을 찍지 않을 수 없기 때문이다. 나는 이 문제를 세 가지 시선으로 접근하기를 제안한다.

1. 집단따돌림의 문제 우선 경쟁사회가 만들어낸 '작은 악마'인 집단따돌림을 보자. 이전에도 학원 폭력이 있었고, 때론 살벌한 이름의 폭력서클도 존재했다. 그러나 당시에는 최소한 하나의 묵계가 있었는데, 그것은 결코 자기 반 친구에게 폭력을 가하거나(그러면 그는 '양아치'가 될 뿐이다), 교외에서 자기 학교 학생들을 갈취하지는 않았다. 그러니 그가 서클에 가입한 것을 알아도 때론 외려 자신의 '마니또' 같은 역할을 해주니 굳이 대놓고 비난할 일은 없었다(물론 그의 위악적인 폭력성 과시에는 속으로 욕을 했겠지만). 그래서 졸업 후에 만나도 자연스럽게 관계를 유지할 수 있었다.

그러나 지금은 다르다. 이 점에 주목해야 한다. 그 계기는 절대평가 방식을 포기하고 상대평가 방식만 따르는 교육제도의 비인격적인 경쟁의 틀이다. 나의 적은 외부에 있지 않고 내부에 있다.

급우는 친구가 아니라 경쟁자이다. 그러니 자기 반경 안에서 폭력을 행사한다. 반드시 자기 반 친구들을 괴롭히고, 학교 밖에서는 자기 학교 학생들을 갈취한다. 어째서 이렇게 변했을까. 그건 바로 어른들 사회가 그렇기 때문이다. 강자와 맞서 인정받기보다는 약자를 갈취하는 것이 훨씬 더 위험부담이 적다는 것을 어른들이 보여줬다. 골목상권을 유린하는 대기업의 횡포는 경영학에서 그토록 강조하는 '리스크 제로'에 가장 충실한 표본이다.

더욱 유의해야 할 것은 바로 중간 학생들이다. 일반적으로 집단따돌림과 그 극단적 패악이 드러나면 주로 가해자와 피해자의 이항구조로만 이해하고 접근하는데, 이건 문제의 본질과 핵심을 제대로 보지 못하는 것이다.

대개 학기 초에 일어나는 왕따에서, 힘이 센 친구는 (영화 〈말죽거리 잔혹사〉에서 보는 것처럼 '넘버2' '넘버3'를 손보는 게 아니다. 그러다 자기가 당할 수 있기 때문이다) 가장 힘이 약한 친구를 택해 폭력을 가함으로써 자신의 힘을 과시한다. 그러면 대부분의 학생들은 그것을 보며 '나쁜 놈'이니 '못된 년'이니 하며 속으로 비난한다. 사람이면 누구나 갖는 양심 때문이다. 그러면서 자신은 도덕적이라고 여긴다(사실 이런 인식이 가장 위험하다).

그런데 한 달쯤 지나면 자신도 어느 편인지 드러내야 하는데, "나는 저 힘 센 아이 편이야"라고 말하는 게(아이들 표현대로 말하자면) 쪽팔린다. 그리하여 힘이 약하고 시달리는 아이가 저항하지 않는(그가 저항하지 않는 건 괜히 맞았다가 두 대 맞는 것보다는 한 대 맞고 끝내는 게 낫다고 여겨서 그럴 뿐이다) 것을 보고 자기가 건드려도 위험부담이 없다고 여기며 그 친구를 못살게 군다. 이는 앞에서 자기는 도덕적이라고 방어했던 것과 모순이 아닌가? 따라서 자기는 그 친구를 응징 혹은 교도(예를 들어, 그 친구가 수업이 끝날 때쯤 질문해서 쉬는 시간을 줄게 했다거나, 가난해서 체육복을 마련하지 못했는데 복장 통일이 되지 않았다며 체육시간에 단체로 얼차려 받은 일 등의 구실을 대면서)하는 것이라고 정당화한다. 심리학적으로 보자면 일종의 방어기제이지만, 분명한 인지부조화이다. 자신의 모순을 정당화하기 위해 그렇게 폭력을 행사한다. 그러니 정말 위험한 것은 이 인지부조화를 겪는 중간계층이다. 이미 사회의 건강한 중간층이 붕괴되었는데, 이 청소년들도 이렇게 타락해서 사회에 진입한다. 그 고리를 끊어내야 한다. 학교 폭력 문제의 심각성은 바로 여기에 있다.

대다수의 학교에서 집단따돌림의 폐해가 불거지면 엉뚱하게 피해자를 전학시키는 최악의 방식을 택한다. 그것은 이중처벌일뿐 아니라 모두를 공범으로 만드는 죄악이다. 교사가 눈여겨보면 누가 따돌림 당하는지 알 수 있다. 그러면 교사는 그 아이를 불러 "너는 이제 고독하고 독립할 수 있는 기회를 가진 거야. 고독의 가치를 누릴 줄 아는 사람이 진짜 성장한단다. 세상은 조용하고 의연한 사람들이 바꾸는 거야. 선생님과 함께 책 읽어보지 않을래? 책은 고독의 좋은 친구일 뿐 아니라 너를 키워줄 힘이란다." 이렇게 말해주면 그 아이는 절망하지 않을 것이고, 그 역경을 멋지게 극복해낼 것이다. 경쟁은 타인을 불행하게 만들어서 얻는 전리품이 아니라 자기 자신을 성찰하고 자신의 힘을 기르는 바탕이라는 인식의 전환은 그렇게 마련될 수 있을 것이다.

2. 지금 행복해야 미래에도 행복하다 지금 행복하지 않으면 미래에도 행복할 수 없다는 부모의 인식 변화이다. 고진감래 운운하며 아이를 혹사시키지 말아야 한다. 학교가 행복하지 않으면 결코 그의 삶이 행복할 수 없다는 것을 깨달아야 한다. 이건 선언적인 명제가 아니다. 좀더 구체적으로 보자. 이른바 좋은 대학(서열 매김이 한심하지만, 엄연한 현실이라는 점에서 일단 인정한다고 하면)에 들어가려면 적어도 2등급이 되어야 한다. 반에서 11~13퍼센트의 비율이다. 남들도 과외다 학원이다 다 하는데, 의지만으로 쉽게 등급 상향이 되지 않는다. 그게 부모 세대들과의 차이다. 2등급은 되어야 그런 대학에 지원(합격의 보장도 아니다)할 수 있다. 그런데 그런 대학 졸업해도 이른바 좋은 직장에 들어갈 확률은 아무리 넉넉히 잡아도 20퍼센트가 채 되지 않는 게 현실이다. 그렇다면 2~3퍼센트, 즉 100명의 학생들 가운데 고작 두세 명만 그런 직장을 얻는다는 뜻이다.

그러나 그런 직장에 간들 미래가 보장되는 것도 아니다. 40대 중반쯤이면 직장을 그만둬야 하는 상황이 닥친다. 그렇다면 그 두세 명조차 20년쯤 '안정적인' 삶을 누릴 뿐이다. 그 다음은 캄캄하다. 부모야 그 뒤 일은 자기 살아 있을 때 일이 아니라고 여길 수도 있겠다. 하지만 진정 부모가 원하는 건 자식의 행복이 아닌가. 이 무모하고 무시무시한 경쟁의 틀을 부모가 깨뜨려야 한다. 그것은 그럴싸한 명제나 윤리와 정의에 호소하는 선언이 아니다. 구체적인 현실이다. 그걸 인식한다면 엄청난 시간, 돈, 에너지를 낭비하고, 가족의 행복마저 유예하거나 파괴하는 짓은 때려칠 수 있을 것이다. 연대를 주장하기 위해서는 이렇게 구체적인 인식의 전환과 실천의 필연성을 제시해야 한다.

3. 천박한 탐욕의 굴레를 벗어나야 한다는 인식 내면화된 경쟁이라는 천박한 탐욕의 굴레를 벗어나는 것은 이것이 미래의 당위를 위해 절대적으로 필요하다는 인식에서 비롯된다. 20세기 후반은 패스트무빙fast moving의 산업화사회였다. 누구든 먼저 앞으로 달려가 선진 지식을 습득하고 다른 사람들을 향도하여 빠르게 따라잡으면 성공할 수 있었다. 한국이 성장한 것은 그런 교육 열기와 고강도 노동력의 집중(물론 여기에는 착취를 통한 자본의 이익 극대화가 자리하고 있었다) 덕택이었다.

그러나 21세기는 다르다. 사실 1997년 IMF외환위기는 패스트무빙에서 벗어나지 못한 한국사회와 경제구조의 총체적 모순 때문에 일어난 일이었다. 21세기는 퍼스트무빙first moving 구조이다. 기존의 방식으로는 그 구조에서 살아남을 수 없다. 그것은 개인도 사회도 마찬가지다. 패스트무빙 프레임에서는 한 사람의 선도자가 필요했지만, 퍼스트무빙의 프레임에서는 모든 구성원의 능력이 총화되어야 한다. 기업에서 팀제를 도입하지만, 그것은 사실 이런 구조에서만 제값을 발휘할 수 있는데, 우리 기업들은 그것을 오히려 집단의 경쟁구조로 치환하고 있을 뿐이다. 거기에 미래의 성공은 없다. 경쟁이 아니라 협력이, 한 사람의 천재성이 아니라 구성원 모두의 영감과 아이디어와 에너지가 결합되는 방식으로 전환하지 않으면 모두가 공멸한다는 걸 기억해야 한다.

타인의 불행을 담보로 나의 행복이 증진된다는 천박성을 벗어나야 팔꿈치사회의 무한경쟁이 내재화되는 것을 막을 수 있다. 교육과 인식에서 앞에서 언급한 세 가지에 대해 좀더 생각과 힘을 모은다면, 팔꿈치 가격이 아니라 손 내밀고 함께 나아가는 디딤돌이 될 것이다.

김경집 인문학자, 전 가톨릭대학교 교수

영어 불평등을 통해 평등한 사회 상상하기

영어계급사회
남태현 지음, 오월의봄, 2012

'영어계급사회'라는 명칭은 영어와 계급의 상관관계를 직관적으로 드러낸다. 남태현의 『영어계급사회』에서 등장한 이 표현은 '영어'라는 특정한 외국어가 한국사회의 엘리트 및 상류층의 재생산에 있어 가장 핵심적인 문화자본이라는 주장을 하기 위해 사용된다. 이 표현은 실상 두 가지 의미를 갖고 있다. 하나는 영어 활용능력의 정도가 계급에 따라 결정된다는 것이고, 다른 하나는 영어 활용능력의 정도에 따라 계급이 결정된다는 것이다. 어떤 의미로 사용되든 간에, '영어'라는 문화적 지표는 '계급'이라는 경제적 지표와 단단히 얽혀 있다.

영어는 계급이다

영어와 계급의 긴밀한 관계를 대번에 알 수 있는 한 사례는 한국의 TV 드라마다. 젊고 똑똑한, 오만하기는 하나 마음은 착해서

나중에 소시민 출신의 당돌한 여주인공과 사랑을 하게 될 재벌 2
세가 어떻게 등장하는지 기억해보라. 그는 대개 아버지의 부름을
받거나 아버지의 명을 어기고 자신이 공부하던 미국을 떠나 인천
공항에 입국하면서 등장한다. 미국 유학을 마친 이 젊은이는 아
버지의 기업을 이어받으려 하는데, 그가 충분히 그럴 만한 실력
이 된다는 점은 외국인 바이어들과 통역 없이 당당하게 대화하는
장면을 통해 그려지곤 한다. 그의 영어 실력은 바로 그의 글로벌
한 경영 능력을 보여주는 환유다. 능력 있는 재벌 2세가 구사하
는 유창한 영어, 이것이야말로 영어와 계급이 한국사회에서 맺는
관계를 흥미로운 방식으로 드러낸다. '영어'는 곧 '성공'이자 '능
력'인데, 그것을 가진 사람은 '재벌 2세', 즉 상류층 중에서도 상
류층이다. 우리는 이렇게 말할 수 있다. 영어는 그의 교양이 아니
라, 그의 계급과 능력을 말해주는 지표라고.

영어와 계급의 상관관계는 이렇게도 말할 수 있다. '영어 활용
능력은 경제적 뒷받침을 요구하고, 높아진 영어 활용능력은 사회
경제적 성공의 조건이 된다.' 영어와 계급의 상관관계를 다룬 통
계조사들에 따르면, 부모의 경제적 능력이 높을수록 자녀의 영어
사교육에 지출하는 돈이 많고, 그 결과 상층계급과 하층계급 출
신 자녀의 영어 점수 격차는 벌어진다. 2010년 수능시험에서 외
국어 영역의 점수를 서울의 25개 구별로 분석한 결과 가장 높은
학생들은 소득수준이 높은 강남구와 서초구, 가장 낮은 학생들은
소득수준이 상대적으로 낮은 구로구와 금천구 출신이었다는 조사
는 한 사례다. 다른 과목과 달리 수능시험의 영어 점수 격차가 조
사대상이 되는 이유는 영어는 다른 과목과 달리 경제적 투자로 실

력 차이를 벌리기 쉬운 영역이기 때문이다.

영어 성적의 계급 간 격차는 수능시험 이전에 이미 초등학교 때부터 나타난다. 2007년 한국보건사회연구원의 자료에 따르면, 저소득층과 중산층 가정에 속한 초등학생의 성적 차이에서 유의미한 차이가 나타난 유일한 과목은 영어였다. 저소득층 학생 중 영어 성적이 상위권이라고 대답한 학생이 30퍼센트인데 반해 중산층 초등학생의 경우에는 50퍼센트가 넘었다. 초등학교 시절부터 벌어지는 영어 격차는 수능 시험으로 이어지고, 이는 다시 취업으로 연결된다. 계급이동을 가능케 하는 교육에서의 영어 격차는 학벌을 결정짓는 핵심적 지표로 작용하며, 결과적으로 계급 간 양극화를 심화시키고 고착화시키는 중요한 척도가 되는 것이다. 소위 '일류대' 입학률이 높은 탓에 높은 입학 성적과 높은 학비를 요구하는 국제중, 외고, 특목고 입시, 나아가 미국 등으로의 조기유학 열풍을 떠올려 본다면 이제 가난한 부모의 자녀들이 유복한 부모의 자녀들과 경쟁을 한다는 것 자체가 불가능한 상황이 되었다고도 할 수 있다.

과거에도 영어는 중요한 과목이었다. 영어사전을 한 장씩 씹어 삼키며 영어를 외웠다는 70~80년대의 전설 같은 일화가 그냥 나온 것은 아니다. 사교육이 공교육을 지배하지 못하던 시절의, 문법과 독해 위주의 영어 공부는 경제적 여건에 상관없이 누구든 성실히 하면 성과를 낼 수 있는 과목이었다. 하지만 사교육비 총규모가 21조 원이 넘을 정도로 사교육 시장이 급증하고, 공교육이 제 역할을 못하며, 말하기와 듣기, 쓰기, 심지어 영어권 문화에 대한 경험까지 포함해 종합적인 영어 능력이 평가의 지표로 쓰이는 오늘날, 영어를 잘하기 위해서 경제적 지원은 필수적이다. 동네 학원에서 하루 한 시간씩 영어를 공부한 학생과 어린 나이에 미국으로 조기유학을 떠난 학생 사이에서 '경쟁'이라는 말은 무의미하다. 이제 실력은 돈과 떼어놓고 생각할 수조차 없다.

　이런 의미에서, 영어 계급사회라는 말의 본질은 '계급사회'일 것이다. 계급이 존재하지 않는 사회는 없을 테지만, 한 번 형성된 계급이 이후 그대로 굳어져 계급이동성 자체가 불가능해져버린 사회는 마치 전통적인 '신분사회'와 마찬가지로 '계급사회'라고 이름 붙일 수 있다. 오늘날 한국사회에서 영어는 외제차나 고급 아파트와 마찬가지로, 고착화된 계급사회를 표상하는 최상의 문화 자본을 가리키는 하나의 지표가 된다.

　이 계급사회의 이미지를 확장해볼 수도 있다. 계급은 물론 사회 구성원들을 경제적 층위로 나눌 때 사용하는 용어지만, 국가 사이에서도 '계급'은 엄연히 존재한다. 가령 소위 '선진국'과 '개발도상국' 및 '후진국' 사이의 관계는 한 사회 내의 계급 관계와 비슷한 경제적 층위 속에서 작동한다. 사회학자 요한 갈퉁에 기대자면, 이를 중심부와 주변부의 관계라고 할 수도 있다. 한국은 아직 선진국 대열에는 들어서지 못한 주변부 국가에 속하며, 이로 인해 선진국에 대한 집단적 동경이 존재한다. 영어를 배운다는 것은 곧 이 '선진국 되기'라는 열망의 한 표현이기도 하다. 반대로 중심부에 위치한 선진국들은 제국주의 시대 이후로 자신들의 언어를 주변부에 퍼뜨려 이들의 정신을 지배함으로써 경제적 이익을 취했다. 칼리반의 섬을 차지한 후 그에게 말을 가르쳐 노예로 부린 프로스페로와 유색인 프라이데이에게 영어를 교육시켜 그를 충실한 하인으로 만든 로빈슨 크루소의 전략에서부터 식민지에 "우리말의 보물(영어)"을 보내 "아직도 혼란 속에 헤매는 서쪽의 나라들을 우리 말씨로 세련되게 만들어 줄 것"을 염원했던 16세기의 영국 식민주의자와 "미국과 전세계 다른 나라 사이의 우호적·공감적·평화적 관계를 만들어 가기" 위해 1961년부터 시작된 풀브라이트 재단 사이의 거리는 멀지 않다.

주변부 국가로서 중심부에 들어가길 바라는 근대화, 선진화에 대한 한국의 열망은 구한말부터 존재했고, 미군정기와 분단을 거치면서 더욱 확고해졌으며, 지금까지 이어지는 중이다. 이 근대화 열망은 경제적 차원에서 물적 성장으로 나타나지만, 문화적 차원에서도 발현된다. 영어에 대한 열망은 문화적 차원에서 나타나는 대표적 사례이다. 영어가 교양과 소통을 위한 도구 중 하나로 학습되기보다 지금보다 더 나은 위치에 서기 위한 개인적 투자로, 혹은 세계 속의 선진국이 되기 위한 국가적 무기로 여겨지는 것이다.

신자유주의 시대의 영어 광풍과 새로운 사회의 요청

개인 차원의 성공의 열망과 국가 차원의 근대화 열망이 신자유주의적 세계화라는 자본주의의 경향과 결합될 때 '영어 광풍'이 생겨나는 것은 어쩌면 자연스럽기까지 하다. 영어공용어론의 등장, 영어권 어학연수 열풍, 초등학생 영어교육, 영어유치원 탄생, 조기유학 열풍, 대학 영어강의 열풍 등은 모두 소위 세계화 담론 이후, 그리고 IMF를 통한 신자유주의적 구조조정 이후에 생겨난 현상들이다. 서바이벌로 상징되는 신자유주의 시대의 극단적 경쟁은 인적자원론 및 자기계발 담론과 만나 이전 시대보다 훨씬 확대되고 훨씬 강화된 영어 열풍으로 변모한 것이다. 유치원에서부터 수능시험을 거쳐 취직과 승진에 이르기까지 영어는 그 사람이 얼마만큼의 가치를 지닌 인적자원인지를 평가하는 독보적인 수단이 된다. 글로벌화된 경쟁 분위기 속에서 이제는 연예인마저도 해외 진출을 위해 당연히 영어를 배워야 하는 때가 되었다.

개인으로서는 합리적 선택일 영어 배우기는 '경제와 정치에서부터 문화와 주체성에 이르는 모든 것의 기업화'를 원리로 하는 신자유주의 체제하에서 심각한 문제를 야기한다. 더 이상 공적인 영역이 아니라 대표적인 사적 영역으로 변해버린 교육 체제 아래에서, 경쟁에서 살아남고 지금보다 더 나은 자기로 도약하기 위해 엄청난 비용을 지불해야 하는 영어 배우기는 기실 누가 더 많은 비용을 지불할 수 있느냐로 많은 부분이 결정 나는 게임이 되는 것이다. 경제적 비용을 감당하면서 영어에 투자할 수 있는 이와 그럴 수 없는 이들 사이의 격차가 말할 수 없이 커지면서, 영어는 교육이 아니라 경제의 영역으로 확실히 들어온다. 그리하여 다시, 영어계급사회다. 영어계급사회는 무엇인가. 그것은 문화와 교육(영어)마저도 경제의 논리(계급)로 환원되는 극단적 신자유주의 사회의 한 측면을 드러내는 이름이다.

영어와 계급의 상관관계라는 차원을 넘어 '사회'라는 전체 틀 속에서 '영어계급사회'의 문제에 접근해야 하는 이유가 여기에 있다. 이 신조어가 결국 말하는 것은 개인의 창조성을 끌어내고 발현시켜야 하는 교육, 학습, 공부의 영역이 가장 1차원적인 경제적 비용과 투자의 문제로 환원되는 것은 다름 아닌 사회적인 문제라는 점이다. 보편적이고 공적인 것이 실종되어 만인의 만인에 대한 투쟁으로 변모되어버린 우리 사회에 대한 비판으로서 영어계급사회라는 명칭은, 따라서 격차사회, 승자독식사회, 절벽사회, 팔꿈치사회, 피로사회, 제로섬사회 등 오늘날 우리 사회를 규정하는 다른 비판적 문제의식의 연장선상에 있다. 사회에 대한 이 갖가지 호명들은 공히 한국사회가 극단적 생존투쟁으로 변해가는 오늘의 상황을 다방면에서 포착해내면서 실천적인 질문을 제기하고 있다는 점에서 그렇다.

영어로 인한 계급적 격차의 고착화는 결코 영어라는 언어 차원에서 풀 수 있는 문제가 아니다. 모든 한국인들이 똑같이 영어를 잘하게 되는 거짓말 같은 일이 실현된다고 해도, 그 이후에는 영어가 아닌 또 다른 문화적 지표가 나타나 각자의 생존과 성공의 열망을 구현함으로써 경제적 차이에 따른 불평등의 문제는 여전히 되살아날 수밖에 없다. 영어계급사회는 '사회'의 차원, 곧 문화와 교육이 개인의 경제적 배경으로 환원되지 않는 정의로운 사회를 만들 때 비로소 해결될 수 있다. 그런 점에서 영어계급사회라는 명칭은 우리에게 기존의 사회를 넘어서고 사회를 뒤바꿀 공동체적 지혜와 투쟁과 연대를 요청하고 있는 셈이다.

문강형준 문화평론가

절벽사회 ─────

죽임의 사회에서 상생의 사회로

절벽사회
고재학 지음, 21세기북스, 2013

요즘 들어 사회에 대한 담론이 도처에 넘실대고 있다. 액체사회, 자조사회, 경쟁사회, 피로사회, 양극화사회, 잉여사회, 단속사회, 공포사회, 투명사회 등이 그 예이다. 이것은 사회가 정상이 아니거나 사회 자체가 해체되었기 때문에 나타나는 현상이다. 마치 건강에 자신 있을 때에는 건강에 관심을 가지고 있지 않다가, 건강을 상실하고 나서야 뒤늦게 건강에 관심을 가지게 되는 것과 비슷하다. 애초에 여기에 등장하는 담론들에서 사회를 지칭하는 형용들은 사실상 반사회적인 것이다. 뒤집어 말한다면 참된 사회상에 대한 갈망을 내포한다.

사회 담론의 범람과 사회의 해체

가령 내가 『거대한 사기극』(북바이북)에서 한국을 포함한 선진 현대사회를 자조自助사회로 규정하고 비판하는 것은 실은 공조共助사

172

회를 갈망하고 제시하는 것과 같다. 고재학이 '절벽사회'라는 개념을 공론장에 제출한 것도 같은 원리다. 이 개념은 우리 사회가 역동성을 상실한 닫힌 사회가 되었음을 의미한다. 즉 계급 상승의 가능성을 상실했다는 뜻이다. 여기에서 그가 암시하는 바른 사회는 열린 사회일 것이다(역설적이지만 신자유주의가 선호하는 사회가 바로 열린 사회이다). 열린 사회는 상생을 통해 이루어진다.

이 책에서 저자는 절벽 위로 올라가기 위한 사다리로 '일자리 창출'을 제시한다. 노동권은 물론 마땅히 보장되어야 하지만 일자리 창출 자체가 결코 복지는 아니다. 이것은 공모전 부상으로 인턴직이 제공되는 신자유주의 사회의 그로테스크한 구도를 반영하고 있다. 아니, 도대체 노동이 어떻게 복지란 말인가. 이에 맞서 복지를 다시 규정한다면 오히려 '안식'이라고 말해야 옳을 것이다. 가령 손학규가 주창한 "국민 모두가 저녁이 있는 삶" 같은 것이다. 지금 우리 사회는 노동권과 안식권 모두가 빈곤하기 그지없다.

따라서 우리는 저자의 현실적 대안을 넘어서 그의 내면에 자리하는 더 본질적인 그림을 생각해볼 필요가 있다. 고재학이 말하는 것은 인간적 자본주의이다. 여기에서 중요한 것은 그 형용이다. 인간적이라는 것, 인간의 얼굴을 한다는 것은 바로 상생의 패러다임을 말한다(사람 인人 자가 바로 상생을 의미하지 않는가). 나는 그가 상생의 사회를 이야기하고 싶어 한다고 믿는다. 가령 그는 대기업과 중소기업의 상생 및 정규직과 비정규직의 상생, 대형할인점과 골목상권의 상생 등을 제시한다.

그렇다면 우리가 살아가는 현실은 무엇인가. 고재학이 말하는 절벽사회는 바로 '죽임의 사회'이다. 그에 따르면, 우리 사회는 각 성원을 절벽으로 밀어내고 있다. 계급 상승이 아니라 도리어 계급 추락의 상황으로 몰아세우는 것이다. 서로 도와줄 수 없는 사회이다. 다시 말해서 우리 사회는 성원을 죽이고 있는, 죽임의 사회다. 이 절벽을 허무는 것은 물론 상생, 즉 서로 살리는 것이다. 나는 지금 절벽의 본질을 드러내기 위해 일부러 저자가 갈망하는 사회의 본질을 지적하고 있다. 서로 도울 수가 없기 때문에 절벽사회가 되는 것이다.

절벽사회는 스스로 살아남기에도 버거운 사회이다. 고재학은 사회적 안전망이 해체된 자조사회의 한 측면, 즉 계급 상승의 가능성이 상실된 폐쇄적 사회를 구체적으로 보여준다. 후반부에 제시한 그의 대안보다는 전반부에 할애하는 그의 진단이 더욱 적절하다는 것이 나의 판단이다. 가령 "기득권 계층의 양보"를 전제하는 "사회적 대타협"(228쪽)은 적절한 해법이 아니다. 40대가 정의라는 이념을 좇을 수 있는 이유를 일자리가 있기 때문이라고 보는 것도 동의하기 어렵다.

저자는 인구, 일자리, 재벌, 교육, 취업, 임금, 금융, 창업, 주거 등 아홉 가지로 절벽을 나눈다. 그의 진단은 공시적이지만, 하나의 흐름으로 묶기가 어렵다. 이제 나는 저자의 논의를 이어받아 다시 간결하게 이야기해보려 한다. 내가 보기에 우리 사회의 절벽은 세대별로 갈린다. 따라서 주제별로 절벽을 다룬 저자와 달리 나는 세대별로 재구성하겠다. 이렇게 할 때에 하나의 그림을 그릴 수 있다고 본다. 생애주기를 따라 하나의 시간선 위에 교육, 취업, 결혼, 주거 등의 여러 절벽들을 배열할 수 있을 것이다.

교육, 취업, 결혼, 주거로 이어지는 절벽들

일단 교육이 문제다. 어린이와 청소년이 마주하는 교육 장벽은 절망적이다. 서울시교육청 산하 서울시교육연구정보원이 2010~2013년 학업성취도를 중심으로 분석하여 2013년 12월 11일에 공개했던 「서울시 초·중학생들의 교육격차 분석」 연구보고서에 따르면 지역 간, 소득 계층 간 학력 격차는 여전하다. 실은 갈수록 심화되고 있다. 중상류 계층의 사교육과 선행학습이 사회 성원들의 교육적 간격을 계속 늘려가고 있다. 요새 아이의 학업 성적은 부모의 역량(경제자본, 문화자본)에 의존한다.

서울 소재 대학의 재학생 부모 중 전문직종 종사자들의 비율이 현격하게 늘어났다. 가령 2010년 기준으로 서울대 재학생의 아버지 직업 중 28.9퍼센트가 사무직, 21.3퍼센트가 전문직이다. 2004년 당시의 통계로 보면, 사무직은 23.2퍼센트, 전문직은 18.5퍼센트였다. 반면 비숙련 노동은 1.3퍼센트에서 0.9퍼센트로, 농축수산업은 2.0퍼센트에서 0.7퍼센트로 내려갔다. 우리 사회가 지난 10여 년 동안 변화돼온 양상이 여기에 고스란히 드러나고 있다. 개천에서 용 나기가 거의 불가능한 현실을 날 것 그대로 보여주는 셈이다. 교육의 평등을 배제한 완전 경쟁은 사기에 가깝다.

이어지는 장벽은 취업이다. 모두가 알고 있다시피 일자리의 절반이 계약직과 비정규직이다. 정규직은 말할 것도 없고, 대기업과 공기업은 그저 꿈의 일자리일 따름이다. 도처에 악성 일자리가 난무하다. 일단 정규직과 그외의 일자리는 비록 출발점은 비슷해 보일지 모르지만, 실제로 과정과 결말은 극단적으로 갈린다. 그러한 이유로 요새 청년들은 단군 이래 최대의 스펙을 자랑하지만, 인턴 직에 들어가는 것도 쉬운 일이 아니다. 그렇기에 각종 공모전의 부상으로 인턴직 보장을 내거는 것도 자연스러워졌다.

이런 극악한 상황 속에서 영혼이라도 팔아 취업하고 싶다는 말을 할 수나 있으면 다행이다. 자기소개하는 자리에서 취업준비생이라고 말을 하는 것도 자연스러워졌다. 하지만 실제로는 구직 의지를 포기한 이들이 속출하고 있다. 통계청이 2014년 5월 14일에 발표한 2014년 4월 고용동향에 따르면 비경제활동인구 중 구직단념자는 37만여 명으로 이전 해에 비해 21만 1000여 명이 늘어났다(하지만 실업률에서는 취업준비생과 실망실업자들을 배제한다). 한쪽에서 스펙 경쟁이 강화되고 있는데, 다른 한편으로는 취업준비자 수 자체가 줄어들고 있다.

이러한 취업 장벽은 그대로 결혼 장벽으로 지속된다. 시험 준비와 대학원 진학 등 오랜 취업 준비로 결혼 연령대 자체가 상승했다. 연애와 결혼과 출산을 위해서는 재정이나 시간 등의 여러 비용 문제가 자연스레 대두될 수밖에 없다. 이렇듯 비용과 위험이 증가하니 시장의 합리성에 의존하게 마련이다. 안정성을 쫓다 보니 결혼중개업이 성행하는 것이다. 무엇보다 부모의 능력에 의존할 수밖에 없게 된다. 결혼하기 위해 남자가 스스로 집을 마련한다는 것은 현실적으로 무리에 가깝다. 따라서 부모의 노후 자금을 털어서라도 신혼집을 준비하기 십상이다.

이러한 형편 탓에 결혼에서도 양극화가 존재한다. 결혼 이후 출산과 육아에서도 이런 현실은 매한가지다. 요새는 아이 셋을 낳는 것이 부와 능력의 표상이 되었다. 자녀 하나 키우는 데 1억 이상이 든다는데, 맞벌이하면서도 자녀를 낳지 않는 딩크족이 늘어나는 것은 놀라운 일이 아니다. 상황이 이러하니 독신 비율이 증대하는 것은 당연하다. 현실이 욕망을 압도하게 된 데에 따른 상황이다. 이렇게 1인 가족이 늘어나니 〈나 혼자 산다〉와 같은 독거생활을 소재로 하는 예능 프로그램도 등장하게 되었다.

주거 장벽은 아마도 우리 삶을 가로막는 장벽 가운데에서도 가장 커다란 문제일 것이다. 서울에서 정상적인 직장인이 서울 도심에서 아파트를 마련하기 위해 들여야 하는 시간을 생각해보라. 한 달에 100만 원씩 20년을 모아도 고작 20평대 아파트 전세보증금이나 마련할 수 있을 정도이다. 당연히 부모의 능력에 대부분 의존할 수밖에 없는 것이다. 동창회에서 회식비를 쏘는 이는 부모가 돈 많은 친구라는 농담처럼 말이다. 결국 교육(에 직결되는 취업)과 결혼, 그리고 주거 모두 자신의 능력으로 해결할 수 있는 것이 거의 없다. 이제 어찌해야 하는가.

상생의 방식을 새롭게 말하자

앞에서 말했듯이 나는 저자의 진단에 기본적으로는 동의한다. 하여 이를 받아 나의 언어로 다시 규명하고, 재구성하려 했다. 하지만 처방에 대해서는 그와 다른 길을 걸어갈 수밖에 없다. 나는 상생이라는 개념 자체에는 조금도 반대하지 않는다. 내가 반대하는 것은 상생을 구체화하는 방식이다. 강자와 약자의 조화는 강자의 지배를 떠받친다. 부자와 빈자의 균형은 부자의 독주를 돕는다. 저자의 상생 개념에는 그런 측면이 엿보인다. 현 사회의 왜곡된 구조를 떠받치는 질서에 대해 그는 대체로 온건하게 반응한다.

우리 사회의 여러 장벽을 허물려면 좀더 근본적으로 나아가야 한다. 고작 일자리 창출로는 부족하다. 죽도록 벌어봤자 내 집 마련도 힘든 현실임을 직시해야 한다. 따라서 우리의 욕망을 점검해야 한다. 남을 짓밟고 올라가는 데에서 기쁨을 찾는 것으로는 곤란하다. 어느 고시 3관왕이 말하는 우리 아이 수재 만들기의 비법은 하루 17시간 동안 열심히 공부하게 하는 것이다. 그런 이를 교육감으로 선택하는 사람들이 만드는 사회는 우리 아이(와 우리 자신)에게 지옥일 수밖에 없다. 따라서 사회를 새롭게 만들어가려면 우리의 욕망을 바꾸어야 한다.

이를 위해 필요한 것은 두 가지이다. 첫째, 공부해야 한다. 요새 유행하는 고전 열풍에 귀 기울일 필요가 있다. 우리의 욕망을 변화시키기 위해서는 고전을 깊이 읽는 것만큼 좋은 방법도 없다. 인문 고전을 포함한 여러 책의 독서는 공부의 시작이다. 체 게바라는 무장혁명 속에서도 독서에 몰두하고 동료들을 교육시켰다. 설혹 한 손에 짱돌을 들고 밖으로 나가더라도 다른 한 손에는 언제나 고전이 들려 있길 바란다. 물론 예술에 심취하여 마음을 새롭게 할 수도 있고, 놀이와 여행을 통해서 자아를 찾아가도 무방하다. 공부 방법은 다양하다.

둘째, 연대해야 한다. 사회 전체의 변혁을 위해 투표하고 투쟁하는 것도 물론 소중하다. 하지만 그와 동시에 가시적 공동체로 모여야 한다. 장을 바꾸면 욕망도 바뀌게 마련이다. 함께하는 방식을 바꾸는 것은 인간의 변화를 촉진하는 것이다. 내면적 욕망의 변화는 현실적 기획의 도모와 궤를 같이한다. 이는 지역의 변화를 도모하기 위한 것을 가리킨다(자녀 교육 문제에서 출발한 성미

산 마을공동체가 좋은 사례이다). 우리가 후손에게 부끄럽지 않은 사회를 만들기 위해 필요한 것은 일자리 창출이 아니라 공부와 연대다.

이원석 문화연구자

제로섬의 굴레에서 벗어나 따뜻한 경제를

제로섬사회
레스터 서로우 지음, 지철민 옮김, 한마음사, 1999

자본주의 경제는 기회균등과 공정경쟁을 생명으로 한다. 균등한 기회가 주어져야 누구나 자신이 원하는 일을 할 수 있다. 또 경쟁이 공정해야 누구나 능력에 따라 보상을 받을 수 있다. 이런 조건 하에 모든 구성원이 잘 살기 위해 노력할 경우 경제는 누구나 이득을 보고 잘살게 되는 플러스섬 체제가 된다. 문제는 경제가 기회가 편중되거나 불공정 거래가 나타나 어떤 사람이 이득을 보면 다른 사람이 손해를 보는 제로섬 체제가 되는 것이다. 이렇게 되면 사회가 승자와 패자로 나뉘어 갈등과 분열이 심화되고 경제가 붕괴위험에 처한다.

신자유주의와 자본전쟁

안타깝게도 최근 자본주의는 제로섬 게임의 틀에 갇혔다. 근본적인 원인은 힘의 불균형과 자본의 횡포이다. 1990년대 이후 강대국의 힘의 논리에 따라 자본주의는 약육강식의 신자유주의를 택했다. 따라서 세계를 하나의 경제로 개방하고 자유경쟁을 강요함으로써 힘의 논리에 따라 부가 강한 나라에 집중되는 불공평 체제가 되었다. 중요한 사실은 강대국들이 금융산업을 다른 나라의 경제를 공략하는 수단으로 이용한다는 것이다. 그리하여 세계 경제가 첨단투자기법과 금융상품을 개발해 무차별적으로 다른 나라 금융시장을 공격하고 이익을 취하는 자본전쟁에 휘말렸다. 이 과정에서 금융산업이 낙후한 나라들은 금융시장을 외국자본의 투기장으로 내주고 국부를 빼앗기는 희생을 당한다. 이러한 자본전쟁은 스스로 거품의 모순에 빠져 1997년 아시아 외환위기, 2008년 미국발 금융위기 등을 초래하여 세계경제를 부도위기의 함정으로 밀어 넣었다. 그 결과 모든 나라가 손해를 보는 화를 낳았다.

대외의존도가 높고 금융산업이 낙후한 우리나라는 어느 나라보다 큰 희생을 치렀다. 우선 우리나라는 1997년 아시아 외환위기의 주요 피해국가가 되어 국가부도위기를 겪었다. 국민의 혈세인 공적자금을 투입하고 구조조정을 강행하여 천신만고 끝에 경제가 다시 살아났다. 그러나 이에 따른 고통과 희생은 쓰러진 중소기업과 실업자의 몫이었다. 이후 대기업과 중소기업, 부유층과 서민층의 격차가 구조화되면서 빈익빈 부익부의 양극화를 낳고 있다. 2008년 미국발 금융위기가 터지자 우리나라는 설상가상이었다. 금융시장이 외국자본의 현금인출기 역할을 하며 국부 유출을 속수무책으로 허용했다. 경제는 불황의 수렁에 빠져 자금을 한없이 빨아들였다. 그러자 우리나라는 부채공화국으로 변했다.

정부부채 1000조 원, 가계부채 1000조 원, 기업부채 2000조 원 시대에 들어섰다. 실로 큰 문제는 경제의 잠재성장률이 떨어진 것이다. 1980년대 10퍼센트를 넘던 잠재성장률이 2000년 이후 3퍼센트대로 곤두박질했다. 자연히 경제가 고용창출 능력을 잃어 근로자를 길거리로 내몰고 있다.

우리나라의 경우 내부적으로 대기업들의 경제력 집중이 심각한 제로섬의 피해를 낳고 있다. 경제에서 차지하는 비중이 절대적으로 큰 대기업들은 무소불위의 시장지배력을 갖고 있다. 산하에 중소기업들을 하청업체로 거느리며 비용은 떠넘기고 이익은 독차지하는 불공정거래를 일반화시켰다. 이런 구조에서는 중소기업들이 아무리 노력해도 대부분의 이익은 대기업의 몫이 된다. 더욱이 대기업들은 인건비를 줄이고 노사분규를 피하기 위해 자동화를 서두른다. 근로자들은 자동화가 될 때마다 기계에 밀려 길거리로 쫓겨난다. 대기업들은 투자활성화를 빌미로 정치권이나 정부의 개혁입법이나 정책까지 거부한다. 중소기업과 근로자들은 물론 사회 전반이 대기업의 영향력 하에 있다.

정부의 경기부양정책도 대규모의 제로섬의 피해를 유발한다. 정부는 경기를 활성화하기 위해 과도한 팽창정책을 쓰는 것이 일반적이다. 이에 따라 풀린 돈은 산업투자보다는 시중의 부동자금으로 흘러 물가상승, 증권과 부동산 투기 등의 부작용을 낳는다. 이때 이득을 보는 사람들은 증권이나 부동산을 많이 가지고 있는 자본가들이다. 서민들은 물가상승의 덤터기를 쓰는 것은 물론 증권투자에서 번번이 손해를 보고 내 집 마련조차 어려워지는 상대적 빈곤의 덫에 걸린다.

비리와 부패의 먹이사슬

한편, 경제가 정치권과 관료들의 포로로 잡혀 있다. 정치인들과 관료들이 경제를 점령하여 불패의 권력을 누리고 있다. 아예 국민들에게 제로섬의 피해를 힘으로 강요하는 구조이다. 물론 우리경제가 고속성장을 한 것에 대해 이들의 공이 크다. 그러나 경제성장은 국가발전을 위해 헌신해야 하는 공직자들의 당연한 책무이다. 경제는 일단 성장의 궤도에 들어서면 시장기능에 맡겨 스스로 발전하는 체제를 갖춰야 한다. 그리하여 국민의 참여와 감시하에 투명하고 공정한 발전을 이루어야 한다. 그렇지 않으면 경제는 권력과 자본의 유착이 구조화되어 비리와 부패의 함정에 빠진다. 그러나 우리나라는 고속성장을 한 후 경제를 시장에 올바르게 돌려주지 못했다. 정치인과 관료들이 갖가지 규제를 통해 경제를 먹이사슬로 결박하고 요직과 이익을 부당하게 차지하고 있다.

세월호 침몰사고는 이와 같은 정치인과 관료들의 부당한 경제지배가 빚은 참사로 볼 수 있다. 이 사고는 안전관련 입법이 미비한 상태에서 한국선급과 해운조합에 퇴직 공직자들이 이사장을 맡아 안전검사와 운항관리를 부실하게 한 것이 주요원인이다. 문제는 이와 같은 부당행위가 경제 전 분야에 걸쳐 조직적으로 나타난다는 것이다. 특히 관료들이 관피아라고 불리는 이익집단을 형성하여 현직 때는 인허가 규제를 만들고 퇴직 후에는 산하기관이나 민간기업에 낙하산으로 내려와 비리를 방조하거나 방패막이 역할을 한다.

세월호 참사는 불법개조와 과적으로 배가 복원력을 잃고, 선장과 선원이 기본 운항수칙과 윤리를 지키지 않아 발생한 후진국형

〈표 1〉 제로섬사회

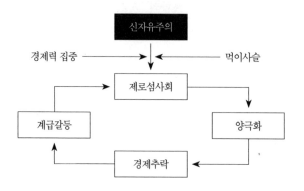

인재이다. 우리 경제는 세월호와 크게 다르지 않다. 부정비리의
만연과 경제력 집중으로 인해 경제가 복원력을 잃고 있는 것은
물론 일부 공직자들과 기업인들의 비리가 끊이지 않아 언제 대형
사고가 터질지 모르는 위험한 구조이다. 우리 경제와 사회가 부
정부패의 먹이사슬에 묶여 소득분배의 왜곡을 떠나 국민의 생명
까지 위협하는 상황이다.

한마디로 신자유주의 힘의 논리가 대기업 경제력 집중과 사회
먹이사슬과 연계되어 심각한 병폐를 낳고 있다. 양극화, 경제추
락, 계급갈등이 서로 꼬리를 무는 제로섬사회의 악순환이 경제와
사회발전의 숨을 막고 있다.(〈표 1〉) 실로 안타까운 일은 경제의
주객이 전도되었다는 것이다. 사람은 삶의 풍요를 달성하는 제도
로 시장경제를 만들었다. 그리고 시장경제를 효율적으로 발달시
키기 위한 수단으로 기업을 발전시켰다. 당연히 기업은 사람을
위해 존재한다. 그럼에도 불구하고 일부 기업이 시장을 지배하며
사람의 삶을 좌우하는 주인 행세를 한다. 경제는 사람이 일을 하

고 사람이 돈을 벌며 사람이 잘 살아야 한다. 이와 달리 우리 경제는 기계가 일을 하고 돈이 돈을 벌고 사람은 잘살지 못하는 극단적인 모순에 빠졌다. 여기에 부와 경제 권력이 일부 계층에 집중되어 사회분단 현상까지 초래하고 있다.

성장과 분배 선순환

향후 자본주의 모순은 더욱 심화될 전망이다. 자본전쟁의 피해로 장기 불황의 함정에 빠진 경제를 살리기 위해 세계 각국은 돈을 푸는 단기적 처방에 급급하다. 이는 투기거품으로 쓰러진 경제에 다시 자금을 투입하는 임시방편이다. 약육강식의 신자유주의를 지양하고 각국의 상황에 맞는 균형적인 자본주의를 발전시키는 것이 필요하다. 이를 위해 자본전쟁을 멈추고 국제경제 질서를 공정하고 상호보완적으로 바꿔야 한다. 금융투기의 탐욕을 제거하는 국제금융제도와 감독정책의 개혁은 필수적이다. 특히 토빈세 등의 제도를 도입하여 급격한 투기자금 유출입으로 인한 경제위기의 발생을 막아야 한다. 근본적으로는 자본주의에 대한 인식을 바꿔야 한다. 그동안 자본주의는 돈 중심의 자본주의였다. 돈의, 돈에 의한, 돈을 위한 자본주의로서 부를 축적하는 데 수단과 방법을 가리지 않았다. 이러한 인식이 신자유주의를 낳고 자본전쟁을 일으켜 스스로를 파괴하는 모순을 낳았다.

우리나라의 경우 경제민주화가 지난 대선의 최대 화두였다. 경제민주화는 경제력 집중을 막자는 것이다. 현재와 같이 대기업이 경제를 지배하며 독과점행위를 하는 구조하에서는 중소기업 발전을 통한 경제의 균형발전과 일자리 창출이 어렵다. 더욱이 계층

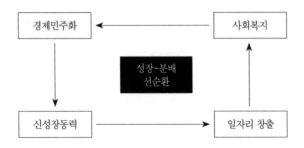

간 양극화를 계속 확대하여 빚더미 위에 올라 앉은 서민경제를 무너뜨리고 통제가 어려운 사회불안을 야기할 수 있다. 정부는 신규 순환출자 금지, 일감 몰아주기 금지, 경제범죄 처벌 등의 경제민주화 조치를 취했다. 그러나 아직 대기업의 경제지배를 막는 근본적인 개혁은 추진하지 못하고 있다. 문어발 출자 해제, 금산분리, 전문경영체제 도입 등의 개혁을 지속적으로 추진해야 한다.

한편, 성장동력과 일자리 창출을 위한 경제운영의 혁신이 절실하다. 이를 위해 중소기업들을 산업발전의 주체로 만드는 근본적인 산업정책을 펴야 한다. 동시에 연구개발 투자에 집중하여 신성장동력을 창출하는 체제를 갖춰야 한다. 그래야 성장률과 고용률을 동시에 높이는 도약을 할 수 있다. 이와 더불어 요구되는 것이 복지정책의 확대이다. 우리나라의 경우 소득격차가 심하여 복지 사각지역이 많다. 일자리를 많이 만들어 스스로 문제를 해결하는 생산적 복지를 추구하되 실로 도움이 필요한 소외계층에 충분한 도움을 주는 시혜적 복지도 함께 추구해야 한다. 또한 관료주의의 지배를 해체하고 투명한 시장경제체제를 구축하는 개혁도 과감하게 추진해야 한다. 당연히 관료들의 경제지배수단으로 양산된 규제는 혁파해야 한다. 공직자 임용제도를 개혁하고 낙하산 인사도 차단해야 한다. 이에 따라 경제민주화, 성장동력회복, 일자리 창출, 사회복지가 서로 맞물려 돌아가는 선순환을 구축해야 우리경제가 제로섬의 굴레를 벗어나 모두가 잘사는 발전을 할수 있다.(《표 2》)

이와 같은 경제를 만들기 위해 국회의 역할이 절대적이다. 여야 정치권은 정치싸움에 여념이 없다. 따라서 국회의 입법기능이 제대로 작동하지 않는다. 이대로는 안 된다. 국회가 개혁에 앞장서 자신의 기능부터 살려야 한다. 그리고 여야가 정파를 초월한 사회대타협기구를 만들어 경제와 사회개혁 입법을 추진해야 한다. 이는 선진국 도약과 후진국 추락의 기로에 선 우리나라가 반드시 추진해야 하는 시대적 과제이다.

이필상 서울대 초빙교수, 전 고려대 총장

4장

어느 날 차단되었습니다

한국의 분열사회는 어떻게 진전되었는가

불평등의 대가
조지프 스티글리츠 지음, 이순희 옮김, 열린책들, 2013

불평등은 사회 성원들의 분리를 낳고, 종국에는 19세기 영국의 보수 정치가 디즈라엘리가 말했던 것처럼 "두 개의 민족"으로 갈라버린다. 대략 1990년경의 남아프리카공화국이나 브라질을 본다면 이러한 비유가 허투른 말장난이 아님을 알 수 있을 것이다. 단순히 경제적 빈곤과 풍요라는 '물질적인' 차원을 넘어서서, 정신적, 문화적 차원에서도 넘을 수 없는 골을 만들어버리는 것이 불평등 심화로 인한 사회 분열의 문제이다.

불평등을 바람직하다고 말할 사람은 아무도 없다. 하지만 불평등이 어느 만큼의 '악'이냐는 평가로 가면 사람들의 견해는 크게 차이가 난다. 대학의 일반적인 경제학자들에게 묻는다면 이렇게 말할 것이다. 전통과 관습에 기초한 사회적 특권으로 생겨나는 불평등은 사회적으로도 정의롭지 못할 뿐만 아니라 경제적으로도 자원 배분의 효율성을 가로막고 왜곡시키는 주된 원인이므로 정당화될 수 없다고. 그리고 이를 해결할 방법으로 이들이 제시하는 대안은 변함없이 '자유시장'이다. 모든 이들이 스스로의 이익에 따라 최대한의 정보를 동원하여 가장 합리적인 경제적 판단을 내려 자율적으로 행동할 수 있는 질서를 확립하라는 것이다. 이를 위해서는 그러한 '불합리한' 사회적 기득권은 마땅히 철폐되어야 하며, 또 일단 이러한 '자유시장' 질서가 자리를 잡으면 설 자리가 없게 된다는 것이다.

문제는 이 자유시장 혹은 자본주의에서 발생하는 불평등이다. 이는 과연 정당화될 수 있는가. 이들은 그렇다고 한다. 만약 부당한 기득권 따위가 철폐되어 '경기장이 평평하게 된 상태에서' 만인에게 합리적인 시장 행위자로 행동할 기회가 주어진다고 해도 그것을 활용할 능력과 신중함('프루던스prudence'라는 일의一意적으로 번역하기 힘든 개념이 도사리고 있다)은 사람마다 차이가 있게 마련이며, 그 결과의 책임은 오롯이 개인들에게 있으므로 사회 윤리적으로 아무런 문제가 없다는 것이다. 또한 경제적 효율성 면에서도 정당화된다. 더 많은 '프루던스'를 갖춘 이들에게 더 많은 경제적 자원이 집중될 때에 더 빠른 속도로 더 효율적으로 경제 발전이 이루어질 것이며, 궁극적으로 이는 처음에 배제된 듯 보였던 '패배자들losers'에게도 많은 혜택을 주어 결국 모두에게 이득이 된다는 것이다.

한국 자본주의의 발전 과정

이러한 논리가 해방 이후의 한국 자본주의에도 적용될 수 있을까. 먼저 한국 자본주의는 해방 직후 아시아와 남미 및 아프리카

등의 식민지 지역들과 비교하여 대단히 '평평한 경기장'이었다는 특수성을 기억할 필요가 있다. 우선 대한민국 정부 수립 직후 시행된 토지 개혁을 통해 지주 계급과 반봉건적인 대토지 소유 관계가 해체되었다. 어느 정도의 논란은 있지만, 대토지 소유와 토지에 기반한 과두 세력이 그대로 남은 필리핀 등과 비교해보면 그 중요성을 무시할 수 없다. 그 전에 형성된 고정 자본 또한 큰 양이 북한에 집중되어 있었고, 주요한 자산 계급이었던 일본인들은 글자 그대로 '사라져'버려 그 소유는 '적산敵産'으로 국가 재산이 되어 있었다. 따라서 21세기에도 많은 나라에서 사람들을 괴롭히는 전통적인 사회적 특권 구조는 당시에 크게 해체되어 있었다고 볼 수 있다.

이 점에서 대한민국은 앞서 살펴본 자유시장 신봉자들의 불평등론을 검증해볼 만한 재미난 실험실이라고 생각할 수 있다. 그들은 지구 곳곳의 개발도상국에 편재해 있는 불평등이 전통적 기득권 구조의 '적폐'로 탓을 돌리며, 자유시장 질서를 확립하게 되면 이러한 불평등이 완화될 것이라고 말하기 때문이다. 그런데 한국은 이렇게 '경기장을 평평하게' 만들고 시작했으니 여기에서 그 이후 반세기 넘도록 진행된 불평등의 심화 과정은 거의 오롯이 그 '자유시장'의 발전, 즉 자본주의의 발전 과정에서 빚어진 것으로 따져볼 수 있게 되기 때문이다. 실제로 1950년대와 1960년대의 한국사회는 누구든 기회만 잘 잡고 능력만 제대로 발휘하면 얼마든지 잘살 수 있다는 자신감이 온 사회에 팽배해 있었다. 1950년대 말 유명한 유행가의 1절은 "억울하면 출세하라"고 끝나며 2절은 "억울해서 출세했다"로 끝나기도 한다. 또 1960년대 말 청계천 빈민촌을 현장 관찰했던 한 인류학자의 기록에 따르면 (최현, 『판자촌 일기』, 눈빛) 빈민촌 특유의 좌절감과 처짐 따위는 찾아볼 수 없고 모든 사람들이 스스로 자기의 미래를 개척할 수 있다는 활기가 가득 차 있었다고 한다.

하지만 이후 한국 자본주의의 발전 과정과 그에 따른 불평등의 심화 과정을 볼 때, 과연 이것이 자유시장 신봉자들이 말하는 것과 같이 순수하게 개개인들의 프루던스와 경제적 역량의 차이에서 빚어지는 불평등이었는지, 그래서 사회적으로 정당화될 수 있을 뿐만 아니라 부의 전체적 크기를 더 불려서 모든 이들에게 혜택을 가져다줄 수 있는 종류의 불평등이었는지는 의문이다. 오히려 다음과 같은 가설이 훨씬 현실에 부합하는 듯하다.

우선 자본주의는 사회적 기득권 따위가 배제된 '자유시장'이 아니다. 기존의 전통적 기득권 조직은 대부분 무너지지만, 국가를 중심으로 하여 자본의 수익성이라는 새로운 원칙에 따라 사회의 모든 제도와 기관들을 정렬한 새로운 기득권 조직이 나타나게 되어 있다. 그리고 자본주의에서의 소득 분배는 자본, 노동, 토지 등의 각 생산 투입물의 '요소 생산성'에 따라 이루어지기는커녕 새로운 기득권 조직 안팎의 권력관계에 의해서 이루어진다. 결과적으로 자본주의가 빚어내는 불평등 또한 그 이전 사회에서 볼 수 있는 봉건적 특권에서 빚어지는 불평등과 본질적으로 다르지 않으며, 그 기득권자들이 가져가는 소득의 성격 또한 '지대rent'라고 볼 수 있다는 것이다.

1950년대 이후 한국사회에서 불평등이 심화되었던 주요한 계기들을 대략 셋 정도로 들 수 있으며, 그 각각을 생각해볼 때 이

실로 불편하기 짝이 없는 대안적인 설명이 훨씬 가깝게 다가온다.

우선 해방 후부터 1950년대 내내 이루어졌던 '적산불하'를 생각해볼 수 있다. 해방 공간에서 좌우를 막론하고 거의 모든 정당들이 내걸었던 '주요 산업의 국유화를 통한 민생의 도모'는 간데 없이 사라지고, 근본도 능력도 애매한 이런저런 개인들이 대략 정실주의에 기초하여 엄청난 재산들을 채어가는 '금칠갑 시대'였다.

그 다음으로 1960년대 말 이래의 고도성장기 또한 국가-재벌 동맹체에 사회의 모든 인적, 물적 자원을 몰아주고 그 수익성까지 국가기구로 보장해내는 효율적인 이윤 기계가 작동했던 시기이다. 그리고 1990년대 말 이래, 소위 '신자유주의적 금융화'의 시대 이래로 한국 자본주의의 분배 기제의 중심에는 국가 대신 주식 시장을 비롯한 각종 금융 및 자산 시장이 들어서게 되었고, 이것이 약 10여 년간 빚어낸 불평등은 질적으로나 양적으로나 가히 불가역적이라고 할 만한 단계로 들어서고 말았다.

하지만 이러한 한국의 금융 및 자산 시장의 운동 또한 고전적인 '자유시장'의 작동이라기보다는 여러 가지 권력 네트워크에서 기획되고 실행된 대규모 사업 프로젝트(그 중 상당수는 국민의 세금을 동원한 재정 지출로 이루어졌다)와 그를 둘러싼 경제적 특권층의 이합집산을 반영한 결과였을 뿐이다. 시쳇말로 "능력 있는 자가 성공하는 게 아니라 성공하는 자가 능력이 있는 것"이라는 게 변함없는 한국 자본주의의 규범이었던 셈이다.

불평등을 생산하는 기계장치

자유시장은 어디로 갔을까. 한국 자본주의는 반세기 전 지주 세력을 필두로 한 전통적인 기득권 체제를 평평하게 고르고 시작했건만, 어째서 모든 이들이 동등하게 자기 능력대로 경쟁하여 승패와 성과가 갈리는 그런 교과서적인 자본주의 대신 새로운 권력 네트워크에 기초한 새로운 기득권 세력이 새롭게 '지대 추구'를 왕성히 하는 사회가 나타난 것일까. 이 당혹스러운 질문에 대한 대답을 조지프 스티글리츠의 책 『불평등의 대가』에서 많이 찾아볼 수 있다.

이 책에서 스티글리츠는 한마디로 "불평등을 생산하는 기계 장치"라고 답하고 있다. 상위 1%는 생산에 기여한 것이 많아 그 엄청난 부를 누리는 것이 아니라 자신의 특권과 지위를 이용하여 사회적 생산으로부터 터무니없는 양을 빼앗아가는 지대 추구로 일관하고 있다. 시장경제를 구성하는 각종 제도는 경쟁과 효율성과 투명성 등 교과서에 나오는 시장경제의 각종 요건을 담보하기 위한 장치가 아니라 그 1%의 지대 추구가 더욱 큰 규모로 확대 재생산되고 또 안정적으로 영구화되도록 보장하는 장치로 애초부터 디자인되어 있다. 허리가 부러지도록 일하는 대다수의 사람들은 생산에 기여하는 바가 적어서 그토록 눈꼽만한 소득을 올리는 것이 아니라 이러한 무시무시한 기계장치의 작동에 치이고 밟히면서 저소득과 불안정성과 파멸의 상태로 밀려나고 있다. "시장"이 이러한 가공할 만한 전쟁터로 변질되어갈 때 민주주의의 원리에 따라 이를 시정하고 바로잡아야 할 각종 정치적 사회적 영역의 제도 장치들 또한 이 1%의 특권과 안녕을 영구화하기 위한 장치로 변질된 상태이다. 현실을 진단하고 처방을 내려야 할 경제학은 조지 오웰의 소설 『1984』에서처럼 대중들을 세뇌 마취

시키는 도구가 되었고, 불평등을 시정할 재분배의 마지막 장치인 조세 정책은 1% 부자들의 손아귀에 떨어져버렸다는 것이다.

스티글리츠는 시장경제를 부인하는 급진파 경제학자가 아니다. 그는 오히려 제대로 된 자유시장이 불평등을 크게 감소시킬 수 있다고 믿는 전통적인 자유주의 경제학자에 가깝다. 그가 이 책에서 시도하는 것은, 자유시장이 그러한 순기능과 성과를 가져다줄 수 있으려면 그에 필요한 형태로 국가와 민주주의가 자리잡혀야 하며, 그를 통해 사방에서 암약하며 틈만 나면 '지대를 추구'하려는 잠재적인 기득권 세력의 전횡을 견제할 수 있어야 한다고 주장하는 것이다. 그의 관점에서 보자면 미국의 국가와 민주주의는 오히려 기득권 세력의 지대 추구를 적극 실현하고 그것을 엄폐 옹호하는 장치로 변질된 지 오래이다. 그리고 지금 사회의 불평등을 양산하고 있는 실체는 '자유시장'이라는 허울 아래 기득권 세력의 지대 추구를 가능하게 하는 현존 체제라는 것이다.

불평등과 관련한 스티글리츠의 미국 자본주의 비판은 한국에도 생각할 거리들을 던진다. 1950년대의 '평평한 경기장'에서 3000만 혹은 4500만 누구라 할 것 없이 쌍코피 터지며 죽도록 일만 해온 지 반백 년인데, 어째서 불평등은 갈수록 심화되어 이제는 돌이키기 힘든 지경으로 신분 세습의 고착까지 오고 말았을까. 어쩌면 이곳에서도 '자유시장'이 아니라 스티글리츠가 고발하는 현재의 미국처럼 새로운 기득권 세력의 '지대 추구'를 가능케 하는 기계 장치가 들어섰던 것이 아닐까. 만약 그렇다면 불평등의 책임과 원인을 개개인의 능력과 지혜에만 돌릴 것이 아니라 켜켜이 한국 경제를 덮어싸고 있는 이 반백 년 쌓인 기득권 네트워크의 '적폐'도 함께 걷어내야 한다. 아마도 불평등 문제와 함께 복지 확충뿐만 아니라 '경제민주화(경제적 권력의 재분배)'도 함께 요구의 소리가 터져나오고 있는 이유일 것이다.

홍기빈 글로벌정치경제연구소 소장

웹은 평등하고 민주적인 유토피아일까

링크
앨버트 라슬로 바라바시 지음, 강병남 · 김기훈 옮김,
동아시아, 2002

『링크』는 네트워크사회를 말할 때 결코 빼놓을 수 없는 기념비적 저작이다. 앨버트 라슬로 바라바시는 수학자들이 일찍이 발견했던 '무작위 네트워크' 모델이 지닌 중요성을 강조하면서도 웹에는 그와는 다른 질서가 있지 않을까 생각했다. 무작위 네트워크에서는 그 속에 존재하는 점(노드)들이 모두 '평등'하다. 그런데 현실 세계의 다양한 네트워크 현상에서 관찰되는 그림은 그런 '평등한 노드'의 수평적 연결이 아니었다. 비정상적으로 많은 링크를 가진 몇몇 노드들을 중심으로 클러스터를 형성하고 있었던 것이다.

그리고 드디어 결정적 증거가 나왔다. 멱함수 법칙이다. 멱함수 법칙은 "혼돈이 가고 질서가 오고 있다는 자연의 신호"다. 이후부터는 일사천리였다. 자신의 팀과 연구한 끝에 바라바시는 새로운 모델을 제시할 수 있었다. "성장^{grouth}"하고 "선호적으로 연결$^{preferential\ attachment}$"되는 "척도 없는 모델$^{scale-free\ model}$"이 그것이다.

이 모델은 계속 다듬어지면서 발전했다. 그리고 바라바시는 공간적 분석뿐 아니라 시간축을 통한 네트워크 분석에 손을 뻗치면서 『버스트』(동아시아)라는 저서를 내기도 했다. 이 책에 나오는 복잡계 네트워크 이론은 웹뿐만 아니라 다양한 사회현상에 응용가능한 유연한 이론적 틀이 되었다. '20대 80 법칙'이나 '롱테일 법칙' 등의 이름으로 알려진 이야기들도 바라바시의 '척도 없는 모델'과 연관이 있다.

간과하지 말아야 할 것은 네트워크사회가 단지 물리학적, 수학적 해명의 대상만은 아니었다는 점이다. 정보화 시대의 사회변화에 대해 기존과 다른 관점과 시야를 가지고 탐구에 뛰어든 수많은 사람들이 있었다. 『정보도시』『네트워크 사회의 도래』(이상 한울)로 잘 알려진 스페인의 사회학자 마뉴엘 카스텔의 저작들은 어마어마한 분량과 읽기 힘든 문장들에도 불구하고 여러 나라의 언어로 번역, 출간되었다. 학문적 분석만이 아니라 사람들은 자신의 삶이 정보사회와 강력하게 연동되어 있음을 피부로 느끼고 있다. 이런 측면에서 한국사회는 네트워크사회의 역동적 변화를 가장 극적인 형태로 경험할 수 있는 예외적인 시공간이다. 몇 가지 유용한 개념도구를 가지고 한국이라는 네트워크사회를 들여다보기로 하자.

총표현사회와 소셜미디어

일본의 IT 비평가 우메다 모치오의 책 『웹 진화론』(재인)에는 '총표현사회'라는 흥미로운 개념이 나온다. 총표현사회는 매체 환경이 일방통행에서 커뮤니케이션 지향으로 변하면서 정보의 수신자가 곧 발신자가 되는 사회이다. 우메다는 "인터넷을 하는 불특정다수는 어리석은 대중"이라는 비난을 반박하면서 이제 사회를 '엘리트 대 대중'이라는 복층 구조가 아닌 3층 구조로 봐야 한다고 지적한다. 그는 총 인구 1억 명일 때 엘리트가 1만 명이라 가정한다면 블로그 등을 통해 표현사회에 데뷔한 인구는 500만~2000만 명이라고 어림잡는다. 이들은 우중愚衆이기는커녕 10명당 1명 또는 20명당 1명꼴로 존재하는 영민하고 창조적인 집단이라는 것이다.

우메다의 말이 옳을지 모른다. 하지만 총표현사회, 소셜미디어의 확산이 실질적 사회 진보를 끌어내고 있는지는 논쟁적인 주제다. 아랍 일부 국가에서 벌어진 소위 '재스민 혁명' 당시 시민들은 스스로 미디어가 되어 억압적인 권력과 싸웠다. 트위터나 페이스북 같은 사회관계망 서비스가 결정적인 역할을 했기에 '소셜미디어 혁명'이라는 상찬이 넘실댔다. 반대로 소셜미디어의 역할을 과대평가해선 안 된다는 주장도 만만치 않다. 소셜미디어 전도사로 유명한 클레이 셔키 뉴욕대 교수와 〈뉴요커〉 편집장 말콤 글래드웰이 2010년부터 2011년에 걸쳐 여러 지면에서 벌인 논쟁이 대표적이다. 발단은 글래드웰이 2010년 10월에 〈뉴요커〉에 쓴 글, 「조그만 변화 – 혁명은 왜 트윗되지 않는가Small Change: Why the revolution will not be tweeted?」였다. 사실 논쟁은 글래드웰과 셔키 사이에서만 벌어진 게 아니라 제이넵 터프키 등의 사회학자도 참여해 좀더 이론적으로 풍성한 논의로 이어졌지만, 아무래도 대중에게 가장 잘 알려진 건 셔키와 글래드웰의 논쟁이었다.

글래드웰은 이 글에서 '강한 결속strong-tie'과 '약한 결속weak-tie'

이라는 개념을 적극적으로 차용해 소셜미디어가 소소한 사회적 변화를 일으킬 수 있을지 몰라도 중대한 사회변화를 일으키는 데는 역부족이라고 주장한다. 분실한 휴대전화를 찾아주고, '맛집'을 알려주는 데에는 약하게 결속된 인적 네트워크만으로도 충분하지만, 돈과 시간과 때로는 목숨까지 걸어야 하는 중대한 사안(예컨대 '혁명')을 조직적으로 벌이기 위해서는 '강한 인적 결속'이 필요하다는 것이다.

아랍 시민혁명과 월스트리트 점령운동에서 소셜미디어의 역할이 매우 컸다고 말해온 셔키는 글래드웰의 주장 일부를 수긍하지만 그가 소셜 미디어의 속성 중 중요한 부분들을 간과하고 있다고 지적한다. 즉 소셜 미디어가 분명 '약한 결속'들이 모여 있는 상태라는 점에서 글래드웰이 옳지만, '약한 결속'이 '강한 결속'으로 변모하거나 그것을 지지할 수도 있다는 사실을 간과했다는 것. 요컨대 셔키는 '약한 결속'과 '강한 결속'이 상호배척하거나 모순된 개념이 아닌데 마치 그런 것처럼 이야기하고 있다는 점에서 글래드웰이 틀렸다고 말한다.

글래드웰과 셔키의 논쟁은 '트위터가 세상을 바꾼다'는 식의 열광이나, '트위터가 세상을 바꾸지 못한다'는 냉소 어느 한쪽 극단으로 결론 내릴 수 없다는 걸 보여준다. 월 스트리트 점령 시위대나 이집트의 시위대가 트위터를 활용해 소통하고 전 세계에 자신들의 상황을 전파하는 행위는 그 자체로 세계 자본주의를 끝장내거나 이집트 민주화를 완성시키지 못했다. 하지만 그런 행위가 존재하지 않았을 때에 비해 세계는 확실히 '더 연결되었다.' 그 연결이 보다 직접적인 투쟁의 계기가 될 수도 있고, 그저 해프닝으로

마무리될 수도 있다. 어쨌든 딱 그 가능성만큼 세계는 변화했다.

자기전시와 주목경쟁

트위터나 페이스북 등을 보면, 연극성 인격장애처럼 보이는 사람들을 수없이 발견할 수 있다. 앙상한 허세로 자신을 치장하거나, 누가 봐도 거짓말인 이야기를 늘어놓는다. 사소한 에피소드에 지나치게 기뻐하며 축하해달라고 한다거나, 아니면 세상이 끝나기라도 한 것처럼 우울한 포즈를 취한다. 인터넷에 공개하는 이상 그들의 모든 발화는 이미 철저히 타자의 시선을 의식한 것이다. 그럼에도 그들은 일기장에 적기조차 민망한 내밀한 고백을 스스럼없이 보여준다. 소위 사회지도층, 유명인, 비유명인 모두가 평등하고 투명하게 망가진다.

이것은 주목욕망desire for attention 또는 자기전시욕망desire for self display이다. 인정욕구는 정체성 또는 내면의 가치평가와 밀접한 연관이 있는 반면, 자기전시욕망은 자신을 보여주고 대상화시키는 것에 집중된다. 그것은 자아에 대한 일종의 물신화fetishism요, 자기소외다. 이는 타자의 시선으로 자신을 바라보는 게 아니다. 스스로 '타자의 시선이라 상상한' 어떤 시선으로 자신을 바라보는 것이며 때문에 타자의 실제 반응을 객관화시키기도 어렵다. 총표현 사회의 실제 모습은, 최소한 한국을 보자면 주목경쟁이 살벌하게 벌어지는 '자기전시의 동물원'에 훨씬 가까워 보인다.

이를 포괄해서 설명해줄 수 있는 개념이 바로 주목경제attention economy다. 고도 정보화 사회에서 인간의 행동양식을 설명하기 위해 토머스 데이븐포트 등의 경영학자들, 그리고 찰스 더버 등의 사회학자들이 발전시켜온 개념이다. 간단히 말해 타인의 주목을 추구하는 활동이 최우선 순위를 점하게 되는 경향성 또는 사회 환경을 가리킨다. 주목경제라는 개념은 노벨경제학상을 수상한 인지심리학자 허버트 사이먼의 '정보풍족Information-Rich' 착상에서 시작되었다고 할 수 있다. 즉 정보량이 많아질수록 관심이라는 자원이 부족해진다는 것이다. "정보를 소비한다는 것은 너무나 분명하게도 수용자의 관심을 소비하는 것이다. 정보가 넘쳐날수록 관심은 부족해진다."(H.A. 사이먼, 「정보가 풍족한 세계를 위한 조직의 설계Designing Organizations for an Information-Rich World」, 1971)

주목경제는 주목경쟁attention struggle을 통해 성립한다. 정보가 넘쳐날 때에는 점잖게 말하면 누구도 주목하지 않는다. 무조건 '튀어야' 한다. 심지어 주목을 받기 위해 사회적 물의를 일으키기도 한다. 이른바 '노이즈 마케팅'이다. 오늘날처럼 '정보 초과잉 사회'에서 누구나 갈망하는 희소한 자원은 타인의 관심이고, 이 관심은 주체의 효능감efficacy을 충족시킨다. 일베가 진보를 공격하는 것은 인터넷 공간에서 그쪽이 더 많은 관심을 획득할 수 있기 때문이다. '더 많은 관심이 더 많은 쾌락을' 준다. 만일 주목경제가 커뮤니티의 최우선 작동원리라면 당연히 논리적, 도덕적 정당성은 부차적인 고려사항이 된다. 사상이나 이념도 마찬가지다. 그래서 이념을 위해 주목을 추구하는 게 아니라 주목을 위해 이념을 추구하는 전도가 일어나는 것이다. 이것이 바로 일베의 작동 메커니즘이다.

네트워트 전장에 출현한 군인들

인터넷 도입 초기에 정치 담론이 오가는 온라인 커뮤니티들은 소위 '공론장 모델'이었다. 강한 내부규율과 도덕적 자의식을 가지고 사회적 영향력을 발휘한 대표적인 커뮤니티가 '노사모(노무현을 사랑하는 모임)'였다. 이런 공간들은 점차 쇠락했다. 대신에 사람이 많이 모이는 취미, 유희, 소비자 커뮤니티가 정치 담론의 유통을 겸하게 됐다. 디시 인사이드, 웃긴대학 등이 급속히 덩치를 불려가던 시기가 하나의 분기점이었다. 어뷰징(게시물 추천수 조작 등 정상적 운영을 방해하는 행위)을 주고받는 '커뮤니티 전쟁' 문화도 성행했다. 담론의 정당성을 놓고 경쟁하는 질적 투쟁은 '쪽수'와 '트래픽'의 양적 경쟁으로 대체되어 갔다.

네트워크사회에서는 주목경쟁에 몰입하는 개인뿐 아니라 일베 같은 집단도 계속 출현할 가능성이 높다. 그들은 리처드 헌터가 오래전 '네트워크 아미'라 명명한 집단과 유사하다. 헌터는 이를 "지리적으로 제약받지 않고 특정한 주제에 영향을 미치려는 집단"이라 정의한다.(리차드 헌터, 『유비쿼터스』, 21세기북스) "아미army(군대)"라는 말을 사용하는 데엔 이유가 있다. '네티즌'이나 '현명한 군중smart mobs'과 같은 개념들에서 보이는 공공성 또는 도덕적 뉘앙스를 배제하기 위해서다. 네트워크 아미는 오픈소스 운동처럼 사회적 가치를 만들어내기도 하지만, 신상 털기, 해킹, 어뷰징 등의 일탈행위 역시 벌이기 때문이다. 웹에서 민주적이고 평등한 유토피아를 찾던 낭만적 시대는 끝났다. 여기도 실재의 사막인 것이다.

박권일 저술가, 『88만원 세대』 저자

자본, 정치 그리고 소통

단속사회
엄기호 지음, 창비, 2014

불편한 소통, 안심할 수 있는 단절

"함께 살고 있지만 소통하지 않는다. 소통은 불편하고 단절은 편안하다." 이게 오늘날 한국사회가 살아가고 있는 방식이다. 그러나 당장에 반론이 나올 것이다. '그건 좀 과장이 아닌가. 그리고 사회적 소통망 SNS의 기술적 발달이 소통의 범위를 확대하고 있지 않은가'라고. 그러나 그것은 대체로 정보 교환과 의견 공유 정도이다. 소통은 이와 구별되는 '질적 차원이 담긴 대화'이다.

정보와 의견이 공유되는 과정에서 서로 대화가 이루어지긴 한다. 그러나 그것은 개인적 차원의 마음 열기와는 별개의 상황이다. 소통할 수 있는 기술적 장치는 확보되었다고 하지만 그것이 개인적, 질적 차원의 대화로 이어지는 것은 가급적 배제하거나 방어막이 쳐진다. 왜 그럴까. 진정한 소통에는 과정상 당연히 심리적 불편함이 따르기에 피하고 싶은 것이다. 이런 현실에서 단절은 일종의 안전장치 확보라고 할 수 있다. 제대로 된 소통을 위해서는 나와 다른 이를 진실로 이해하려는 노력이 요구되고, 때로 갈등이 빚어지면 그걸 해결하는 애씀이 필요해진다. 타자의 고통에 공감하고, 상처를 서로 치유하며 희망을 함께 보듬어나가는 마음이 여기에서는 필수적이다. 사회적 소통이 이런 수준이라면 우리는 지금과는 전혀 다른 세상에 살고 있을 것이다.

진정한 소통을 버거워하는 사회에서 사람들은 고독해진다. 그래서 접속에 더 몰두한다. 스마트폰의 카카오톡(카톡)과 트위터, 페이스북은 그런 현실을 고스란히 보여준다. 문자로 주고받는 대화는 휴식이 없을 정도다. 대중교통과 교실에서 학생들이 휴대전화를 손에서 놓지 않고 집중하는 모습은 이런 상황을 입증한다. 그런데 이런 장치에는 '접속 차단'이라는 비밀제동장치가 담겨 있다. 소통과 단절은 이렇게 기이한 방식으로 공존하고 있는 것이다.

이런 와중에 카톡은 가장 은밀한 소통이 이루어지는 공간이 되긴 했다. 이중 삼중의 암호 잠금장치는 이 대화록이 노출되지 않게 해준다. 여기서 우리는 접속과 소통에 대한 갈망이 절정에 이르는 공간을 보게 된다. 그렇다고 해서 사회적 소통의 능력이 그만큼 달라지고 있는가, 하고 묻는다면 답은 "아니다"이다. 카톡의 개인적 소통을 넘어서는 사회적 소통은 여전히 진화하지 못하고 있다. 결국 사람들은 자기만의 방에서 살아갈 뿐이다. 서로가 서로에게 이어지는 방법에 대해 점점 무지해져가고 있으며, 이해관계가 아닌 인연이 생기는 것을 버겁게 여긴다. 사회적으로 이루어져야 할 질적 소통은 여전히 부담스러운 것이다.

이렇게 질적 소통이 이루어지지 못하는 현실은 세월호 참사에 대응하는 박근혜 대통령에게서 최대치로 나타났다. 그녀는 유가족의 고통에 대해 공감할 줄 몰랐고 아픔의 현장에서 눈물 흘릴 줄 몰랐으며, 조문까지 연출하는 방식으로 상황을 관리해나갔다. 그건 일종의 정치공학에 불과했다. 이에 대한 비판이 높아지자 나중에는 카메라 앞에서 눈물을 흘리긴 했으나 공감을 사는 데는 성공하지 못했다. 역시 정치공학의 연장이었다. 마음 깊은 곳으로부터 나오는 소통의 능력이 부재한 권력의 모습은 결국 단속사회의 압축판이었던 셈이다. 이를 가만히 돌아보면 우리 사회의 소통 단절과 접속 폭주의 모순은 민주주의의 문제로 회귀한다. 사회적 공감과 소통의 힘을 존중하고 지켜내는 것은 민주주의의 수준에 좌우되기 때문이다.

전체주의와 민주주의, 그리고 원자화된 개인

한나 아렌트가 『전체주의의 기원』(한길사)에서 강조한 것은, 인간과 인간 사이의 고리를 끊는 원자화가 전체주의의 기반이라는 점이었다. 고통과 비극에 대해 아파하고 이 아픔이 서로에게 연대감을 만들어내고 새로운 질서를 이루어내는 의지로 바뀌는 것을 전체주의는 용납하지 못한다. 부정의에 분노하고 정의를 요구하는 행동도 전체주의 권력이 받아들일 수 없다. 사회 구성원들이 자기들의 감정과 이성 그리고 의지로 움직이고 변화를 만들어내는 것은 전체주의 권력이 가장 두려워하는 것이기 때문이다.

전체주의 권력에게 사회 구성원은 동원의 대상이지, 이들이 스스로 소통하고 연대하면서 조직화해나가는 사회적 차원의 운동은 금지되어야 한다. 표현의 자유가 억압의 목표물이 되는 것도 다 그러한 이유에서다. 우리 사회도 오랫동안 그런 현실에 시달려왔다. 그리고 지금 사정이 크게 달라진 것도 아니다. 가령 드라마를 통한 개인적 차원의 공감은 허용되지만, 정치사회적 현안과 관련된 진실 규명과 이 과정에서 소통과 연대가 생기는 것은 권력이 환영하지 않는다.

민주주의는 이런 상황에 긴장감을 가지고 대치하도록 한다. 고통과 비극이 있는 현장을 공개하며, 그 공개된 현장에 대해 아파하고 의견을 나누고 새로운 해결책을 함께 모색해나가도록 한다. 책임 있는 자는 응징하고 잘못된 방식은 바꿔나가며 공동체적 심성을 복원하는 가운데 소통의 수준은 매우 높아진다. 그 과정에서 사람들은 서로가 서로에게 그저 막연한 타자가 아니라 '아주 중요한 우리'가 된다.

세월호 참사 이후 우리 사회에서 생겨난 여러 가지 고통에 대한 공감과 이에 따른 연대의 움직임은 바로 이러한 현실을 일깨워주고 있다. 그리고 그것은 민주주의의 능력을 강화시키는 쪽으로 사람들을 움직이게 하는 것이다. 노란 리본 달기 운동, 진상규명 서명운동을 비롯해 아픔을 나누며 함께 행동하는 사회적 조직화는 단속사회의 틈을 비집고 들어서는 변화이다. 인간을 쪼개서 갈라지게 하며 원자화시켜온 단속사회의 권력을 해체하려는 매우 중대한 운동인 것이다.

일제 식민지 통치의 폭력에 이어 등장한 이승만과 박정희 그리고 전두환 등의 권력은 한나 아렌트가 지목한 전체주의의 정치공학을 우리 사회에 전면적으로 확장한 실체였다. 그러한 지배체제 아래에서 사람과 사람 사이에 사회적 고통에 대한 공감과 연대의 길은 존속하기 어렵다. 그러한 현실을 가져온 원인에 대한 질문 조차 허용되지 않은 판국이니 이럴 때 소통은 위험한 것이 되며, 단절은 안전이고 자기들끼리만 접속하는 것은 당연해진다. 우리가 직면하고 있는 단속사회의 형성은 이러한 권력의 폭력이 만들어낸 결과물이다.

세월호 참사의 희생자들에 대한 애도는 '청소년들의 죽음'이라는 사건 자체의 비극성 때문에 권력이 막을 도리가 없었다. 하지만 쌍용차 자살자 분향소가 철거되고 용산참사 희생자들에 대한 공감의 확산이 억압된 것은 단속사회의 생성과 관리를 누가 왜 하는지를 분명히 보여주고 있다. 비통하고 억울한 죽음에 대한 아픔을 나누는 문제를 국가의 권력이 개입해 가로막고 있는 상황에서 인간 사이의 소통이 원활해지기를 기대하는 것은 어려운 일 아닌가. 이 지점에서 우리는 자본과 권력의 동맹, 그 공모체제가 또한 단속사회를 만들어오는 주범임을 확인하게 된다.

단속사회 해체의 첫걸음, 권력과 자본에 저항하기

민주주의와 자본주의는 양립할 수 없다. 민주주의는 그 사회 구성원 모두에게 공평한 권리와 기회를 제공하는 것을 원칙으로 한다. 그러나 자본주의는 그가 소유한 자본의 크기에 따라 권력의 크기도 결정되는 사회이다. 따라서 민주주의의 적은 자본주의이며, 자본주의의 적은 민주주의이다. 노동자들의 연대를 자본주의의 주도자들이 용납하지 못하는 것도 그러한 이유 때문이다. 노동자들의 비극적 현실을 고발한 전태일의 죽음에 대한 공감과 연대를 자본주의가 반길 수 없다. 그러나 민주주의는 이에 대해 전혀 다른 입장을 취하게 되어 있다.

자본이 지배하는 언론이 사회적 고통의 현장을 은폐하려고 하는 모습도 단속사회의 중요한 면모다. 그런 현실에 대한 문제 제기가 정치적으로 고민되지 않도록 하는 것도 자본이 언론에게 부여한 임무가 된다. 그러니 소통의 기술적 장치가 엄청난 발전을 하고 있다고 해도, 반드시 필요한 사회적 소통의 내용은 끊임없이 제동 걸리는 대상이 되는 것이다. 그것은 은폐되거나 침묵하도록 요구받거나 확산되지 않도록 관리된다.

따라서 단속사회의 소통 부재나 단절, 또는 일정한 틀에서 이루어지는 접속 폭주라는 이 이중적 상황의 책임은 사회 구성원들에게 있는 것이 아니다. 이들은 그러한 단속사회의 논리와 동력을 만들어내는 자들에 의한 피해자다. 그리고 그 자신들이 피해자라는 사실을 모르고 있을 뿐이다. 권력과 자본의 소통 통제 장치와 공학을 해체하는 시도가 이루어지고, 그것이 성공하게 되면 바로 그 과정이 단속사회의 중심을 무너뜨리는 것이기 때문에 소통의 단절이라는 문제는 상당 정도 사라질 수 있다.

사회적 고통과 갈등에 마주 서는 일이 불편하지 않고 당연한 인간적 윤리가 되는 곳에서 우리는 단속사회와 결별하게 될 것이다. 진정한 소통에서 격리된 채 자기들만의 접속에 몰두하고 누군가를 차단시키는 철장 내부의 대화도 힘을 잃어갈 것이다. 그렇다고 내밀한 개인 간의 대화마저 해체시키자는 것은 아니다. 그것은 더더욱 안전하게 보호되어야 한다. 단속사회의 모순을 극복하는 것은 사적 대화의 비밀이 철저하게 보장되는 경우에만 가능해지기 때문이다.

"네 이웃을 내 몸과 같이 사랑하라"는 예수의 가르침은 단지 어느 특정 종교의 교리가 아니다. 인간이 인간답게 살기 위해 꼭 필요한 윤리적 삶의 지침이다. 이웃의 아픔과 기쁨을 자신의 것처럼 나눌 수 있는 존재가 아니고서는 단속사회의 비정함을 이겨낼 수 없다. 자본은 명령을 수행하는 인간만을 원하며, 권력은 동원 대상이 될 수동적 인간을 바란다. 그리고 그 본질은 서로 다르지 않다. 윤리적 성찰과 주체성이 부인되는 인간을 양산하면 그게 곧 단속사회가 된다.

자, 이제 무엇이 필요한지 선명하지 않은가. 인간을 쪼개 흩어 놓고 서로 간에 진정한 소통은 끊어놓은 채 이리 쏠리게 하고 저리 몰려가게 만드는 권력과 자본에 저항하는 일, 그것이 단속사회 해체의 첫걸음이다. 이들의 논리에 순응하지 않는 교육, 그러한 정신의 존중이 소통과 단절의 모순을 해결해줄 것이다. 단속사회의 가장 큰 비극은 우리가 양심과 윤리를 가진 인간이 되지 못하게 하는 것에 있다. 그대, 어떤 인간이 되고 싶은가. 단속사회의 쇠창살을 깨뜨리자. 거기서 탈옥하는 것이 진정한 인간이다.

김민웅 성공회대 교수

괴담의 근절은 억압이 아니라 소통이다

루머사회
니콜라스 디폰조 지음, 곽윤정 옮김, 흐름출판, 2012

루머와 합리적 의심의 경계선은 무엇일까. 분명히 존재한다. 사실의 여러 편린, 즉 조각이 엮이는 맥락에서는 같다. 그런데 다른 점도 있다. 그 사실이 진실이냐 하는 점이다. 그러니까 사실이 엮인 가운데 생성되는 추론은 합리적 의심이지만, 사실 아닌 것이 엮이면 루머가 된다. 그 허위 사실에 고의성이 다분하다면 이는 데마고기demagogy(거짓선동)일 공산이 크다.

여러 입을 거치면 메시지의 본질은 사라진다

루머는 어떻게 만들어지나. 미국 심리학자 고든 W. 앨포트가 공식화한 루머의 생성원리를 주목해보자. 도식화하자면 '정보가 갖는 중요성×상황의 불확실성'이다. 즉 'R=i×a'(Rumor=Importance×Ambiguity)로 요약된다. 천안함 사고 당시에 나온 온갖 루머도 그랬다. 침몰 참사라는 사안의 중요성에다가 이와 관련한 양질의 정보 부족에서 기인된 상황의 불확실성이 곱해지면서 미확인 의문들이 양산되었다. 일등신문을 자처하는 한 일간지의 '인간 어뢰설'이 상징적이다.

여기에 곱하기할 대상 하나가 더 있다. 세상 어떤 루머든 기대는 것이 있으니 '개연성Probability'이다. 사실과 무관해도 상관없다. 상식과 관습에 반하지 않고 표적이 되는 대상의 평소 이미지를 합치시키면 루머의 위세와 영향력은 더욱 커진다. 즉 'R=i×a×p'가 되는 셈이다.

최초 발설자의 입을 떠나 여러 명을 거치면 소문은 그 메시지의 본질과 무관해지는 경우가 다분하다. 수치가 틀린 것은 오류도 아니다. 맥락이 달라지고, 심지어 메시지나 등장인물까지 오도되는 주장이 많다. 정보의 중요성, 상황의 불확실성, 개연성, 이세 가지가 만들어낸 희극 같은 루머 양산 사례가 있다.

1차대전 당시 독일의 한 신문이 자국군의 벨기에 안트베르펜 점령을 전하며 이런 제목을 붙였다. "안트베르펜이 무너졌다는 소식을 접했을 때, 종이 울렸다!" 독일군의 점령에 대해 자발적으로 축하하는 종을 울렸다는 의미였다. 그런데 한 프랑스 신문이 "안트베르펜 성직자들은 함락이 되자 (강제로) 종을 울려야 했다"고 보도했다. 그러자 영국 신문은 이 프랑스 신문을 이용해 한술 더 떠 "종을 울리기를 거부했던 현지 신부들이 면직됐다"고 전했다. 그 뒤 이탈리아 신문은 영국 신문을 받아서 "종을 울리기를 거부했던 신부들이 강제노동형을 받았다"고 보도했다. 오독해서 받아쓰기, 점입가경이었다. 결국 이 지경까지 이르렀다. 이 사건을 최초로 보도했던 독일 신문이 "외신을 종합한 결과, 그 신부들은 종을 울리는 것을 거부해서 참수형을 당했고, 신부들의 머리는 종 아래에 매달렸다"고 받아 쓴 것이다.

루머의 근저에는 이런 심리가 깔려 있다. "사람은 자기가 믿고 싶은 것만 믿는다." 영화 〈아메리칸 허슬〉에서 나온 말이다. 실제로 인터넷에서 명멸했던 각종 미확인 정보를 보면 특정 대상에 대한 강한 선입견이 전제된 경우가 많다. 이같은 풍문에서 논리란 '그는 이러하니 저럴 것이다'라는 인상비평에 불과하다.

가공된 루머, 그리고 루머가 된 진실

진짜 문제는 가공된 루머다. 데마고기가 그렇다. 일정한 정치적 의도를 갖고 인과 및 사실관계를 왜곡함으로써 대중의 판단을 오도하는 것이다. 여기에는 전형성을 띠는 방법이 하나 있다. 우선 실체를 감춘다. 그리고 허위 모략을 양산한다. 모략이 번진 뒤 문제가 되면 루머의 이름으로 그림자까지 감춘다. 선거철에 특히 그렇다. 소문의 검증이나 루머에 대한 단죄가 선거일 이전에는 거의 불가능한 맹점을 이용하는 폐단이 적지 않다.

다행히 인터넷이 보편화되고 유무선 통신망의 접근 속도가 향상되었으며, SNS 등 개인의 입장을 표명하는 창구가 다양화되는 과정에서 진위는 비교적 신속하게 가려지는 추이이다. 그러나 루머의 절대 총량이 줄었는가 하면, 그것은 아니다. 루머가 확산되는 통로가 온라인으로 다양 다각화됐다는 말을 하려는 것이 아니다. 인터넷 문명에서 루머가 창궐하는 온상은, 접촉하는 정보량이 폭증하면서 길고 지루하며 모호한 것을 회피하는 정서다. 이같은 정서 속에 선명하고 간결하게 말하는 '단언컨대' 문화가 뿌리내리고 있다. 그러다 보니 디테일을 회피한다. 사실을 탐구하기보다는 제목만 볼 뿐이다. "읽는 시대가 가고 보는 시대가 왔다"는 말은 구문이기는 하나 이제는 대세가 된 듯 보인다. 이런 심층의 공백기를 노리는 것 또한 루머다.

이렇다 보니 상대가 착각하게끔 하는, 이른바 '미다시(기사제목)'를 뽑는 일이 비일비재하다. 제목 장사가 그렇다. 2000년대 중반부터 만연한, 한 줄로 독자를 유인하는 인터넷 신문의 '낚시질'에서 그 근원을 찾을 수 있는데, 최근에는 '자막 남발' 종합편성채널, 광고, 정치 캠페인, 기업 구호 등 갈수록 전방위로 퍼지는 양상이다. 제목은 맞으나 맥락은 그릇된 것이니 착시 효과를 노린 것이라 볼 수 있다. 예컨대 종편 자막의 사례를 보자면, 따옴표 달린 자막의 맥락을 모르는 사람은 텔레비전 화면에 시퍼렇게 뜨는 "노 대통령 NLL 포기 발언 맞아" "통진당 종북 맞다" 등의 글귀를 보면서 그것이 특정 누군가의 발언을 인용한 것이 아니라 확증 확정된 진실로 이해하는 경우가 상당하다. 이런 식으로 종편이 추구하는 특정 정치세력 편향의 이데올로기 주입도 탄력을 받는 형편이다. 단출한 정보를 선호하는 사회적 소통구조에서 이런 한 줄짜리 착시는 루머를 낳는 또 다른 병원病源이 된다.

주장이 되고 이론이 되며 나아가 사상적 체계가 되는 것들은 탄탄한 사실적 배경을 갖춘 것이다. 그 사실이 설령 불편해도 할 수 없다. 논리적이니까. 나는 김어준, 정봉주, 주진우 등과 함께 2011년부터 2년간 정치 격변의 중심에서 팟캐스트 〈나는 꼼수다〉(〈나꼼수〉)를 만들었다. 감히 말하자면 〈나꼼수〉는 루머에 대척되는 합리적 의심의 산물이다. 우리는 여러 사실들을 엮어서 하나의 맥락으로 짚어내고, 거기에서 명제를 만들었다. 그러나 〈나꼼수〉의 입장과 결과 길을 달리하는 쪽은 하나같이 괴담, 즉 데마고기로 몰아갔다. 이런 단정이 맞다면 〈나꼼수〉는 '이명박근혜' 시대를 관통하며 사법적 불이익을 받았을 것이다. 그러나 통틀어 1건 정도가 재판에 회부됐으며 그것마저 결국 무죄로 판결이 났다(1심 현재). 감히 말하건대 데마고기는 없었다고 자신한다.

물론 부분적이고 지엽적인 오류마저 부인할 수는 없다. 또 사실의 나열, 결속 그 뒤에 내린 추론이 과연 또 항상 진실일까 하면 이마저도 단정할 수 없다. 다시 말해, 사실에 다가가기 위한 노력은 다했으나 그 자체로 온전한 진리라고 말할 수는 없다는 것이다. 간혹 '이것 아니면 저것'으로 획정하는 공학적 접근 방식이 가진 맹점은 없는지 돌아보기도 한다. 요컨대 진실은 지배대상이 아니라는 점, 즉 나의 지혜로 헤아릴 수 없는 영역이 있다는 점, 발생할 수 있는 모든 가능성에 대한 존중을 회피해서는 안 된다는 점이다. 그리고 사실이 아닐 때 궤도 이탈을 인정하고 이를 바로잡으려 노력하는 점까지 필요하다. 양식 있는 정치사회세력, 기업, 언론, 개인은 결국 진실 앞에 숙연할 수 있어야 한다. 즉 정직함을 따르는 자세가 요구된다.

정보 권력의 주체가 루머를 억압하는 사회

그런데 루머사회를 막을 길은 간명하다. 정보권력을 쥐고 있는 주체가 숨김이 없어야 한다. 루머 방지를 위한 최선의 노력은 투명사회의 실현이라는 이야기다. 여현호 〈한겨레〉 기자는 "정보가 부족하면 추측이 생긴다. 그런 추측이 집단적으로 공유되면 소문이 된다"고 했다. 루머의 집합체 증권가 '찌라시'도 실은 옛 소련이 몰락한 직후 불신 언론을 대신해서 정치인이나 사회단체가 자신들의 주장을 써서 뿌렸던 유인물에서 기인했다고 한다. 정보가 부족하다고 해서 사람들의 알 권리가 식는 게 아니다. 도리어 억측이 창궐한다. '풍선 효과'다. 중국은 한때 "인터넷에 오른 유언비어나 중상모략성 글이 5000번 넘게 조회되거나 500번 이상 퍼나르기 되면 작성자를 최고 3년형에 처할 수 있다"는 가이드라인을 내세웠다. 그러나 루머가 개선된 정황은 없다.

우리 정부 역시 정권이 불리해지는 국면에서는 유언비어 차단부터 챙긴다. 괴담 유포 방지를 핑계로 불편한 진실마저 유언비어로 만들려는 의도가 엿보인다는 지적은 끊이지 않았다. 루머를 연구한 영국 워릭대 연구팀 등은 위기 상황에서는 정확한 정보를 빠르고 투명하게 공개해 루머를 잠재워야 한다고 지적했다.

세월호 참사 때 정부의 태도는 그야말로 질타를 금할 수 없을 지경이다. 다음은 일부 언론이 짚어낸 세월호 관련 의문들이다. 왜 평상시 다니지 않던 맹골수도로 들어왔는지, 위험한 맹골수도에서 왜 전속력으로 질주했는지, 그런 상황을 알고 있어야 하는 진도해상관제센터와 세월호 사이에 왜 교신 내역이 없는지, 배가 20~25도 기울면 더 이상 복원력을 상실한다는데 왜 50도나 기운 상태에서야 최초 교신이 이뤄졌는지, 왜 인근의 진도가 아니라 90킬로미터나 떨어진 제주해상관제센터와 교신을 했는지, 교신록이 조작되었다는 언론 보도는 사실인지, 사건 초기 해경은 왜 늦게 출동했는지, 출동한 후에 배를 빠져나온 사람들만 구조하고 선실 속에 갇힌 승객들을 구조하지 않은 이유는 무엇인지,

당장 바닷속에 뛰어들 UDT, SSU 요원들이 있음에도 언딘이 올 때까지 구조를 미룬 까닭이 무엇인지 등이다. 이러한 의문들에 대해 정부의 공식적 설명이 없다.

'의혹의 중추' 해경은 이 글을 쓰고 있는, 사고 발생 50일이 지난 지금까지 수사조차 받지 않고 있다. 그러나 대통령은 "거짓말과 유언비어의 진원지를 끝까지 추적해 책임을 지도록 해야 할 것"이라며 엉뚱한 곳에 각을 세운다. 그가 꼽은 괴담 사례 중에는 "했던 구조작업을 안 했다"고 한 것도 포함되어 있다. 그러나 사고 첫날과 이튿날, 누군가가 살아 있었을지도 모르는 그 시간에 구조작업이 없었다는 건 정설이 됐다. 유언비어를 탓하기에 앞서 본인의 상황 인식 부재부터 탓해야 옳았다.

이런 통제와 억압 중심의 정보 권력 운용은 결국 또 다른 우려와 공포를 자아낸다. 일례로 원전 안전에 대한 우려 등을 들 수 있다. 터졌다 하면 초대형 사고, 아니 우리의 삶의 근간 자체가 붕괴되는 참화가 된다. 이 우려에 대한 대한민국 정부의 답변성 레토릭은 '조직적인 괴담 유포자를 색출해 엄벌하겠다'였다. 그러나 그 괴담이 힘을 얻는 추이이다. 공포 원전의 상징 고리원전이 있는 부산의 여야 시장 후보 모두 가동 중단을 확약했기 때문이다. 정부가 괴담에 무릎 꿇은 것일까. 괴담의 근절은 억압이 아니라 소통임을 자각해야 할 것이다. 이는 루머사회에 대응하는 가장 명징한 답이다.

김용민 시사평론가

고독사와의 결별을 꿈꾸며

무연사회
NHK 무연사회 프로젝트팀 지음,
김범수 옮김, 용오름, 2012

혼자인 사람들이 늘었다. 잘 때도, 먹을 때도, 심지어 놀 때조차 혼자다. 원하는 고독이 있는 반면 방치된 고립도 많다. 처음엔 즐기는 고독이라도 나중에는 끊어진 고립이 십중팔구다. 외로운 삶의 대량 양산이다. 대상은 무차별적이다. 아직은 홀몸 노인이 사회 이슈지만 조만간 청년 세대의 독신마저 이슈에 대거 합류할 태세다. 가장 큰 이유는 돈이고 빈곤이다. 돈이 강조되면서 관계 단절은 심화될 수밖에 없다. 먹고살려니 혼자일 수밖에 없는 게 시대 조류이자, 인연 붕괴의 아이러니다. 가족 해체는 일상적이다. 처음부터 가족 형성을 포기하는 경우도 비일비재하다. 결혼을 연기하고 포기하도록 강요하는 것이 그렇다. 곁을 이룰 인연은 사라졌다. '무연無緣사회'의 엄습이다.

경제성장이 가족 분화를 불러오다

일본은 무연사회의 원조국이다. 2010년 NHK의 다큐멘터리가 유령처럼 어슬렁거리던 일본사회의 무연 추세를 공식적으로 끄집어낸 게 유래다. 2006년 반향을 일으킨 '격차^{格差}사회'의 후속편답게 엄청난 파급력과 후폭풍을 야기했고, 지금은 유행어를 넘어 일반명사로 승격됐다. 무연사회의 난맥상을 다룬 다큐멘터리는 방송 직후 1시간도 안 돼 게시판에 1만 4000여 건의 댓글을 불러냈다. 『무연사회』는 그 원고를 기초로 출판됐다. 뒤이어 주요 매체도 심층보도를 반복했고, 그 과정에서 무연사회는 우연히 걸러졌다. 단순히 자살 증가 배경을 밝히려 했는데 취재과정에서 고독사가 급증하고 있다는 사실이 두드러져 방향을 틀었다. 아무도 모르게 임종을 맞는 3만 2000건(2009년)의 고독사가 무연사회의 실마리를 제공한 셈이다.

무연사회는 일본만의 전유물이 아니다. 인연이 끊긴 냉정한 현대사회라면 어디든 매한가지다. 혼자 살다 죽는 파편화된 피로사회의 확대 전파이다. 충격적인 사건 사고도 계속된다. 생계형 범죄부터 아사, 자살까지 급격히 늘어났는데, 모두 외로운 죽음들이다. 고독사처럼 외롭게 죽는 현대인은 실로 수두룩하다. 특히 감축성장과 인구변화(저출산 고령화)에 직면한 은퇴·장수대국의 공통된 뉴스다. 한국은 그래도 '설마'했지만 오판임이 드러났다. 일본의 원조 무연사회 스펙트럼에 비춰보니 한국은 이미 심각한 무연사태로 증명됐다. 늙는 속도로 추론컨대 조만간 일본보다 훨씬 심각한 인연 단절이 불가피하다.

연^緣은 사람 관계이자 네트워크다. 무연은 말 그대로 연이 없어졌거나 끊어진 상태이다. 가족, 친척, 고향과 연을 끊고 의지할 이가 없는 이들은 지역사회와의 교류도 없다. 혈연, 지연, 학연의 기능 상실이다. 그나마 회사라면 끈끈하진 않아도 사연에 기댈 수 있다. 이는 고도성장을 경험한 회사국가에선 거의 전부일 수 있는 인연이다. 그런데 사직하거나 은퇴하면 직장 동료와의 끈도 끊어진다. 궁극적 고독이다. 여기에 콘크리트에 갇혀버린 이웃 상실도 더해지니 총체적인 고립이 아닐 수 없다. 이때 맞이하는 죽음이 거의 대부분 고독사다. '무연사=고독사'인 셈이다. 타인과 인연을 맺지 않고 또 맺기 힘든 현대사회의 세태를 반영했다고 볼 수 있다.

그렇다면 인연을 깨버린 것은 무엇일까. 무연사회를 낳은 가장 큰 원인은 가족 붕괴이다. 가족 붕괴를 가속화한 것은 금전문제이다. 돈이 가족을 깬 것이다. 이제 가족의 표준모델은 4인 가구에서 1인 가구가 되었다. 외로운 독거인생의 증가는 무연사회를 낳았고, 동시에 고독과 소외는 확산되었다. 그런데 이제 그 성장이 끝났다. 불가피한 감축성장으로, 가족 해체를 당연시했던 돈벌이는 약화되고 있다. 다만 관성 탓일까. 가족 분화는 현재진행형이다. 근거가 약화됐지만 해체 양상은 여전하다. 가족해체를 심화시킨 성장 경로가 변했음에도, 가족 형성과 동떨어진 궤도 이탈은 되레 더 늘어났다. 모순적 현실이 아닐 수 없다. 전망은 더 어둡다. 가족을 형성하는 데 드는 비용이 천문학적으로 증가했기 때문이다. 성장이 멈추면서 안정적인 개별근로와 소득 확보는 힘들어졌는데 그 유지 비용은 늘어난 결과이다. 부작용은 크다. 외롭게 끊어진 파편화된 독신객체 양산의 심화다.

가난과 무연의 확대 재생산

무연사회에는 수많은 문제가 얽혀 있다. 복합적이고 구조적이다. 핵가족화에 따른 변화만큼이나 빠트릴 수 없는 또 하나의 이유가 회사인간을 양산한 경제지상주의다. 전통적인 마을 접점이 붕괴되면서 가뜩이나 이웃 간의 소통이 힘들어졌는데 돈과 일의 강조 철학은 고립된 개인을 한층 부추긴다. 사회적 고립으로 인해 경쟁논리가 커뮤니티를 위한 시간과 노력 투하를 급감시켜버린 셈이다. 직장 환경도 마찬가지다. 구조조정과 비정규직 증대로 기업사회의 작동논리는 친밀함에서 소원함으로 변모했다. 도와주는 동반자가 아닌 견제하는 경쟁자만 남았기 때문이다. 장시간 근로 부담과 잔업 압박은 휴일조차 회사에 충성하게 함으로써 이웃과의 비공식적인 인적 교류도 방해했다. 이 과정에서 약자로 탈락한 이들의 경제적 빈곤은 무연사회의 직접적인 근거로 작용한다. 무연사만 해도 빈곤문제와 맞물려 있는데, 더 안타까운 점은 향후 그 정도가 한층 심각해질 것이라는 데 있다.

무연사회의 위기감은 높다. 일본의 사례이긴 하지만 두 명 중 한 명이 고독사가 남 일이 아니라고 했다. 다만 독신이라도 관계가 멀어졌을 뿐 가족과 친척은 존재한다. 언론에서는 혈연과의 연락이 끊긴 지 오래라고 담담히 말하는 노인이 흔하다. 집단, 이웃, 가족 관계가 번거로워 자발적으로 절연하고 고독을 택한 이들도 많다. 심지어 고독사가 발견된 이후 유골 인수의 부탁을 거절한 충격적인 이야기도 심심찮게 흘러나온다. 무연사회가 더 두려운 건 현역세대다. '은퇴난민 예비군'이라는 타이틀에서 확인되듯 독신 현역의 외로운 죽음에 대한 공포는 구체적이다. 그나마 노후 불안의 핵심인 돈조차 없다. 가난과 무연의 확대 재생산이 우려스럽다. 요컨대 미끄럼틀 아래로 전락한 하류집단의 집단우울증에 무연이 꿈틀거리고 있다. 결국 이는 격차사회의 자연스러운 결과다. 승자독식의 경제논리가 개인과 사회적 네트워크를 끊어버렸고, 그로 인한 무차별적인 단절 공포는 점점 커져만 간다.

무연청년의 공포는 실업에서 시작한다. 못 벌면 외롭게 죽을 거라는 우려에서 오는 것이다. 결혼적령기를 훌쩍 넘긴 미혼 혹은 언제 잘릴지 모를 불안정한 비정규직이 대표적이다. 신자유주의 원칙이 확대되면서 자기책임이 강조되는 추세도 매서워졌다. 호소할 곳 없이 신세를 한탄하거나 자포자기에 빠질 수밖에 없는 것이다. 이들의 무연사회 공포는 현실적이다. 논리는 간단하다. 실업자가 되면 히키코모리 후보에 오른다. 처음에는 구직활동에 나서지만 인생 탈락자에게 일자리란 그리 호락호락하지 않다. 친구와 고민을 나누는 것도 잠시, 차츰 관계가 희박해지고 그들에게 맘 편한 곳은 오직 방뿐이다. 홀로 컴퓨터 앞에서 근근이 살아간다. 존재감은 인터넷에서만 확인되고 현실 속 친구는 멀어진다. 방은 엉망이라 그나마 남아 있는 친구조차 못 부른다. 방은 더 더러워지고 나중에는 포기한다. 혼자 있는 게 제일 편하다. 관계 단절의 악순환이다.

무연사회의 충격은 역설적으로 과거엔 유연有緣화가 강했음을 의미한다. 끈이 없는 게 아니라 기능하지 않는다는 게 문제다. 일본과 마찬가지로 한국의 사회안전망은 개발주의 복지모델이다. 기업이 고도성장기의 종신고용, 연공서열로 근로자를 정규직으로 품으며 생활을 보장했다. 입사하면 평생의 결혼, 육아, 간병 등

복지수요가 기업 내부에서 웬만큼 해결됐다. 제외된 중소기업과 지방, 농촌 인구는 중앙정부의 SOC 투자수요로 일자리를 제공받았다. 근로 의사나 능력조차 없는 경우에는 정부 복지가 최소한의 생활 보장을 담당했다. 즉 사회보장은 정부보다 기업이 주체였다. 공적 역할을 가족과 기업에 전가시킨 셈이다. 대신 기업은 성장 특혜를 지원받았다. 모두 인플레이션시대를 설명하는 조합이었다. 그러나 이제는 그것조차 깨져버렸다. 복지 축소, 규제완화, 시장 개방의 신자유주의로 인해 기업복지는 붕괴됐고 경제약자는 방치됐다. 무연사회는 그 최전선의 부작용이고 이 얼개는 한국사회 곳곳에서 확인된다.

유연사회를 부활시키기 위해

무연사회를 해결하기 위한 노력은 다각적이다. 일본은 방송 이후 정부에 특단의 대책을 요구하는 목소리가 높아지면서 정책 차원의 대응 방안이 가시적이다. 이웃, 지역공동체의 부활을 해법으로 제시하는 전문가도 많다. 즉 사람과의 인연을 중시하는 삶인 '유연사회'의 부활이다. 연대 중시의 강조이다. 이런 차원에서 사회갈등을 해결하는 비영리조직을 키우자는 새로운 공공公共도 제창 중이다.

중요한 것은 고립된 삶의 구제가 시급하다는 공감대를 형성하는 일이다. 3040세대를 비롯한 젊은이들의 인식 개선도 시급하다. 일례로 희박해진 연대감과 맞물린 내향지향성을 줄이자는 지적을 들 수 있다. 적극적인 활동과 참여 유도의 기반 조성을 통해 공동체적인 사회 시스템의 멤버로서 안정감을 갖도록 하는 게 제안됐다. 다만 무연사회를 극복할 근본적인 열쇠는 사회안전망의 회복과 복지시스템의 재구축을 위한 인식 재고, 그리고 방향 전환이다. 연대를 부활시키고 사회통합을 위한 배려를 증진하는 게 필요하다는 의미다.

그나마 개개인이 자발적으로 무연사회를 탈출하려는 노력을 하고 있다는 점은 고무적이다. 아쉽지만 이대로 가면 희망이 없기 때문이다. 메아리 없는 해법을 요구하는 것보다 가까운 게 각자도생의 전략을 마련하는 것이다. 독거, 무연의 연쇄악재를 막을 방법을 가족관계의 현대적 연대에서 찾아봐야 한다. 관계 단절, 불황 지속이 낳은 새로운 생존 풍경이다. 분화된 가족모델은 전통적인 가족 기능에서는 문제되지 않았던 다양한 불협화음을 낳았다. 핵가족의 장점은 이젠 단점이 돼버렸다. 대가족주의는 그 노력의 결과다. 지금의 핵가족은 인플레시대의 표준모델로, 성장수혜를 입기 위해서는 가족을 쪼개고 나누는 게 효과적이었다. 반대로 앞으로 감축성장 시대에는 뭉쳐서 상생을 꾀하는 대가족으로 무연 충격을 극복하는 게 유력할 수밖에 없다.

일본에서는 그 움직임이 꽤 진척됐다. 공동거주로 불필요한 지출을 줄이고 희박해진 혈연을 강화해보자는 포석이다. 아래 위층의 독립거주로 세대로는 분리된 가족 유형이 많아 통계로는 잘 안 잡히지만 다시 뭉치려는 가족 사례가 늘었다. 부모에게 기생해 연명하는 '캥거루족' '연어족'도 그중 하나다. 이젠 중년의 '부모회귀족'까지 생겨났다. 시집살이나 처가살이마저 자연스럽다. 꼭 동일한 공간일 필요는 없다. 육아나 가사 등 일상생활만 공유하면 충분하다. 최소한의 복지공동체로 융합되는 새로운 유형의 대가족 경제학이라 할 수 있다. 1인분 인생을 책임질 만한 현역 세대의 소득 확보가 힘들어진 탓이다. 어쨌든 대가족의 부활 환경은 우호적이다. 조부모와 손자의 관계 회복이 그렇다. 은퇴한 조부모가 경제활동으로 바쁜 부모를 대신해 어린 손자를 돌보는데, 이는 전통적인 분업관계의 회복인 셈이다. '한 지붕 여러 가족'의 묘한 동거형태도 유행이다. 셰어(컬렉티브)하우스로 불리는 집합주거로 유연적인 생활공동체를 꾸리려는 노력이 이어지고 있다.

전영수 한양대 국제학대학원 특임교수

'나 혼자 산다'가 당연한 세상

혼자 산다는 것에 대하여
노명우 지음, 사월의책, 2013

지구상에 지금처럼 많은 1인 가구, 즉 싱글이 있던 적은 없었다. 늘어난 수명만큼 혼자 사는 기간도 길어지고 있다. 우리는 점점 더 혼자라는 데 익숙해지고 자연스러워지고 있다. 그동안 가족이란 울타리에서 상대에게 의지하고 보살핌을 주고받으며 살아왔다면, 이젠 다양한 상품과 서비스, 기술적 진화가 가족을 대신해 우리를 충분히 보살펴줄 수 있다.

싱글의 위상은 달라지고 있다. 더 이상 싱글은 불완전한 존재도, 비주류도 아니다. 싱글은 이제 주류이자 중심으로 이동했고, 싱글은 그 자체로 완성이자 종착지가 되기도 한다.

초라한 싱글과 화려한 싱글, 그리고 완벽한 싱글

우리에게는 싱글에 대한 오해이자 선입견이 있다. 싱글하면 '외로움'을 가장 먼저 떠올리는 이들이 있다. 궁상맞고 홀아비 냄새도 날 것만 같다. 거기다가 요즘엔 혼자 살다가 죽으면 아무도 모르다가 한참 지나서야 발견되는 이른바 고독사가 심심찮게 뉴스에 오른다. 이는 '초라한 싱글'이란 이미지를 구축시킨다. 전통적 가족관에서 싱글을 바라보는 시각이기도 하다. 결혼과 출산을 통해 가족을 이루는 것이 완전한 가족이 되는 길이며, 1인 가구를 이루는 것은 불완전하고 초라한 도태자들의 실패로 그려진다. 그러다 보니 싱글은 항상 불완전한 단계이자 비주류였고, 잠시 머무는 일시적 과정으로만 여겨졌다. 어떻게든 결혼을 해야 모든 것이 해결되는 것으로 보았다. 결혼은 선택이 아닌 필수라고 여긴 사회에서 싱글을 바라보는 시각이 이러한 것은 당연했다.

　그 다음으로 떠올리는 싱글의 이미지는 '화려한 싱글'이다. 이는 초라한 싱글에 대한 대칭적 의미로 부각되었다. 결혼이 필수이던 시대에 싱글을 초라하고 불완전한 존재로 보았던 것에서, 결혼이 선택으로 옮겨오면서 싱글의 자발적인 반작용으로 좀더 적극적이고 화려하게 인생을 누리는 태도에서 비롯되었다. 〈섹스 앤 더 시티〉의 캐리 브래드쇼를 비롯한 잘나가는 싱글녀들이 만들어낸 이미지이기도 하고, 결혼 전까지 싱글의 화려한 삶을 누리는 것으로 이해한 이들이 많다. 이러한 시각 역시 싱글을 결혼의 대칭점으로 바라봤기 때문이다. 그리고 결혼 전 잠시 머무는 일시적 과정이란 시각에선 큰 차이가 없다.

　마지막으로 제시하는 '완벽한 싱글'은 싱글의 진화가 만들어낸 개념이다. 싱글예찬이 아니다. 싱글 앞에 붙은 '초라한'이나 '화려한'이라는 수식어를 버리고 그냥 싱글 그 자체로도 완전한 독립적 존재로 바라보자는 의미이다. 싱글이 불완전하거나 결혼 전의 일시적 단계라는 인식에서 벗어나 싱글 자체로도 완벽해질 수 있음에 대한 자각이다. 그리고 싱글이라고 다 같은 싱글이 아니라는 걸 인식하면서 보다 세분화된 이들의 욕구이자 라이프스타일, 그리고 인생의 행복에 대한 고민이 사회적으로 더 필요해졌다. 이미 우리 사회는 더 진화된 싱글을 본격적으로 지향하고 있기 때문이다.

결혼과 싱글은 반대말이 아니다

우리는 아직도 '결혼'을 기준으로 두고, 했냐 안했냐, 혼자 사냐 함께 사냐, 라는 맥락에서 싱글을 규정한다. 만약 싱글의 기준에서 결혼이란 잣대를 지워보면 어떨까.

흥미롭게도, 1인 가구 중에는 결혼을 안 한 미혼자보다 결혼을 했거나 결혼 상태인 이들의 비중이 더 높다. 통계청 장래인구추계에서 1인 가구를 혼인상태 별로 구분해보면, 2012년 기준으로 미혼 44.6퍼센트, 유배우 12.8퍼센트, 사별 28.8퍼센트, 이혼 13.8퍼센트였다. 유배우자는 소위 직장이나 유학 등의 이유로 인한 기러기가족이나 주말부부 등이 많을 것이다. 그리고 사별은 결혼을 한 노령인구 중에 많다. 노령화는 사별을 한 1인 가구를 증가시킬 수밖에 없다. 이혼도 결혼을 했으니까 가능한 이야기다. 결국 1인 가구 중 55.4퍼센트가 결혼을 했거나 지금 유지 중인 이들이란 것이다. 1인 가구 증가에서 결혼 기피하는 젊은 독신주의자들의 증가보다, 인구 노령화에 따른 노년의 독신들과 이혼율 증가에 대해서 관심을 더 가질 필요가 있다.

통계청 장래인구추계의 2035년 1인 가구별 혼인상태 예측에 따르면, 미혼이 33.8퍼센트, 유배우 18.6퍼센트, 사별 30.4퍼센트, 이혼 17.2퍼센트이다. 2012년 기준과 비교해보면 미혼이 차지하는 비중이 크게 줄어든다. 2012년엔 절반 정도 되던 미혼들이 2035년엔 3분의 1 정도로 크게 줄어든다. 줄어든 그 자리를 유배우, 사별, 이혼이 고루 약진하며 채운다. 특히 유배우와 이혼의 증가율이 높다. 싱글은 결혼의 산물이자 노령화의 산물이라고 해도 비약이 아닌 셈이다.

싱글을 더 이상 결혼 유무로 구분하기엔 시대가 너무 바뀌었다. 결혼마저도 싱글 라이프의 반대말이 아니라 싱글과 상호작용하고 싱글에 흡수되고 있다. 커플이지만 싱글 라이프를 지향하는 이들도 늘어난다. 물리적 싱글은 아니지만 화학적 싱글인 셈이다. 직장 때문에 주말부부로 지내거나, 자녀의 유학 때문에 기러기 가족으로 지내는 경우도 엄밀히 따지면 결혼 상태이지만 싱글 라이프인 경우다. 부부가 같이 살더라도 딩크족의 경우에는 상대적으로 싱글 라이프에 가깝다. 경제적 독립을 비롯해 사회적 역할이나 성취에서도 독립성이 보장된다. 무조건 함께라는 식이 아니라, 때론 함께 때론 따로가 될 수 있는 이들이다.

가장 가파르게 싱글사회로 진입하는 나라

이미 세계적으로 1인 가구가 대세다. 한국은 더 두드러진다. 현재 우리나라의 1인 가구 증가율은 세계 최고 수준이다. 미국의 경우 1인 가구 비율이 10퍼센트 포인트가 느는 데 40년이 걸렸다. 1970년 17.1퍼센트에서 2010년 26.7퍼센트로 40년간 9.6퍼센트 포인트가 늘었다. 반면 우린 2000년 15.5퍼센트였던 것이 2012

년 25.3퍼센트였으니 12년 만에 9.8퍼센트 포인트가 늘었다. 이런 증가세는 놀랍다. 한국사회가 단기간에 큰 변화를 겪고 있다는 얘기다. 한국사회에서 1인 가구가 늘어난 것은 산업화와 경제 발전, 고학력화, 그리고 남녀 불평등이 점진적으로 개선되고 있는 것도 영향을 미친다. 과거 세대가 가진 결혼관이자 가족관을 더 이상 새로운 세대가 관성적으로 받아들이지 않게 되었다

통계청의 인구주택총조사 결과에 따르면, 우리나라의 1인가구는 1980년 전체 가구 수 중에 4.8퍼센트에 불과했다. 그 당시 2인 가구는 10.5퍼센트, 3인 가구는 14.5퍼센트, 4인 가구는 20.3퍼센트, 5인 이상 가구가 49.9퍼센트였다. 5인 이상 가구가 주류였다. 3대가 함께 살거나, 대가족이 사는 게 보편적인 시대였기 때문이다. 그로부터 30여년이 지난 2012년 기준으로 1인 가구는 전체 25.3퍼센트였던 반면, 2인가구는 25.2퍼센트, 3인 가구는 21.3퍼센트, 4인 가구는 20.9퍼센트, 5인 이상 가구는 7.2퍼센트였다. 이젠 1, 2인 가구가 주류다. 이들이 합이 전체의 절반을 넘어섰다. 사회학적으로 한 세대를 30년 정도로 바라본다. 한 세대만에 1인 가구가 5배 이상 늘었고, 2인 가구도 2배 이상 늘었다. 3인 가구는 소폭의 증가였고 4인 가구는 거의 제자리다. 그런데 5인 이상 가구는 무려 7배나 줄었다.

미래는 어떨까. 통계청의 장래인구추계에 따르면, 2035년 시점에는 1인 가구 34.3퍼센트, 2인 가구 34퍼센트, 3인 가구 19.4퍼센트, 4인 가구 9.8퍼센트, 5인 이상 가구 2.4퍼센트가 될 것으로 전망했다. 1인 가구뿐만 아니라 2인 가구도 확실히 대세다. 1, 2인 가구의 합이 전체 가구 중 3분의 2로 압도적이다. 결혼을 하

더라도 딩크족의 득세와 이혼 증가, 싱글맘이나 싱글대디의 증가 등으로 1, 2인 가구가 늘어나는 셈이다. 앞으로도 1, 2인 가구는 지속적 증가세, 3인 가구는 보합세, 4, 5인 가구는 큰폭의 감소세가 이어질 것이다.

1인 가구 증가는 사회적 진화의 산물

전 세계에서 1인 가구 비율이 가장 높은 곳은 스웨덴, 노르웨이, 핀란드, 덴마크 등 북유럽이다. 스칸디나비아 반도의 북유럽 복지강국으로 대표되는 이들 나라가 40퍼센트 이상의 1인 가구 비율을 가지는 것은 생각해볼 일이다. 경제적으로 먹고사는 문제가 해결되고, 사회안전망과 복지가 강화되면서 혼자서 사는 것에 전혀 불편함이 없기 때문이다. 아울러 주요 선진국들의 1인 가구 비율이 높은 것도 같은 맥락에서 이해해볼 수 있다.

그리고 1인 가구 비율이 높다고, 이들이 외롭거나 지극히 개인주의적일 거란 것도 오해다. 한국사회는 혈연에 의한 가족만이 끈끈함을 유지하는 최고의 관계로 여기지만, 북유럽을 비롯한 서구 선진국에선 친구를 비롯해 보다 왕성한 사회적 관계들이 있다. 혈연으로 맺어진 혈맹이 아니라도, 서로를 아끼고 어울릴 이들이자 일종의 대안가족과 같은 이들이 충분히 존재할 수 있는 것이다. 우리는 상대적으로 혈연에 대한 의존도가 더 높다. 이는 오랫동안 존재했던 호주제의 영향도 있을 것이고, 유교문화와 부모를 비롯한 조상의 제사를 모시는 것이나, 장자승계이자 남아선호를 만들어낸 사회적 배경도 영향이 있었다. 1인 가구는 외롭게 고립되는 것을 의미하는 게 아니라, 혈연 중심에서 사회적 관계 중심으로 옮겨가는 것뿐이다.

그동안 1인 가구 증가를 얘기할 때 가장 자주 거론된 것이 결혼 기피로 인한 젊은 독신주의자들의 증가다. 그래서 연애도, 결혼도, 출산도 포기했다는 삼포세대를 먼저 떠올리게 된다. 하지만 경제적 이유가 아닌 자신의 사회적 성취나 독립적인 삶을 살아가기 위해서 결혼을 기피하는 경우도 크다. 이는 개인주의가 더욱 팽배해진 시대에서는 당연한 흐름이다. 남녀 모두 고학력에 사회적 진출도 활발해진 시대에선 굳이 경제적으로 의존적인 삶을 살지 않아도 된다. 결혼이란 틀을 낡았다고 여기는 2030 세대가 늘어나는 것도 사회 환경의 변화와 무관하진 않다. 이로 인해 동거와 이혼에 대한 사회적 태도에도 변화가 예상된다. 동거와 이혼에 대한 사회적 태도의 변화는 1인 가구의 증가에도 영향을 미칠 수밖에 없다. 더 쉽게 혼자되었다가, 다시 필요할 경우 뭉쳤다가 하는 탄력적 1인 가구가 되는 셈이다. 1인 가구 증가는 거스를 수 없는 흐름이다. 노령화 또한 거부할 수 없는 흐름이다. 우린 싱글로 시작해 결혼을 통해 가족을 이루고, 나이가 들어 다시 싱글이 된다. 1인 가구, 그건 우리 모두의 일이다.

김용섭 날카로운상상력연구소 소장, 『완벽한 싱글』 저자

종교과잉 시대,
우리는 신 없는 사회에 살 것인가

신 없는 사회
필 주커먼 지음, 김승욱 옮김, 마음산책, 2012

김모 씨(35)는 서울 압구정동 집에서 여의도까지 매일 출근한다. 주로 지하철과 버스를 이용하는데 가끔은 자신이 기독교 국가에서 사는 것 같은 착각을 일으킨다. 김 씨가 아침에 집을 나서면 지하철역 근처 교회부터 눈에 들어온다. 이 교회가 눈에 띄는 것은 대형십자가 때문이다. 십자가는 교회당 전면 한쪽을 모두 차지할 정도로 거대하다. 지하철에 올랐어도 기독교를 피해갈 수 없다. 동냥하는 시각장애인들이 들고 다니는 미니 카세트에서 흘러나오는 찬송가를 어쩔 수 없이 들어야 하며 가끔씩 '출몰'하는 막무가내식 전도자들의 외침도 여간 불편한 게 아니다. 겨우 숨을 돌리고 회사에 도착하면 세계에서 가장 큰 교회의 위용이 창문 한쪽을 채우고 있다. 사내 기독교 신우회 사람들은 김 씨를 가만 내버려두지 않는다. 툭하면 모임에 나오라고 권유하고 자기들끼리 모여 시끄럽게 기도회를 갖기도 한다. 피곤한 몸을 이끌고 퇴근 버스를 타면 이번엔 안내방송이 거슬린다. "이번 정류장은 ○○교회입니다." 집까지 가는 버스 노선에서 교회나 성당의 정류장은 모두 세 곳이다. 버스에서 내리면 아침에 봤던 대형 십자가와 다시 만난다. 이번엔 십자가가 빨강 분홍 파랑 흰색으로 시시각각 변하며 빛을 발한다. '기독교 세상'에 사는 무종교 직장인, 김 씨의 하루다.

술집이 많은 것보다 교회가 많은 게 백 번 낫다?

2014년 현재 한국사회에서 누구나 경험할 수 있는 전형적인 종교 과잉의 풍경이다. 대한민국은 특정 종교를 국교로 신봉하지 않는다. 다만 헌법에 보장된 종교의 자유 속에서 각 종교와 종파들은 각축을 벌이고 있다. 이 글에서는 개신교를 중심으로 지나친 종교적 열정이 뿜어내는 폐해에 대해 살펴보고자 한다.

통계청에 따르면 한국의 종교 분포도는 불교 22.8퍼센트, 개신교 18.3퍼센트, 천주교 10.9퍼센트, 원불교 0.27퍼센트, 유교 0.22퍼센트, 천도교 0.1퍼센트, 증산교 0.07퍼센트, 무교 및 기타 47.34퍼센트로 나타났다. 이 수치는 2005년 기준이다. 당시보다 9년이 흐른 2014년의 경우 개신교 비율은 18퍼센트에 미치지 못할 것이라는 분석이 지배적이다.

그러나 김 씨가 보여준 것처럼 한국 개신교는 여전히 우리 사회 속에 편만해 있다. 이는 기독교가 한국에 들어온 지 130년이 지나면서 나타난 문화화 경향을 반영하는 것일 수도 있다. 신자 수는 감소세를 보이지만 전래 100년이 넘는 거대 종교가 이미 삶에 파고들었다는 방증이기도 하다. 불교와 유교, 샤머니즘이 한국인 삶에 깊이 뿌리내렸듯이 기독교 역시 한국문화로 편입하고 있는 것이다. 그럼에도 문화화 과정 중인 한국 개신교가 종교 본연의 모습을 보여주고 있는가, 라는 질문 앞에서는 멈칫할 수밖에 없는 현실이다. 단순히 유교나 불교보다 문화화 기간이 짧기 때문이라는 말로 핑계를 댈 수만은 없을 것 같다.

한때 각 교회 예배 설교에서 자주 나오던 말이 있었다. "술집이 많은 것보다 교회가 많은 게 백번 낫다. 교회가 많아지면 우리 사회도 그만큼 깨끗해진다." 하지만 이 명제는 2014년 한국 교회의 실상과는 거리가 멀다. 교회와 신자들이 많아질수록 사회가 변하고 행복해져야 함에도 우리 사회는 크게 개선되거나 나아졌다고 보기 어렵기 때문이다. 수치적으로 따져보면 한국의 국회의원 40퍼센트, 광역자치단체장과 교육감 44퍼센트가 기독교인으로 알려져 있다. 이는 개신교 신자수의 평균을 훨씬 웃도는 것이지만 우리 사회의 정치와 교육 영역이 분열과 갈등, 반목과 질시가 극에 달한 곳이라는 데서 아이러니하다.

게다가 한국 교회는 전래 130년을 맞아 최대 위기에 처했다고 해도 과언이 아닐 만큼 사회로부터 지탄을 받고 있는 현실이다. 대형교회를 둘러싼 각종 잡음, 연합기관의 목회자들이 보여주는 비윤리적 행태, 천국 신앙은 말뿐이며 오직 현세적 축복만을 추구하는 이른바 '번영 신학'의 유행은 세상의 치유자이며 빛과 소금으로서의 교회가 그 능력을 잃어버린 채 유리, 방황하는 모습 그 자체다. 하나님을 믿는다고는 하지만 실제로는 하나님 없는 생활을 해온 것이나 마찬가지다.

전문가들은 이 같은 현상은 잘못된 신학 탓이라고 분석하기도

한다. 하지만 이른바 '종교 과잉'에 따른 폐해로 보기도 한다. 과
잉이란 말은 사전적 의미로 "예정하거나 필요한 수량보다 많은
상태"를 말한다. 따지고 보면 한국 개신교가 사회적 지탄을 받는
데는 역설적으로 교회와 신자, 목사가 너무 많다 보니 생기는 문
제이기도 하다.

　현재 개신교는 내부적으로 목회자 수급 불균형으로 골머리를
앓고 있다. 수요와 공급의 불균형으로 목사 안수를 받고도 마땅
한 교회를 찾지 못하는 목회자들이 증가하고 있는 것이다. 해마
다 각 신학대학교 및 대학원, 신학교에서 목사후보생들을 배출하
고 있지만 과잉 공급으로 일자리를 찾기란 하늘에 별따기이다.
목회자 스스로 교회를 설립하는 '개척 교회'의 경우는 거의 자취
를 감추었다. 목회자 수급 불균형은 각 신학교들이 목사후보생들
을 앞뒤 생각 않고 무책임하게 양산했기 때문에 벌어진 현상이
다. 또 지방신학교 졸업생과 여성 신학생 진로, 비인가 신학교의
양산까지 겹쳐 근본적 대책 마련이 없으면 목회자수급 불균형은
지속될 것이라는 추측도 나오고 있다.

　여기에는 검증되지 않은 인물들의 목사후보생 배출도 포함돼
있다. 군소 교단이나 비인가 신학교의 경우는 학비만 내면 속성
으로 목사 안수를 주기도 하고, 후보생에 대한 철저한 검증도 미
약하다. 그러다 보니 사회적으로 문제가 될 수 있는 인물이 목사
가 되기도 한다. 대표적인 사례는 1980년대 '고문기술자'로 불렸
던 이근안이다. 그는 2008년 10월 목사 안수를 받았다. 또 2013
년 오정현 사랑의교회 목사에게 문제를 제기하는 사람들을 향해
불을 지르겠다며 협박했던 일명 '용팔이' 김용남도 비슷한 케이

스다. 2012년 개그맨 출신 서세원도 목사 안수를 받았지만 최근 교회의 문을 닫았고 부인을 폭행한 혐의로 조사까지 받고 있다.

목회자 과잉 문제는 이처럼 수준 낮은 목회자를 양산하는 것에 머무르지 않고 특정한 이슈에 대해 망언에 가까운 말까지 쏟아내기도 한다. 가장 대표적인 사례가 한국기독교총연합회(한기총) 공동부회장으로 있었던 조광작 목사다. 그는 70세가 넘은 나이에 목사 안수를 받았고, 신학 공부도 군소 신학교에서 4학기(통상 6~8학기)만에 끝냈다. 그는 5월 20일 열린 한기총 긴급임원회에서 "가난한 집 아이들이 수학여행을 불국사나 설악산으로 가면 될 일이지, 왜 제주도로 배를 타고 가다 이런 사단이 빚어졌는지 모르겠다"고 말했다가 여론의 뭇매를 받았다.

종교적 열정이 사회의 건강을 보장하지 못하는 이유

종교적 열정은 넘치는데 삶과 행위는 변화가 없는 이 모순적 현실은 한국 교회에만 국한하지 않는다. '기독교 국가'로 불리는 미국 역시 예외는 아니다. 예수와 하나님, 성경을 찬양하는 수많은 자동차 범퍼스티커를 비롯해, 라디오와 텔레비전에서는 종교 프로그램이 꾸준히 방송되고 있다. 정치가들은 초당적 차원에서 자신의 신앙을 공개하는 것이 예사다. 하지만 일부 목회자들의 망언을 비롯해 총기 사용을 당연하게 여기는 행태, 포르노물과 마약의 범람, 금융위기를 초래한 맘모니즘 등은 사회 문제로 지적된다.

종교적 열정의 과잉은 기독교뿐만이 아니다. 전 세계 이슬람 근본주의는 최근 전례 없는 인기를 얻으면서 이른바 세속적 이슬람 세계를 강타하고 있다. 무슬림 여성들은 그동안 머리에만 써 오던 히잡 대신 눈만 내놓고 전신을 검은색 옷으로 감싼 '니캅'을 즐겨 입는다. 터키와 이집트에서는 종교적 헌신을 다짐하면서 자유로운 옷 대신 머리에 히잡을 쓰기 시작했다.

강렬한 종교적 감정이 널리 퍼져 있다고 해서 반드시 사회적 건강을 확보하지는 않는다. 지구상에 존재하는 종교적인 국가 일수록 더 위험하고 가난한 나라가 많다. 극단주의 이슬람을 신봉하는 테러리스트 분파는 전 세계를 공포로 몰아넣는다. 종교의 이름을 가지고서다. 우리가 사는 세상은 이처럼 긴장과 폭력, 빈곤, 압제, 불평등, 무질서가 판을 친다.『신 없는 사회』의 저자 필 주커먼은 "종교가 이 같은 현상의 가장 중요한 원인이 될 때가 많다"고 지적했다. 개신교 내에서는 일찍부터 이 같은 문제를 간파하고 신학적 논쟁을 벌여왔다. 이른바 '믿음 - 행위' 문제다. 2013년 10월 한국을 방문했던 미국 브룩힐즈교회 데이비드 플랫 목사는 이 점을 간파했다. 그는 "예수를 따른다고 생각하는 모든 사람에게 도전한다. 혹시 교회에 다니는 것을 제자라고 착각하고 있지 않은가?"『래디컬』(두란노)이란 책으로 전 세계 기독교인에게 도전했다는 평가를 받는 그는 "예수님은 예배당을 교회로 보지 않으셨다. 제자 낳는 제자를 교회로 보셨다. 제자가 되기 위해서 '나'를 버리라"고 일갈했다.

2014년 6월 7일, 경기도 성남시 선한목자교회에서 열린 한 모임 강사로 나온 캐나다 출신의 피터 샤우칼 선교사는 "나는 교회에서 크리스천을 찾지 않는다. 오히려 교회 밖에서 찾는다"며 "일터는 우리의 예배 현장이 되어야 한다"고 말했다. 그는 "우리는 매우 위선적일 수 있다. 교회 안에서 2시간 동안은 거룩하고 영성 깊은 신자로 보일 수 있다. 하지만 기독교 신앙이 드러나는 곳은 교회가 아니라 일터"라고 단언했다.

샤우칼 선교사가 시사하는 바는 크다. 종교적 열정 자체보다 행위와 삶이 신앙을 드러내야 한다는 것이다. 이는 곧 '신 있는' 사회를 위한 초석이 된다. 한국 개신교는 이제 선택의 기로에 서 있다. 신 없는 교회가 될 것인가. 아니면 사랑과 자비의 하나님이 충만한 교회가 될 것인가.

『신약성경』「고린도전서」에 따르면 한국교회는 "교만해졌다." (4:18) 고린도전서를 기록한 사도바울은 교만한 교회를 향해 "교만해진 사람들의 말이 아니라 능력을 알아보겠다"(4:19)고 했다. 그러면서 "하나님의 나라는 말에 있지 않고 능력에 있다"(4:20)고 단언했다. 신 없는 사회를 만들어낸 종교인들은 책임이 크다. 지금은 말이 아니라 능력이 필요하다. 자기를 뜯어고쳐 원래의 길을 걸어가는 것이 그 능력이다.

신상목 〈국민일보〉 종교기획부 기자

우리는 어떤 사회에서 어떤 삶을 살고 있는가

우리는 어떤 사회에서 어떤 삶을 살고 있는가

세상은 어떻게 변하고 있는가

세상에 휘둘리지 않고 자기 나름대로 중심을 잡고 살아가기 위해서는 우리가 살고 있는 세상이 어떤 세상이고 그 세상이 나에게 알게 모르게 강요하는 삶의 방식이 어떤 것인가를 냉철하게 파악하는 능력이 필요하다. 세상의 판세를 읽을 줄 알아야 거기에서 내가 어떻게 운신해야 할지를 판단할 수 있다. 주어진 삶의 조건에 의해 나도 모르게 끌려 들어온 인생의 행로를 그저 흐르는 물처럼 살다가 세상을 떠나는 것도 하나의 삶의 방식이다. 그러나 우리들 각자의 내면에 사람으로서의 주체성이라는 것이 있다면 모든 사람은 자기만의 고유한 삶을 창조할 수 있는 권리와 의무를 가지고 있다. 그 권리와 의무를 수행하기 위해서라도 우리는 어떤 사회에서 어떤 삶을 강요당하고 있는가를 파악해야 한다. 그렇지 않으면 우리는 '보이지 않는 얼굴'과 '들리지 않는 목소리'가 지시하는 대로 움직이는 '춤추는 허수아비'나 '즐거운 로봇'에 지나지 않는 삶을 살아가게 된다.

빨리 어른이 되고 싶었던 어린 시절에는 시간이 천천히 흐르지만, 나이가 들수록 점점 빠르게 흐르는 세월을 아쉬워하게 된다. 그러면서 역사적 상상력이라는 힘이 생긴다. 1955년 휴전협정이 체결된 지 2년 만에 태어난 나는 올해로 60이 되었다. 이제 내 나이에 2를 곱해 120년 전을 떠올려보는 일이 쉬워졌다. 120년이 그리 길지 않은 시간처럼 느껴지는 것이다. 지금부터 120년 전인 1894년은 갑오농민전쟁이 일어난 해이고, 그런 와중에 갑오개혁을 통해 신분제가 해체되고 과거제도가 없어졌다. 바야흐로 한반도에 '근대'라는 개혁의 바람이 불기 시작했다. 지금 여기에서 하루하루를 살아가고 있는 우리는 모두 그때 시작된 변화의 소용돌이 속에 살고 있다.

지난 100여 년의 세월 동안 한반도에 사는 사람들은 엄청난 변화를 경험하였다. 우선 한반도를 둘러싼 국제관계의 역학이 달라짐에 따라 우리들의 삶의 조건이 휙휙 바뀌었다. 120년 전 청일전쟁에서 일본이 승리하면서 중국 중심의 세계관이 무너졌다. 서구 중심의 세계관을 수용하게 되면서 위로부터의 근대화가 시작되었다. 동아시아 삼국 가운데 서구의 근대를 앞서 수용한 일본이 동아시아의 지배자로 군림하게 되었다. 일본이 동아시아의 패권 장악을 위해 일으킨 중일전쟁은 태평양 전쟁으로 확대되었고 1945년 8월 15일 태평양 전쟁의 종식과 함께 미소 냉전체제가 수립되었다. 그에 따라 한반도는 38선으로 분할되어 미국과 소련 점령군의 지배하에 들어갔다. 한국전쟁을 겪으면서 강화된 분단체제는 60년이 넘은 지금까지도 변함없이 남북한 주민들의 삶을 옥죄고 있다. 우리 사회가 다 바뀐 것 같지만 반공분단체제는 여전히 지속되고 있는 것이다. 아직도 우리는 북한과 대치하고 있고 이 땅에는 우리의 안보를 위해서, 북한의 도발에 대처하기 위해서 미군이 주둔하고 있다. 냉전체제가 종식된 지 오래지만 냉전체제가 지속되고 있는 것이다. 이 문제가 해결되지 않는 한 우리는 일상의 생활에서 무의식적 억압과 자기 검열을 계속할 것이며 여러 가지 비합리적인 관행과 제도도 사라지지 않을 것이다.

한편 한반도 주변의 국제관계는 엄청난 변화를 경험하고 있다. 1980년대까지만 해도 미국과 더불어 세계경제를 주도하던 일본이 거품경제의 붕괴 이후 하락의 길을 걷고 있는 반면 개혁과 개방을 내세워 사회주의 시장경제체제를 도입한 중국은 불과 30여 년 만에 미국을 넘보는 세계적인 강국이 되었다. 앞으로 20년 후면 중국은 미국을 제치고 세계 최강국이 될 것이라는 전망이 나돈다. 베를린 장벽의 붕괴 이후 동유럽 공산주의국가들이 연쇄적으로 무너지면서 소련 또한 철의 장막을 거두고 세계화라는 흐름에 동참하게 되었다. 한반도의 분단체제는 지속되고 있지만 세계적 차원에서는 동서 냉전체제가 막을 내리게 된 것이다. 중국과 러시아가 남한의 경제 파트너가 된 지는 이미 20년이 넘었다. 2차대전 이후 전 세계 주민의 삶을 규정했던 자본주의와 사회주의라는 이분법적 세계관이 무너지고 세계는 단일 시장경제로 통합되었다.

다시 이야기의 초점을 한반도로 옮겨보자. 19세기 말 이후 오늘에 이르기까지 한반도의 역사는 숨 가쁜 변화의 역사였다. 서

세동점의 세계적 흐름 속에서 일제에 강점되어 억압당하고 수탈당했던 한국은 광복 이후 한국전쟁을 거쳐 남북 분단체제를 지속하고 있다. 그럼에도 불구하고 남한은 1960년대 이후 지속적인 경제성장을 이룩하였고 1980년대 말부터 민주화도 이룩하여 세계적인 선진국 대열에 진입하였다. 1894년 갑오개혁, 1910년 한일병합, 1945년 광복, 1948년 남한 단독정부 수립, 1950~1953년 한국전쟁, 1960년 4.19혁명, 1961년 5.16쿠데타, 이후 지속적인 경제개발 5개년 계획의 수립, 1972년 유신체제 수립, 1979년 박정희 대통령 시해사건, 1980년 광주항쟁, 1987년 6월 항쟁, 1988년 서울올림픽, 1993년 문민정부 출범, 1997~1998 IMF외환위기, 2002년 월드컵…. 식민지, 분단, 경제성장, 민주화, 선진국이라는 단어는 지난 한 세기의 공식적 역사를 정리해주는 키워드들이다.

우리는 어떤 삶을 살고 있는가

그렇다면 그런 역사 변동의 흐름 속에서 하루하루를 살아가는 우리들의 모습은 어떻게 변화했을까. 이제 우리는 빈곤과 가난의 시대를 희망과 의지의 힘으로 극복하여 물질적 혜택과 자유로운 삶을 누리게 되었다. 민주화가 이루어진 1990년대 이후에 태어난 세대는 말할 것도 없고, 1970년대에 태어나 1990년대에 대학에 진학한 세대들도 이미 이전 세대와 뚜렷하게 구별되는 삶의 모습을 보여주었다. 신세대, X세대로 불렸던 이들 대다수는 도시에서 태어나 아파트에 살면서 인터넷과 함께 자라고 대중 소비문화에 익숙한 세대이다. 1990년대에 시작된 새로운 삶의 방식은

2000년대에 들어서 프로 스포츠, 복권, 블록버스터 영화, 해외여행, 패션혁명, 도시공간의 변화, 일본 대중문화의 유입, 영어실력의 향상, 외국인 노동자, 외국인 배우자의 증가와 다문화시대의 도래 등으로 그 변화를 계속하고 있다. 세계화와 더불어 지방자치제의 실시로 지방화 시대가 열렸으며 인터넷의 일반화로 정보사회가 도래하였다. 베이징, 도쿄, 파리, 뉴욕, 런던, 베를린의 흐름과 동시적이고 동질적 삶의 방식이 서울과 부산을 비롯한 지방 대도시들에서 재현되고 있다.

그러나 변화에는 긍정적이고 밝은 면만 있는 게 아니다. 1980년대까지만 해도 정치가 국민의 삶에 결정적인 영향을 미쳤다. 그러나 민주화 이후에는 정권교체와 같은 정치변동보다는 금융위기나 경기침체와 같은 경제적인 변화가 우리들의 삶에 더 큰 영향력을 행사하게 되었다. 1997~1998년 IMF외환위기 이후 신자유주의 정책의 강화가 불러온 한국사회의 총체적 변화는 금융자본의 지배력 강화, 재벌의 시장 점유율 증대, 조기퇴직의 일반화와 실업률의 증가, 비정규직의 증가, 노동운동과 시민운동의 약화를 초래했다. 대학의 운영이 기업화되었고 비판적 지식인의 소멸했으며 대학 진학률은 증가했지만 청년실업이 증가하면서 88만원 세대라는 말이 나왔고 젊은이들에게는 대기업체 정규직이 꿈이 되어버렸다. 이런 변화는 개인의 삶에도 커다란 변화를 불러왔다. 결혼을 하지 않고 혼자 사는 독신 인구가 늘어나고 결혼 연령이 늦추어지고 결혼을 하고서도 아이를 낳지 않거나 늦게 낳고 있다. 일찍 퇴직한 남성 가장들이 늘어나고 중년 이후의 이혼율이 증가하고 노인 인구가 증가하고 자살률이 증가하면서 가족이 해체되고 있다.

이런 상황에서 살아남기 위해 서점가에서는 증권과 부동산 투자, 재테크를 위한 경제경영서, 영어실력 향상을 위한 토익교재, 기업이 원하는 방식으로 자신을 변모시키기 위한 자기계발서, 마음의 상처를 다스리기 위한 힐링서, 교양 있게 보이기 위한 인문학 서적 가운데 몇몇 베스트셀러가 독서 시장을 석권했다. 경쟁이 치열해진 사회에서 살아남기 위해서는 빠르게 열심히 뛰어야 한다. 그렇게 긴장된 삶을 살다 보니 스트레스가 쌓인다. 긴장 뒤에는 이완이 필요하다. 그래서 식당, 주점, 노래방, 클럽, 사우나와 모텔이 도시 안팎에 우후죽순으로 생겼다. 기업체 등의 공식 분야에 진입하지 못한 사람들에게는 그런 업종에 종사하는 것이 살아남는 길이었다. 요란한 스트레스 해소 방법은 웰빙 담론과 함께 건강한 음식 섭취와 걷기, 등산, 운동 등으로 바뀌고 있지만, 아직도 서울을 비롯한 대도시의 밤은 스트레스 해소를 위해 불야성을 이룬다.

평등을 배웠지만 평등하지 못한 삶

이런 시대를 살아가는 한국인의 마음속에는 무슨 일이 일어나고 있을까. 많은 사람들이 불안감과 모멸감, 수치심으로 가득 찬 마음을 지니고 살아간다. 광복 이후 모든 사람이 평등하다는 의식이 널리 확산된 이후 1960년대부터 너도 나도 잘살기 운동 대열에 열심히 참여한 한국의 가족들은 이제 3세대를 거치면서 성공한 가족, 그렇고 그런 가족, 실패한 가족으로 성적이 매겨졌다. 할아버지에서 아버지 세대를 거쳐 아들 세대에 이르기까지 거의 모든 가족의 생활수준이 향상된 것은 사실이다. 하지만 소수의 가족은 하층에서 급상승하여 최상층으로 진입했고 그보다 많은 가족들이 하층에서 중산층으로 발돋움했지만 여전히 대를 이어 하층의 생활을 계속하는 가족도 있다. 게다가 IMF 이후 세계화의 바람으로 경쟁이 심해지면서 중산층의 일부가 하층으로 떨어지면서 사회적 상승 이동은 점점 더 어려워지고 있다.

이제 한국만이 아니라 선진국이라고 불리는 대부분의 나라에서 고학력 실업자가 늘어나고 빈부차가 커지고 사회불안이 증대하고 있다. 세계는 그야말로 80대 20의 사회에서 90대 10의 사회를 지나 99대 1의 사회를 향해 나아갈 전망이다. 과거에 익히 들었던 빈익빈 부익부의 시대가 다시 오고 있는 것인가. 이제는 위로 올라갈 수 있는 승강기는커녕 사다리도 찾기가 힘들어졌다. 헝그리 정신으로 돈을 번 할아버지들은 아들을 거쳐 손자에게 재산을 상속하기에 바쁘다. 재벌이야 이미 3, 4대 세습이 기본이지만 목사들마저 자신이 개척하고 부흥시킨 교회를 자식에게 세습하려고 안달이다. 스스로를 중산층이라고 생각하는 부모는 누구라도 자식이 하층으로 떨어지지 않게 하기 위해 고군분투한다. 내 자식만은 남부럽지 않게 살아야 한다는 강박감이 모든 가족의 머리를 짓누르고 있다. 그러나 할아버지의 돈이 없으면 일류대학에 들어갈 수 없다는 농담 아닌 농담이 진실이 되어가고 있다.

현실은 그렇게 바뀌어가지만, 물이 오를 대로 오른 모든 사람이 평등하다는 의식은 수그러들지 않는다. 너나 나나 똑같이 태어났는데 왜 이렇게 다르게 살고 있느냐라는 질문이 하층이나 중산층 사람들의 머리에 붙어 떠나지 않는다. 게다가 잘사는 사람들은 그걸 과시하고 싶어서 안달이다. 서울의 백화점처럼 세계 각국의 명품들이 구매하기 쉽게 죽 늘어선 매장은 어느 나라에서도 찾아보기 힘들다. 서울의 강남을 중심으로 하여 널리 퍼져 있는 고급 대형 외제차를 전시하고 있는 화려한 전시장은 밤이 되면 더욱 화려한 불빛을 발한다. 길을 걸으면 눈에 밟히는 게 화려한 광고 이미지들이다. 그러니 없는 사람들은 불만으로 가득 차고 가진 사람들이 꼴사납게 굴면 금방 모멸감과 분노가 치솟아 오른다. 먹고사는 데는 지장이 없지만 자존심이 상해서 행복하지가 않다. 그래서 너도 나도 기죽지 않기 위해 자기 과시를 위한 명품 소비에 열을 올린다. 한국의 소비자는 세계 명품시장의 최대 고객 가운데 하나다.

아무튼 오늘날 한국 사람들은 부자들의 부의 정당성을 인정하지 않는다. 매사에 혈연, 지연, 학연이 중요하게 작용하는 한국사회에서 부의 획득은 개인의 능력이나 노력보다는 연줄이나 부정부패에 의해서 달성했다는 해석이 지배적이기 때문이다. "나도 부모만 잘 만났으면 출세할 수 있었다"는 게 보통 사람들의 생각이다. SKY대학을 나온 사람들이 주요한 자리를 거의 다 차지하고 있으니 일류학교에 진학하기 위한 입시열풍은 잠잠해질 기미가 보이지 않고 집집마다 사교육비 때문에 허리가 휜다. 해외연수가 보편화되고 해외 조기유학이 붐을 이루면서 기러기가족이라는 말이 생기고 급기야 펭귄가족이라는 말도 나왔다.

민주화 이후 남녀평등을 주장하는 페미니즘이 강화되면서 호주제가 철폐되고 각 분야에서 남녀평등의 원칙이 실현되면서 남녀관계의 형태도 크게 변했다. 성적 자기결정권 등 여성들의 자유에 대한 요구가 커졌다. '일베'(일간 베스트)에서 볼 수 있는 여성혐오 표현들은 그런 변화에 대한 일그러진 반응이다. 남녀평등과 함께 성해방을 주장하는 흐름이 강화되면서 한국사회는 조용한 성혁명을 겪고 있다. 결혼 전 성관계는 전혀 문제될 것이 없으며 오히려 성경험이 없는 미혼남녀가 이상한 사람으로 취급받게 되었다. 기혼 남녀들의 혼외 성관계도 은밀하게 확대되어 이혼율이 증가하고 한 지붕 밑에 살지만 남남으로 사는 부부가 증가하고 있다. 자유로운 연애의 시대가 도래하면서 의상과 화장으로 만족하지 못하고 성형으로 미인이 되고 싶은 사람들이 늘어났다. 오늘날 한국은 세계적인 성형대국이 되었다. 누구나 마음만 먹고 돈만 있으면 타고난 얼굴과 몸매를 뜯어고쳐 매력적인 얼굴과 매혹적인 몸매를 가질 수 있게 되었다. 수술 전과 수술 후를 대비시키는 광고 사진은 하루아침에 신데렐라가 될 수 있다는 꿈을 부추긴다. "너만 잘났냐 나도 잘날 수 있다"라는 평등의식과 비교의식과 경쟁의식으로 살아가는 한국 사람들은 내심 불안감을 떨쳐버릴 수가 없다. 미래가 보장되지 않고 있기 때문이다. 가족 해체로 홀로 살게 된 노인층의 자살률이 다른 연령대와 비교되지 않는 비율로 세계 최고를 기록하고 있음은 어두운 노년을 그리게 한다.

그러나 아직 오지 않은 미래를 걱정하기보다는 지금 여기에서의 삶을 즐겨야 한다는 생각이 지배적이다. 미국이나 유럽 등 외국에서 살다 돌아온 사람들은 한국처럼 재미있는 일이 많은 나라가 없다고 말한다. 드라마, 영화, 노래 등으로 이루어진 한류 열풍은 그 보기의 하나다. 대중사회가 도래하고 대중문화가 꽃을 피우면서 문화의 민주화가 이루어졌다. 고급문화와 달리 특별한 훈련과 노력 없이도 곧바로 즐길 수 있는 게 대중문화의 특징이자 장점이다. 그 결과 고급문화가 약화되고 문화의 하향평준화가 일어났다. 사람들은 이제 책보다는 스마트폰 화면을 들여다보고 있으며 진지한 연극은 사라지고 노래하는 가벼운 오페라가 인기를 누리고 있으며, 비극 장르는 사라지고, 하는 사람도 보는 사람도 모두 바보로 만드는 희극이 판치는 경박한 세상이 되었다. 청소년들은 쌍시옷자가 들어가는 욕을 섞지 않으면 말을 이어가지 못하는 천박한 세상이 되었다.

물신숭배가 만연하고 공론장이 사라진 시대

소비주의 사회에서 돈 버는 사람들에게 사람은 고객이자 소비자로만 보인다. 길거리와 일간지, 잡지, 포털 사이트는 만인을 유혹하는 광고문구와 이미지들로 넘친다. 모든 것이 마케팅이다. 불필요한, 아니 해가 되는, 욕망을 자극하고 병적인 경쟁심을 유발하여 그 물건을 사지 않으면 안 된다는 식의 광고가 시각과 청각을 자극하여 피로감을 높인다. 아침에 일어나서 밤에 잠자리에 들 때까지 우리는 끊임없는 광고에 노출되어 있다. 거기에서는 누구라도 돈만 가지면 VIP 대우를 받는다. 명품 열풍, 부자가 아니더라도 '부자로 보이기' 위한 경쟁, 남보다 예뻐 보이고 근사해보이기 위한 경쟁이 심화되면서 외모가 자본이라는 외모자본주의 시대가 도래했다.

그러나 세상을 살아가기는 더욱 녹록치 않게 되었다. 신자유주의라는 이름으로 불리는 시장과 사회구성의 원리는 강자가 약자를 잡아먹는 약육강식과 승자독식의 논리를 사회의 모든 영역으로 확대하고 있다. 그 결과 시장의 논리와 정글의 법칙이 지배하는 비인간적인 사회가 되어가고 있다. 비인간적인 속물사회를 지나 동물적인 사회가 되어가고 있다. 악다구니를 쓰며 막장투쟁을 벌이는 사람들에게서 예의와 범절, 윤리와 도덕은 빨리 버려야 할 구시대의 유물일 뿐이다. 무슨 수를 써서라도 무조건 이기고 봐야 한다는 삶의 방식은 동물성과 야만성을 승인할 뿐만 아니라 그것들을 오히려 절대적 가치, 명령, 행위 기준으로 올려 세우는 일이다. 그로부터 발생하는 가치의 전도와 혼란, 비정상과 변태성의 확산, 사회의 정글화는 심각한 사태가 아닐 수 없다.

우리는 세상 돌아가는 것을 언론을 통해 파악한다. 그러나 언론의 공공성이 지금처럼 약화된 적은 일찍이 없었다. 대기업이 소유하거나 그 자체로 대기업인 거대 언론사들은 거의 사조직화되어 겉으로는 공론과 공익의 이름을 내걸면서도 은밀하게는 특정 집단의 특수 이익을 옹호하고 있다. 사이버스페이스의 공론장의 출현으로 전자 민주주의시대의 도래를 기대하기도 했으나 사이버스페이스는 사이버 공론장이라기보다는 사이버 배설구의 측면이 더 강해지고 있다. 통제 불가능한 자유로운 정보 유통 시스템 그 자체가 공론장의 출현을 보장하지 않는 것이다. 현실에서 합리적으로 사고하고 의견을 주고받고 더 나은 생각을 만들어가는 공론형성의 주체가 형성되지 않는 한 사이버스페이스에서의 공론장 형성은 기대하기 어려운 게 현실이다.

위에 말한 그 모든 비판에도 불과하고 중년 이상의 사람들의 경우 어린 시절과 비교해보면 물질적으로 잘살게 된 것을 부인할 수 없다. 1960년대와 1970년대만 해도 우리 사회에 빈곤층이 널리 퍼져 있었다. 그러나 이제 밥을 굶는 사람은 없고 판잣집에 사는 사람도 거의 없으며 헐벗은 사람도 찾아보기 힘들다. 전체적으로 생활수준이 향상된 것을 부인할 수 없다. 우리 경제의 규모가 획기적으로 커지고 1인당 국민소득이 수십 배로 늘어났으며 기본적인 복지제도도 갖추어가고 있다. 그런데도 불만으로 가득 찬 사람들이 늘어나고 있다. 내 생활이 나아진 건 사실이지만 나와 비슷한 처지에 있던 사람이 나와는 비교도 되지 않을 정도의 재산을 축적한 경우를 알기 때문이다. 나는 더 이상 돈을 벌 기회가 없는데 어떤 사람들은 앉아서 재산을 늘려가고 있다. 그런 사실을 받아들이기에는 자존심이 허락하지 않는다. 조기 퇴직한 사람으로서 더 나은 미래를 그려볼 수 없다. 별로 살 기분이 나지 않는다. 더 부자가 되는 것을 목표로 해서 살아왔는데 이제 하락의 길만 남았다면 무슨 살맛이 나겠는가. 정신적 가치를 쫓아버리고 물질적 가치를 숭상해온 사람에게 갑자기 정신적 가치를 추구하라는 충고는 받아들여지지 않는다.

세상 돌아가는 방식에 대한 관심

자기계발과 힐링에 쏠리던 관심이 다시 사회에 대한 관심으로 이동하고 있다. 민주화 이후 서서히 사라졌던, 개인적 삶을 제약하고 방향 짓는 사회의 짜임새에 대한 관심이 살아나고 있는 것이다. 변하는 세상에 어떻게 발맞추어 살 것인가를 묻던 사람들이 지금 우리는 어떤 세상에 살고 있는가를 묻기 시작했다. 개인의 삶과 더불어 그 개인들이 살고 있는 사회가 문제시되기 시작한 것이다.

우리나라는 2차대전 이후 세계 역사상 유례없는 경제발전을 이룩하여 세계의 최빈국에서 선진국의 일원이 되었으며 억압적 독재체제에서 개인의 자유와 권리가 보장되며 대통령을 직선하는 민주화도 이룩하였다. 국민들은 이제 우리나라가 세계 여러 나라의 모범이 되는 나라가 되었다는 자부심을 갖게 되었다. 그런데 20세기가 저물고 21세기에 들어서면서 그런 자부심을 지키지 못하게 할 크고 작은 사건들이 줄지어 발생하고 있다. 금융위기와 경제위기 이후 더욱 치열해지는 경쟁체제 아래서 삶은 더욱 팍팍해지고 견디기 어려울 정도가 되어가고 있다.

우울증 환자가 급증하고 자살률이 증가하고 있다. 밥을 굶거나 헐벗은 사람은 거의 없지만 많은 사람들이 불행하다고 느끼며, 열등감과 모멸감에 시달리고 있다. 아동은 아동대로, 청소년은 청소년대로, 젊은 남성은 젊은 남성대로, 중년 여성은 중년 여성대로, 노인 남성은 노인 남성대로 다들 각자의 마음속에 삶에 대한 불만이 쌓여간다. 아니 모든 것이 잘 돼가는 줄 알았더니 무엇이 잘못된 것일까? 물고기가 문제를 느낄 때는 그 물고기가 노는 물을 생각해보아야 한다. 사람들이 사는 물, 그것이 사회다. 사람들은 이제 다시 사회에 대해서 묻기 시작했다. 바뀌어버린 사회에 대해 질문하면서 그 안에서 살아가는 자신의 모습을 들여다보기 시작한 것이다. 사회변동에 따른 개인 삶의 변화가 문제시되고 있는 것이다. 사람들은 이제 잘 산다는 말의 진정한 의미와 그런 삶이 가능한 사회는 어떤 사회인가를 질문하기 시작했다.

세상은 바뀌고 있지만 나를 위해서 바뀌는 게 아니라 보이지 않는 1%의 금융 자본가들의 부를 증식시키는 방향으로 바뀌고 있다. 희망의 분위기는 사라지고 절망의 유령이 동구 밖을 어슬렁거리고 있다. 언제 또 어떤 위기가 도래할지 모르고 언제 또 어떤 사고가 터질지 모른다. 불안하고 우울하다. 한바탕 술을 마시고 소리치고 춤을 추어보지만 그때뿐이다. 원래의 상태로 되돌아간다.

사회를 말하는 사회들

이런 상황에서 '무슨무슨 사회'라는 제목을 단 책들이 출간 붐을 이루고 있다. 사람들은 인문학 책을 읽으면서 '나는 어떻게 살아야 하는가?'를 묻는다. 그러나 이제 벽에 부딪친 사람들은 '우리는 어떤 세상에 살고 있는가?'라는 질문을 하고 있다. 아무리 자기계발을 하고 스펙을 쌓아보아도 보이지 않는 벽에 부딪친다는 느낌을 갖게 된 사람들은 "세상이 도대체 왜 이래?"라는 질문을 던지게 된다. 그런 질문에 응답하는 '무슨무슨 사회'라는 제목의 책들은 우리가 살고 있는 사회의 단면을 보여준다. 그런 책들은 대부분 우리가 살고 있는 사회의 부정적 측면을 파헤치고 있다. 각각의 책들은 모두 일리 있는 분석을 하고 있다.

"중단 없는 전진"을 구호로 내세우고 밤낮 없이 달려온 한국 사람들은 이제 피로감을 느낀다. 그래서 '피로사회' '과로사회'라는 말이 절실하게 느껴진다. 정이 많기로 유명한 한국 사람들이 자기 이익 차리기에 바빠 야박해져서 부모를 돌볼 여유도 없다. 그래서 홀로 죽어가는 고독사나 스스로 목숨을 끊는 노인들이 늘고 있다. 짐이 되고 부담이 되는 연고는 끊고 이익을 가져다주고

258

힘이 되는 연고는 강화시키는 것이 요즘 삶의 지혜다.

연고주의는 사라지지 않은 반면 '무연사회'가 등장했다. 한 지붕 아래 3세대가 모여 살던 시대에서 2세대가 살던 시대를 지나 원룸에 홀로 사는 사람들이 인구에서 차지하는 비중이 커진 '싱글 사회'가 도래하고 있다. 취직, 결혼, 출산, 자기 집 장만이라는 순차적 과제의 해결이 불투명해진 젊은이들은 좁은 원룸에 몸을 의탁하고 시간제 알바나 비정규직 일자리에 종사하면서 하루하루를 그럭저럭 큰 희망 없이 살아가고 있다. 그들은 가난하고, 외롭고, 낮고, 쓸쓸한 삶을 살아가고 있다. 외로워서 연인과 친구를 만들고 싶지만 거기에서 오는 부담과 상처가 두려워 많은 사람들이 그저 인터넷상에서 얇고 가느다란 인간관계를 맺으며 살아간다. 정보기술의 발달로 SNS가 일반화되면서 글로벌 '네트워크 사회'가 도래했다. 세계 어느 곳에 있는 사람과도 실시간에 생각과 느낌을 주고받을 수 있게 되었다. 그러나 상처받지 않으려면 쿨해야 한다. 그렇게 그들은 스스로를 타인과 연결했다 끊었다를 반복하는 단속斷續사회에서 스스로를 '단속團束'하며 살아가고 있다.

탈근대의 사회에는 이성과 합리성만이 아니라 감성과 친밀성이 중요하다고 말하지만 감정을 함부로 표현했다가는 큰코다친다. 그래서 감성을 중시하면서도 감정이 없는 것처럼 행동하는 '탈감정 사회'가 된다. 분노를 느껴도 감정노동을 통해 스스로를 다스려야 한다. 직업활동에서는 누구나 '자기절제'가 필요한 사회다.

세상에 믿을 것은 가족밖에 없다는 가족주의의 시대가 있었다. 아직도 최후의 보루는 가족이지만 부모도 자식도 배우자도 믿을 수 없는 세상이 되어가고 있다. 언제 무슨 일이 일어날지 모른다. 엄마에게 애인이 생긴 지 오래고 아들이 아버지를 때린 지 오래다. 누구를 믿고 살 것인가. '신뢰가 불가능한 사회'가 되어가고 있다. 매스컴마저 진실을 말해주지 않기 때문에 소문이 창궐하고 '카더라 통신'이 범람한다. '루머사회'다. 중심이 사라진 분열된 사회의 파편들이 굴러다닌다. 대졸자는 늘어나는데 일자리는 없어서 하는 일 없이 살아가는 백수들의 '잉여사회'가 도래했고 노숙자를 비롯하여 생존의 벼랑에 몰린 사람들이 늘어나고 있는가 하면 자기 집은 있지만 빚더미 위에 앉아 있는 '하우스 푸어'로 불리는 신도시 아파트의 주인 아닌 주인들도 있다.

우리가 사는 사회는 피로사회, 과로사회, 위험사회, 부품사회, 승자독식사회, 격차사회, 영어계급사회, 주거신분사회, 제로섬사회, 하류사회, 낭비사회, 소비사회, 투명사회, 감시사회… 이다. 그러나 무슨무슨 사회론은 사회의 단면은 보여주지만 전체 모습을 보여주지 못한다. 그래서 장님들이 코끼리를 만지면서 코끼리가 무엇인가를 이야기하고 있는 것은 아닌가 하는 느낌이 든다.

오늘날의 사회학

사회주의 몰락 이후 등장한 포스트모던 사회과학이론은 전체성과 총체성을 포기했다. 모든 것을 설명하는 일반이론보다는 각각의 관점에서 부분을 설명하는 상대주의적 인식론이 대세가 되면서 "뭐든지 좋다!"라는 정신적 풍토가 조성되었다. 상대주의 가치관이 지배하면서 누가 무엇을 주장하는 것이 촌스럽게 여겨졌다. 전체에 대한 관심이 약화되고 각자가 자신의 일상의 삶을 영위하는 제한된 영역에만 관심을 갖고 살아간다. 수준이 비슷하고 마음이 맞고 취향이 비슷한 사람들이 끼리끼리 어울려 새로운 부족을 형성하면서 서로 배타적인 우물 안 개구리가 되어간다. 그러면서도 어딘지 불안하다. 전체의 판도를 읽고 그 안에 자기가 속한 집단을 위치지우고 자신이 현재 있는 곳이 어디인지, 또 앞으로 어떤 변화가 일어날 것인지를 예측할 수 있어야 하는데 그런 질문 자체가 사라졌다.

그 결과 그냥 생존에 필요한 일들을 하면서 그날그날의 즐거움을 최대한으로 누리면서 살아가면 그만이라는 삶의 태도가 일반화되고 있다. '세상은 어떻게 돌아가고 있는가?'라는 문제는 접어두고 '무슨 옷을 입을 것인가?' '어느 식당에 가서 무얼 먹을 것인가?' '어느 병원에 가서 성형을 할 것인가?'가 중요한 관심사가 되어버렸다. 비합리적 관습과 관행이 지배하는 전근대 사회를 청산하고 합리성과 이성을 중시하는 근대로의 이행이 이루어지기도 전에 근대성을 비판하는 포스트모더니즘의 도래로 이성보다 감성의 중요성이 강조되었다.

성에 대한 전통적 규범이 해체되면서 자유로운 연애의 시대가 열렸다. 가부장제가 붕괴하면서 아버지는 그저 돈을 벌어오는 기계로 전락하고 어머니는 자녀 교육의 코치가 되었다. 민주화되고 규제가 없어지고 자유로워진 한편으로 서로가 서로를 믿지 못하고 소통이 불가능해지면서 모두 홀로 컴퓨터화면이나 스마트폰 화면 앞에 있는 사람들이 늘어나고 있다. 아이들은 일찍부터 학습 경쟁에 들어가고 입시경쟁에 시달리고 학교와 학원을 오가며 성적에 목매달고 있다. 대학을 졸업한 젊은이들은 직장이 없어 알바로 생활비를 벌면서 독립을 꿈꾸지만 부모의 지원 없이는 아무 것도 마음대로 할 수 있는 게 없다. 그러니 미래는 잊어버리고 그날그날을 즐겁게 살면 그만이라는 생각을 하게 된다. 결혼한 젊은 부부들은 아이 낳기가 두렵다. 이 험한 세상에 치열한 경쟁의 사회에서 누가 그 아이를 책임질 것인가.

　19세기 말 '근대'와 함께 태어난 사회과학은 인간 사회의 변화를 총체적 장기적으로 전망하고 더 좋은 사회를 만들기 위해 무엇을 어떻게 해야 할 것인가를 묻는 학문이었다. 그러나 오늘날 경제학은 통계적 분석방법은 고도로 발전시켰지만 경제 위기를 예측하고 관리하지 못하는 무능한 학문이 되었고 정치학은 수많은 이론의 발전에도 불구하고 민주주의를 신장시키는 데 기여하지 못하고 있으며 사회학은 사회문제의 해결과 사회운동을 통한 사회의 개혁이라는 비전을 상실한 지 오래다. 19세기와 20세기를 거치면서 고전 사회과학자들은 사회변동의 일반적 추세를 여러 가지 방식으로 개념화했다. 절대왕정에서 공화정으로, 전통사회에서 근대사회로, 게마인샤프트(공동사회)에서 게젤샤프트로(이익사회), 군사형 사회에서 산업형 사회로, 농촌사회에서 도시사회로, 공동체주의 사회에서 개인주의 사회로, 기계적 연대의 사회에서 유기적 연대의 사회로, 종교가 지배하는 시대에서 세속화의 시대로, 봉건제사회에서 자본주의 사회로의 이동이 변화의 일반적 추세였다. 그런 변화의 추세는 20세기를 거치면서 어떤 방식으로든 하나의 주기를 완성했고 21세기에 접어들면서 새로운 주기가 시작됐으나 사회과학자들은 그 주기의 성격을 잡아내지 못하고 있다. 예측과 통제가 가능한 확실성의 시대에서 무슨 일이 일어날지 모르는 불확실성의 시대로, 세상의 형태를 파악할 수 있는 고체성의 시대에서 흐르는 물결 같은 액체성의 시대로 변했다는 동어반복만 계속하고 있다.

사회과학자들은 이제 국민국가의 틀 안에서 사고하는 '방법론적 민족주의'에서 벗어나 세계체계 수준의 금융자본주의, 북미 자유무역협정, 유럽연합의 형성, 아세안의 영향력 증가 등 세계체계 수준의 변화와 개인의 일상적 삶 사이에는 어떤 관계가 있는지를 설명할 수 있어야 한다. 그리고 그런 세계적인 수준에서의 변화가 국민국가의 정치권력의 담당자들에게 어느 만큼의 활동영역을 남겨놓고 있는지 그 안에서 무슨 일을 어떻게 할 수 있는지를 보여주어야 한다. 경제학과 정치학, 사회학과 심리학, 커뮤니케이션 연구와 심리학은 미시적 영역의 부분적 연구를 하면서도 그것이 세계 전체의 변동 양상과 어떻게 연결되어 있는지를 보여주어야 하는 것이다. 그것이 우리시대의 '사회과학적 상상력'을 발휘하는 길이다.

물론 사회는 위로부터 바뀔 수 있다. 지도자가 잘해야 하고 리더십이 중요하다. 그러나 그럴 경우 엘리트 중심의 테크노크라트 중심의 기득권 중심의 변화가 일어난다. 그러기에 밑으로부터의 요구 형성이 중요하다. 근대의 특징은 합리성의 증진과 주체성의 형성에 있다. 밑으로부터의 참여가 확대되고 집합적 주체에 의해 사회의 변동이 가능하다는 생각이 근대적 사회사상이다. 이제 근대가 저물고 탈근대 사회가 도래하면서 위로부터 모든 것이 관리되고 통제되는, 아니 위로부터 제대로 관리되고 통제되지 못해 언제 무슨 일이 터질지 모르는 예측 불가능의 사회가 되어가고 있다. 자본주의의 위기, 생태계 위기 앞에서 지금 여기에서 살아가는 내가 할 수 있는 무엇인가를 알기 위해서는 우선 세계 차원의 거시적 변화가 지금 여기서 오늘을 살아가는 나의 삶에 어떤 변화를 일으키는가를 알아차릴 수 있어야 한다. 사회과학자는 일단 그런 질문에 답하는 지식을 내어놓아야 한다.

도덕적 분노에서 자기 성찰로

세월호 사건이 터졌다. 그 어이없는 사건 앞에서 '아니 이럴 수가?' '어떻게 이런 일이?' 이런 즉각적인 도덕적 판단을 내린 다음에 담당 부처와 '관피아'를 비판하면서 대통령 퇴진 요구를 외치는 일도 필요하다. 그들은 비판당하고 문책받고 견제받아야 마땅하다. 그러나 거기에 그치지 말고 한 걸음 더 나아가야 한다. 우리가 살고 있는 사회가 작동하는 방식과 그 안에서 우리가 살아가는 방식을 찬찬히 들여다보면서 거기에 어떤 문제가 있는지를 살펴보아야 한다. 나는 어떤 세상에 살고 있고, 그런 세상은 무슨 문제가 있으며, 내가 그 안에서 살아가는 방식은 올바르고 정당하고 비판받을 구석이 없는 것인지를 자문해야 한다. 남을 비판하기에 앞서 자기 자신은 똑바로 살고 있는가를 들여다보아야 한다. 높은 자리에 있는 놈들, 돈 많은 놈들보다 나쁜 짓을 덜하고 산다는 것으로 그 사람들을 비판할 권리가 있다고 생각할 수도 있다. 그러나 내가 그 사람들의 자리에 섰을 때 나는 과연 그들과 다르게 움직일 수 있을까? 지금 내가 사는 방식을 염두에 두고 내가 그 높은 자리에 올라가고 돈 많은 사람이 되었을 때 어떻게 행동할 것인가를 생각해보아야 한다.

어떻게 살 것인가를 묻기에 앞서 우리는 어떤 세상에서 어떤 삶을 살고 있는지를 물어야 한다. 그리고 난 다음에 우리는 사회를 어떻게 바꿀 수 있을까를 물어야 한다. 그리고 거기에서 내가 할 수 있는 일은 무엇인지를 물어야 한다. 자기비판과 사회 문제의 해결을 위한 자신의 참여는 쏙 빠진 채 잘못된 일이 터졌을 때 잘못한 사람들을 꾸짖고 비판하고 퇴진을 요구하는 일은 쉽다. 그러나 세월이 흐르고 그 일이 희미해지면 언제 그랬냐는 식으로 똑같은 나날이 반복된다. 미국산 쇠고기 수입반대운동을 벌이던 촛불시위의 나날들의 열기는 다 어디가고 누구나 버젓이 수입산 소고기를 먹으면서 아무런 질문도 하지 않고 있다. 원전의 사고 위험성이 있어도 "설마" 하면서 나서지 않는다. 많은 사람들이 내 자식, 내 남편, 내 친구만 챙기면 그만이고 다른 것은 모르겠다는 태도로 인생을 살아간다. 대통령을 정점으로 하는 정치인 비판은 술자리에서의 술안주일 뿐 술자리가 끝나면 그뿐이다. 세상이 살기 팍팍해졌지만 어쩔 수 없이 적응하며 살아간다. 살아가면서 받는 스트레스는 각자 알아서 해결해야 한다. 세상의 논리를 어쩔 수 없이 받아들여야 한다면서 때로 비굴해지고 때로 억울해하면서 하루하루를 살아간다.

내가 한반도 남단에 태어난 1950년대 중반만 해도 한국사회는 농업사회였다. 그 후 공업화, 산업화, 근대화, 도시화를 거쳐 정보화와 세계화, 다문화의 시대를 살고 있다. 급속한 변동의 시대를 산 사람들은 변화에 익숙하다. 바뀌는 세상에 빠르게 적응하기에 바빠 자기 자신을 돌아보고 돌볼 시간을 갖지 못한다. 내면의 정신적 삶을 추구할 겨를이 없다. 생존하기 위해, 더 잘 살기 위해,

뒤쳐지지 않기 위해 바깥의 세상에서 벌어지는 변화를 민감하게 포착하고 재빠르게 적응해야 했다. 그 결과 내면지향형 정신주의 자는 사라지고 외부지향형 물질주의자들이 득세하게 된 것이 현실이다. 그러나 영혼 없는 물질주의자들이 득세하게 되었다고 해서 모든 사람이 세상 흐름의 대세에 무릎을 꿇은 것은 아니다. 인류의 역사에는 언제나 지금 여기에서의 호의호식을 넘어 초월적인 가치를 추구하는 사람들의 전통이 면면히 이어져 내려왔다. 물론 그들은 언제나 소수였다. 그러나 인류의 역사가 동물의 역사와 달리 더욱 보편적인 가치의 실현을 위해 진화에 진화를 거듭해온 데에는 그런 정신적 가치를 추구한 사람들의 전통이 있었기 때문이다. 그런 전통은 역사의 뒷면에서 보이지 않는 샘물로 흐르다가 때가 되면 분출하여 역사의 물줄기를 가르고는 하였다.

이제 1960년대 이후 "잘 살아보세!"를 외치며 달려온 지난 반세기의 역사를 되돌아보며 '잘 산다는 것'의 진정한 의미를 다시 생각해볼 때다. 이제는 앞으로 무작정 나갈 때가 아니라 어느 방향으로 갈 것인가를 다시 생각해야 할 때다. 인간은 신도 아니고 동물도 아닌 그 중간에 있는 존재라고 한다. 지금 인간은 점점 더 동물에 가까워지고 있다. 이제 다시 인간 내부에 존재하는 신성을 되찾아야 할 때다. 물질적 성장을 목표로 하는 '돌진적 근대화'가 빚어낸 온갖 부작용이 삶을 황폐하게 만들고 있는 오늘날, 주류의 흐름에서 벗어나 새로운 길을 모색하는 사람들을 눈여겨 보아야 하는 이유가 여기에 있다. 그들은 고속도로를 달리는 브레이크가 고장 난 자동차에서 내려 숲속의 오솔길로 들어선 사람들이다. 그들은 덜 소유하지만 더 나은 삶을 누릴 줄 아는 사람들이다. 그들은 더불어 살아가면서도 자기만의 삶을 창조하는 새로운 삶의 방식을 만들고 있다.

이제는 어이없는 일 앞에서 뿜어내던 분노와 회한을 떨쳐버리고 자기 성찰과 자기 혁신으로 나아가야 할 때다. 평소에는 객체로 머물다가 무슨 일이 터지면 열을 올리는 일시적 비판의 주체가 아니라 언제 어디서나 새로운 삶을 모색하는 일상의 주체로 다시 태어나야 한다. 제과점을 하건, 공무원 생활을 하건, 대기업에 다니건, 택시 운전을 하건, 의류점을 하건, 가정 주부생활을 하건, 교사로 일하건, 기자 생활을 하건 각자 자신의 영역에서 지금까지와는 다르게 새로운 대안을 추구하는 사람들이 생겨나야 한다. 고속도로 위에 있으면서도 오솔길을 꿈꿀 줄 알아야 한다. 우리는 늘상 조건을 탓하여 무슨 일이 그렇게 쉽게 바뀌지 않는다며 지금까지 해왔던 방식을 그대로 고수하곤 했다. "세상은 그렇게 고분고분하지 않다!" 맞는 말이다. "젊은 시절 세상을 바꾸려고 사회운동에 참여했으나, 내가 세상을 바꾼 것이 아니라 세상이 나를 바꾸었다"라는 어느 사회운동가의 탄식도 있지 아니한가. 나 혼자 애써보아야 달걀로 바위 치기요, 사마귀가 수레바퀴를 막으려는 당랑거철螳螂拒轍의 모습에 불과할 수도 있다. 대부분의 사람들은 그렇게 자기 자신을 합리화하면서 비판의 목소리를 낮추고 원래의 삶의 모습으로 돌아간다. 그러나 근본적으로 잘못된 세상에서 어쩔 수 없다는 이유를 대고 구태의연한 삶의 방식을 고수하는 한 분노를 불러일으킬 어이없는 일은 언제 또 다시 터질지 모른다.

우리는 세상을 마음대로 바꿀 수도 없고 다른 사람도 바꿀 수도 없다. 우리가 바꿀 수 있는 건 오로지 자기 자신뿐이다. 아무도 나의 의지에 반해서 나의 생각과 나의 삶의 방식을 바꿀 수 없다. 오로지 나만이 나의 생각과 살아가는 방식을 바꿀 수 있는 내 삶의 주체다. 그러니 세상을 탓하고 부호와 권세가와 무능하고 부패한 '관피아'를 비판하고 난 다음에는 반드시 자기 자신을 들여다보고 나는 어떻게 변화할 것인가를 자문해야 한다. 남을 따라서 살지 않고 우선 나부터, 나 혼자만이라도 내 안에서 변화를 일으켜야 한다. 어떻게 세상이 하루아침에 좋은 방향으로 바뀌겠는가. 불가능한 일이다. 그렇다고 지금까지 살아온 그대로 살아갈 것인가? 그렇다면 그렇게 열을 올리며 책임자 처벌을 요구하던 분노의 목소리는 어디로 갈 것인가. 그러니 다른 사람은 몰라도 우선 나부터 '영혼 없는 물질주의자' '정신 나간 감각주의자'의 삶에서 벗어나 자신의 삶을 되돌아보고 작은 일에서부터 변화를 추구해야 한다. 기업주라면 이윤의 일부분을 사회에 환원할 줄 알아야 하고, 기자라면 사실에 충실한 공정한 기사를 쓸 일이며, 교사라면 정성으로 학생들을 가르쳐야 할 것이고, 판매업 종사자라면 좋은 물건을 양심적인 가격으로 판매해야 할 것이다. 그런 건강한 삶의 기운이 사회 곳곳으로 퍼져나갈 때 합리적인 공론장이 형성되고, 양심적인 정치인이 나오고, 당리당략을 벗어난 정당 활동이 이루어지고, 공공의 복리를 증진하는 맑은 행정이 가능해질 것이다. 개인은 세상을 바꿀 수 없다. 그러나 깨달은 개인, 각성한 개인, 스스로를 변화시키는 개인들이 모이면 세상은 조금씩 바뀔 수 있다. '남들도 다 그렇게 살아가는데 뭐'가 아니라 '우선 나 한 사람만이라도'라는 정신이 없는 한 세상은 지금까지 굴러온 방식대로 계속될 것이다.

　여기에 사회과학의 변화가 절실하게 요구된다. 지금까지 사회과학은 '세상은 어떻게 움직이는가'를 설명하려고 애써왔다. '그런 세상에서 나는 어떻게 살 것인가'라는 문제는 '주관적 가치판단'의 문제라고 하여 학문의 영역에서 배제하고 각자의 판단에 맡겼다. 그 결과 사회과학은 세상을 제대로 설명하지도 못했고 사람들이 좋은 세상을 만들어 나가는 데 유용한 어떤 성찰의 자료도 제공하지 못했다. 세상은 그 안에 사는 인간의 의지와 상관없이 저기 그렇게 있는 대상이 아니라 인간들이 상호작용을 통하여 만들어가는 창조물이다. 물론 사회과학은 완전한 사회의 설계도를 만들고 그것을 실현할 기술을 제공하는 사회공학이 아니다. 그런 사회과학은 언제나 독재체제를 정당화하는 수단이 되어 만인이 불행한 세상을 만드는 데 앞잡이가 되어왔다. 건강한 사회과학이라면 사회가 어떻게 움직이는가를 설명하는 일과 더불어 모든 사람이 인간답게 살 수 있는 좋은 세상은 어떤 세상이며 그런 세상을 위해서 각자 어떻게 살아가야 하는지를 성찰할 수 있는 기회를 제공하는 학문이 되어야 한다. 목소리를 낮추고 글을 마치려는데 귓가에 무슨 소리가 들려오는 듯하다. "너나 잘하세요!"

정수복 사회학자, 작가

그 밖의 사회들

감성사회 감성(감정)을 문화의 동력으로 삼는 사회를 가리킨다. 이 러한 입장에 따른다면, 감성은 유전에 의해 부여된 기질이 아니라 교육에 의해 습득된 능력이다. 다시 말해서 감정은 조작操作의 대상 이자 훈육訓育의 대상이다. 가령 자본주의는 죄책감이라는 감정을 통해 자본주의에 부합하는 주체상을 형성하고 있다. 특히 신자유 주의에 기초하고 있는 신용경제가 특히 그러하다. 자기 실존에 대 한 무한 책임을 감내하게 만드는 것은 이러한 감정 형성에 따른다. 사회의 안전망이 해체되면서 스스로 돌보는 것에 전념하도록 만드 는 것이다. 그러나 이러한 자조적 상황에서는 적절한 훈련을 통해 공생을 위한 공감을 형성하는 것이 필요하다. 지금의 왜곡된 감성 사회는 공감사회로 나아가야 한다.

감성사회라는 개념은 우리 사회를 규정짓는 하나의 관점인 탈감 정사회의 흐름과 모순되지 않는다. 탈감정사회 개념에 따르면, 현대인들은 그저 만들어진 기계적 감정을 소비한다. 감성 사회에서도 본질적으로는 소외된 감정이 유통되고 있는 것일 따름이다. 그러므로 현재의 감성 사회는 바로 탈감정 사회이다.

에바 일루즈가 『감정 자본주의』에서 날카롭게 지적하였듯이 감정은 자본주의에 의해 매개이자 상품으로 취급되어 왔다. 다시 말해 감정은 노동과 자본 사이의 매개로 작동하는 동시에 노동에 의해 상품으로 제공된다. MBTI나 애니어그램과 같은 유형론(을 통한 관계의 조율과 조직의 재구성)은 전자의 좋은 사례이며, 감정 노동과 감정 마케팅 등은 특히 후자를 반영하는 것이다. 더불어 감정 노동은 감정을 노동과 고객의 매개로 삼고, 감정 마케팅은 이를 자본과 고객의 매개로 활용한다.

『감정 자본주의』, 에바 일루즈 지음, 김정아 옮김, 돌베개, 2010

『부채인간』, 마우리치오 라자라토 지음, 허경·양진성 옮김, 메디치미디어, 2012

『감성사회』, 서동진·김왕배·김지수·강혜종 외 지음, 글항아리, 2014

고령화사회 사회의 인구구조 변화를 노인 중심으로 규명하는 개념이다. UN에서는 총인구 중에 65세 이상의 인구가 총인구를 차지하는 비율이 7% 이상인 사회를 고령화 사회로 분류한다. 이 비율이 14%를 넘어서면 고령 사회가 되고, 20%를 넘기게 되면 초고령화 사회로 진입한다. 현대사회의 고령화 현상은 출생률과 사망률의 저하에 연원한다. 따라서 고령화사회는 저출산사회와 궤를 같이 하는 개념이다('저출산사회' 참고). 두 사회의 인구 분포는 역 피라미드 구조이다. 청년 세대가 증가하여 윗세대를 떠받치는 구조가 될 수 없는 불안정한 사회구조라는 뜻이다. 더욱이 고령화 현상은 노인 계층의 경제적 문제(가난), 사회적 문제(고독), 육체적 문제(질병) 등으로 인해 사회적 비용의 증대를 초래한다.

한국은 경제협력개발기구(OECD) 국가들 가운데 인구 고령화 1위, 노인 빈곤율 1위, 노인 자살률 1위를 굳건하게 지키고 있다. 가령 노인 빈곤율이 49.2%인데, 이는 경제협력개발기구(OECD) 평균(12.4%)의 3배가 넘는다. 또한 우리나라 인구 10만 명당 노인자살률은 2000년 43.2명에서 2010년 80.3명으로 10년 사이에 거의 두 배로 늘어났고, 이는 OECD 국가 평균(13.3명)을 압도적으로 상회한다. 이러한 상황은 한국사회의 안전망이 얼마나 무너졌는지를 자명하게 보여준다. 더욱이 노인 계층 안에서도 양극화가 발생하고 있다. 거의 모든 면에서 차이가 벌어진다. 가령 건국대학교에서 운영하는 실버타운인 '더클래식500'의 경우, 5년간의 입주를 위해 필요한 보증금이 8억 8000만 원이다. 상황이 이러하기 때문에 노인 빈곤층의 처지는 훨씬 더 심각하다.

『세대 간의 전쟁』, 베르나르 스피츠 지음, 박은태 옮김, 경연사, 2009

「실버세대를 위한 젊은 비즈니스가 뜬다」, 김정근·이은미·이민훈·이승철, 〈CEO인포메이션〉 869호, 삼성경제연구소, 2012

『그 섬, 파고다』, 아시아경제신문 특별취재팀 지음, 황금사자, 2014

공포사회 우리 사회(특히 대중)가 어떠한 정념에 의해 추동되고 있는지를 보여주는 개념이다. 이른바 파충류의 뇌에 연결된 정념인 공포는 원초적인 차원에서 작동한다. 공포는 (욕망과 더불어) 지배계급이 우리 사회를 조작하기 위한 대표적인 통치 장치이다. 직소 퍼즐이 성립하기 위해 존재하는 빈 칸처럼 우리 사회를 움직이는 동력으로 활용되고 있다. 현대사회의 대중을 움직이는 기본 정념이 공포이다. 공포가 만연하게 된 것은 현대사회가 액체적 속성(지그문트 바우만)을 가지게 된 데에 따른 바가 크다. 즉 안정성을 상실하고 유연성을 추구하게 되는 불안정한 상황에 직면하게 되어 가지게 되는 불안 감정의 또다른 이름인 것이다. 개인주의를 강화하고, 공동체를 해체하여 우리의 실존적 입지를 축소하는 이런 상황을 돌이키려면 사회의 안전망을 복구해야 한다. 이러한 구조적 요인의 해결 이전에는 불안과 공포가 사라질 수가 없다.

공포에 사로잡힌 나머지 공포의 대상을 인위적으로 설정하고 이를 통제하기 위해 공안 정국이 형성되고 더욱 강한 힘에 의존하기 마련이다. 미국의 악의 축 발언이나 테러와의 전쟁은 모두 이러한 맥락에서 발생한다. 한국에서의 종북좌파 규정 또한 마찬가지이다. 이러한 네거티브 공세는 명백하게 불안과 유동에 직면한 공포의 심리를 반영한다.

『불안한 현대사회』, 찰스 테일러 지음, 송영배 옮김, 이학사. 2001

『유동하는 공포』, 지그문트 바우만 지음, 함규진 옮김, 산책자, 2009

모멸감사회 사회학자 김찬호는 우리 사회를 모멸감 권하는 사회로 평가한다. 우리는 이를 소위 '갑을'관계에서 확인할 수 있다. 업주와 알바, 선배와 후배, 대기업과 중소기업 등 한국사회의 모든 영역에서 발견된다. 또한 서비스 업계에서는 감정노동의 강도가 극심하고, 학교에서는 왕따와 빵셔틀이 득실댄다. 온라인에서는 악플이 난무하며, 각종 면접과 오디션에서는 인격 모독이 성행한다. 모멸감은 사회가 왜곡된 상태로 작동하는 과정에서 발생하는 감정적 잉여인 것이다. 그러므로 이것은 구조적인 산물이며, 따라서 해법 또한 구조적으로 제시되어야 한다.

『모멸감』, 김찬호 지음, 문학과지성사, 2014

민영화사회 현대사회는 개인의 관점에 볼 때에 자조 사회가 되고 ('자조사회' 참고), 기업의 관점에서 볼 때에 민영화privatization 사회가 된다. 후생복지의 맥락에서 국가 담당해야 하는 안전망을 해체하고, 이를 상업화시켜버리는 것이다. 그러므로 민영화民營化보다는 사유화私有化가 더 정확한 표현이다. 교화(교도소), 군대(특히 파병), 식수, 연금, 우정郵政, 의료(건강보험), 철도 등 국가의 거의 모든 기능을 사기업의 이윤 추구의 대상으로 삼기 때문이다. 이렇듯 국가 기능을 외주로 넘겨버리는 현상을 달리 말한다면, 국가의 기업화라 할 수 있다.

『미친 사유화를 멈춰라』, 미헬 라이몬·크리스티안 펠버 지음, 김호균 옮김, 시대의창, 2010
『정부를 팝니다』, 폴 버카일 지음, 김영배 옮김, 시대의창, 2011

불통사회 모든 성원이 자기(가족과 집단) 안으로 함몰되는 폐쇄적 사회를 가리킨다. 한국사회의 경우, 무엇보다 국가권력 집단부터 불통不通을 특징으로 하며, 이는 국민에게 하나의 패러다임으로 제시된다. 더욱이 정치적 입장을 둘러싸고 지역 간과 세대 간에도 극명한 간격이 존재한다. 이는 가족 회동과 SNS를 통한 대화 등에서 수시로 나타나며, 선거 때에 그 실체를 명확하게 드러난다.

더욱 심각한 것은 위험에 대한 소통의 부재이다. 세월호 참사는 이를 보여주는 하나의 사회적 알레고리와 같다. 만일 원전 문제가 발생한다면 상황은 극도로 위험해진다. 하지만 정보의 불통은 정보의 독점과 연결된다는 것이 우리의 현실이다. 모피아(과거 재정부 출신)로 대표되는 한국의 각종 마피아는 정보와 이권의 독점을 지향한다. 이러한 맥락에 비추어볼 때에 우리 사회의 각종 불통은 구조적인 것이다.

『나는 당신의 말할 권리를 지지한다』, 정관용 지음, 위즈덤하우스, 2009

『불통의 시대 소통을 읽다』, 도미니크 볼통 지음, 원용옥·김주노·채종대 옮김, 살림, 2011

『위험 증폭 사회』, 안종주 지음, 궁리, 2012

빈곤사회 한국사회에서 빈곤층은 점차로 증가하고, 또한 그 환경이 갈수록 악화되고 있다. 2013년 현재 빈곤율이 OECD 가입국의 평균인 11.1%보다 훨씬 높은 15%에 달한다(빈곤율은 중위 소득의 50% 이하 소득으로 살아가는 이들의 비율을 가리킨다). 일반인들의 인식과 달리 한국사회의 빈곤 인구는 1990년대 후반 이후로 그 비율이 계속 증가하고 있다. 더욱이 공동체가 해체되고, 사회적 인프라가 제 구실을 못 하는 상황에서 빈곤은 다차원적으로 경험될 수밖에 없다. 일단 주거 환경이 열악하며, 교육을 충분히 받지 못할 뿐더러, 건강 또한 좋지 않을 수밖에 없다. 또한 심리적으로 우울함과 더불어 무력함이 팽배하기 십상이다.

빈곤사회라는 단어는 개인의 근면만으로 빈곤을 극복할 수 없다
는 것을 의미한다. 시나리오 작가 최고은의 아사餓死는 개인이 자기
가 좋아서 하는 일을 열정으로 감내할 때에 결과적으로 맞닥뜨리
게 될 현실을 보여준다. 열정 노동은 청년을 착취하는 가장 효과적
인 수단이다. 송파 세 모녀의 자살은 한 번 바닥으로 미끄러지면 다
시 일어설 수 없는 잔혹한 현실을 반영한다. 이를 심리적 회복탄력
성이 부족한 탓으로 지적하는 것은 빈곤 사회의 훌륭한 노예로 살
아가라는 촉구와도 같다.

『노동의 배신』, 바버라 에런라이크 지음, 최희봉 옮김, 부키, 2012

『빈곤을 보는 눈』, 신명호 지음, 개마고원, 2013

신용계급사회 신용信用은 신자유주의 시대의 화폐이자 계급이다. 신
용의 정도가 빈부의 차이를 가른다. 『대한민국 신중산층 시대가 온
다』의 저자 조창원은 새로운 중산층의 조건으로 (그린, 글로벌과 더
불어) 신용을 꼽는다. 그는 금융거래의 기준으로 사용되는 신용등
급이 향후 직장, 결혼, 이민 등 사회 전반에 활용되는 사회적 흐름
을 신용 계급 사회로 표현한다. 신용등급 보편화에 따라 신용관리
에 노력을 기울여야 부를 획득할 수 있다는 것이다.

오늘날 신용계급사회의 다양한 징후들이 나타난다. 이제 신용은
계량화되어 우리의 실존을 규정한다. 신용등급에 따라 규정되는
신용계급이 등장했다. 오늘날 신용등급(계급)이 낮으면 삶이 버겁
고, 신용등급이 높으면 상대적으로 살아가기가 용이하다. 수량적으

로 계측되는 신용등급이 곧 현대사회에서의 계급을 결정하는 요인이 되고 있는 것이다. 머지않아 결혼 전에 각자의 신용등급을 확인하기 위해 신용정보 조회표를 교환하게 될 거라는 전망도 그리 황당하게 보이지는 않다.

신용계급사회는 실물 경제보다 금융 경제가 압도하는 현대 자본주의 사회가 처한 불안정한 상황을 반영한다. 2008년의 글로벌 금융위기는 신용과 연동되어 작동하는 금융 경제의 위험성을 드러내는 묵시적 징후이다. 현재 자본은 노동 착취를 넘어서 신용 착취를 자행하고 있다. 신용 빈민들에게 고금리 단기 대출을 통해 엄청난 이윤을 남긴다. 정작 그들은 (적어도 2008년 금융 위기 이후로는) 저금리로 자금을 조달한다. 신용 계급 사회는 이러한 현실을 치장하기 위한 그럴듯한 장식에 불과하다.

『대한민국 신중산층 시대가 온다』, 조창원 지음, 엘도라도, 2009

『대출 권하는 사회』, 김순영 지음, 후마니타스, 2011

『빌려온 시간을 살아가기』, 지그문트 바우만 지음, 조형준 옮김, 새물결, 2014

액체사회 급격한 변화를 기본 양태로 하는 현대사회의 모습을 묘사하기 위해 폴란드 출신 사회학자 지그문트 바우만이 만든 개념이다. 반대로 정태적 기반 위에서 작동하는 기존의 근대 사회를 그는 고체사회로 명명한다. 현대사회는 불안하고, 유동하며, 고정되어 있지 않다. 자본과 노동 모두 유연성을 그 특징으로 한다. 세계화는 액체화된 근대를 가리키는 다른 이름이다. 근대 자체가 이러한 양태로 변화되었기에(액체 근대), 사랑조차도 그러한 변화를 반영하게 되었다(리퀴드 러브). 썸을 타는 것이야말로 리퀴드 러브의 좋은 사례일 것이다.

『액체 근대』, 지그문트 바우만 지음, 이일수 옮김, 강, 2009
『리퀴드 러브』, 지그문트 바우만 지음, 조형준·권태우 옮김, 새물결, 2013
『유동하는 공포』, 지그문트 바우만 지음, 함규진 옮김, 산책자, 2009

자조사회 사회 안전망이 해체되고 그 몫을 고스란히 개인의 책임에 떠넘기는 사회를 가리키는 개념이다. 여기에서 말하는 자조는 "하늘은 스스로 돕는 자를 돕는다"라고 할 때에 그 스스로 돕는 것自助을 가리킨다. 사회적 인프라가 무너지는 가운데 이득을 취하는 것은 국가 기능의 민영화(사유화)를 추구하는 사기업이다('민영화 사회' 참고).

자조 사회를 살아가는 구성원은 이제 스스로 자신의 브랜드PI, personal identity를 관리하고, 1인 기업(기업가적 주체)으로서 자기의 생존을 도모해야 한다. 학생이나 직원 모두가 자기주도성을 획득해야 하고, 생존을 위해 자기계발self-help에 뛰어들어야 하는 것이다. 경쟁은 자연의 법칙이며, 양극화는 '시대의 트렌드'(강만수)이다. 승자독식은 더 이상 비판의 대상이 아니라 동경의 대상이 되었다. 하지만 실제로 승자가 되는 것은 데이비드 브룩스의 『보보스』에서 잘 보여주듯이 넉넉한 가정에서 좋은 교육을 받은 이들이다.

자조사회의 흐름은 대중문화에도 영향을 미친다. 미국의 히어로물이 다시 각광을 받고 있는 것도 이와 무관하지 않다. 크리스토퍼 놀란의 〈배트맨〉 시리즈나 〈아이언맨〉 시리즈는 명백히 그러하다.

현대사회에서 CEO는 영웅과도 같다. 브루스 웨인과 토니 스타크는 기업의 총수(웨인 그룹과 스타크 인더스트리)인 동시에 사회의 자경단으로 활동한다. 둘 다 아버지의 유산 위에서 스스로 각고의 노력(무술 수련과 첨단기술 활용)을 더해 뉴욕과 미국, 나아가 세계를 지킨다(고담Gotham은 뉴욕을 지칭하는 고어이다).

『거대한 사기극』, 이원석 지음, 북바이북, 2013

저출산사회 결혼과 출산, 그리고 육아 등에 드는 비용의 증가로 인해 결혼 연령과 출산 연령이 갈수록 올라가고, 결혼율과 출산율, 그리고 자녀수 모두가 점차로 내려가게 되는 사회. 세대별로 차별화된 인구 구조 변화 추이를 내포하고 있다는 점에서, 저출산사회는 고령화 사회와 짝을 같이 한다('고령화사회' 참고).

저출산 자체는 구조적 난국에 대한 개인과 가족 단위의 현실적 해법이다. 하지만 미시적 합리성의 누적이 거시적 차원에서 언제나 좋은 결과를 낳는 것은 아니다. 저출산으로 초래될 상황은 암울하다. 경제성장률의 둔화 혹은 정체는 말할 것도 없고, 앞으로 청년계층이 져야 할 부담도 점점 더 증가할 수밖에 없다. 자신의 생계비용에 더해 갈수록 늘어나는 노인계층의 복지비용도 담당해야하기 때문이다.

『텅 빈 요람』, 필립 롱맨 지음, 백영미 옮김, 민음인, 2009

『일과 가정의 양립과 저출산』, 야마구치 가즈오 지음, 이충남 옮김, 한국보건사회연구원,

  2010

행복강박증사회 행복 강박증은 자조 사상이 불러온 행복 이데올로기의 폐해이다. 행복 이데올로기는 행복과 불행이 교차하는 현실에 덧씌우는 긍정 일변도의 획일적 전망이다(현실 자체에는 불행의 비중이 상대적으로 높다). 사회 구성원들에게 행복을 강요하고, 불행을 진솔하게 표현하지 못하도록 간접적으로 통제하는 이런 사회는 건강하지 않다.

불행(슬픔, 고통, 우울, 분노 등)을 억압하면, 이는 더 강한 반동反動이 생기기 마련이다. 가령 행복을 설파하는 행복 전도사의 삶이 과연 행복으로 점철되어 있는지에 대해서는 의문을 가질 수밖에 없다. 하지만 권력 집단은 사회 구성원에게 실제 현실을 포장하고, 긍정적으로 해석하고 적극적으로 수용할 것을 강요한다. 누가 내 치즈를 옮겼는지를 물어서는 안 되는 것이다.

『행복의 역습』의 저자 로널드 W. 드워킨은 이러한 현실을 올더스 헉슬리의 『멋진 신세계』에 비교한다. 그는 현재의 미국 사회가 인위적인 행복을 조장하는 마약인 소마soma에 의해 통제되는 사회보다 더 심각한 디스토피아가 될 수 있다고 본다. 그에 비하면 다소 강도는 덜하나 한국사회 또한 행복 강박증으로 시달리고 있는 것은 별로 다를 바가 없다. 드워킨이 지적한 대로 이 행복은 인위적인 artificial 것이다.

이런 사회의 구성원들은 왜곡된 방식으로 행복을 추구하기 마련이다. 현대사회에서 대중이 행복을 향유하는 주된 방식 가운데 하나인 소비가 그 좋은 사례이다. 현대인은 등산에 나설 때조차 복장의 가격과 브랜드에 집착한다. 대중의 자기 정체성에는 이제 노동자가 아니라 소비자에 방점이 찍혀 있다. 이런 사회에서는 대학생조차 좋은 교수와 교육 환경의 도움을 받아 진리를 탐구하는 학생이 아니라 좋은 교육서비스를 제공받는 고객에 불과하다.

『더 많이 소비하면 우리는 행복할까』, 야마다 마사히로·소데카와 요시유키 지음, 홍성민 옮김, 뜨인돌, 2011

『행복 스트레스』, 탁석산 지음, 창비, 2013

『합리적 행복』, 올리버 버크먼 지음, 정지인 옮김, 생각연구소, 2013

『행복의 역습』, 로널드 W. 드워킨 지음, 박한선·이수인 옮김, 아로파, 2014

강양구 생물학을 전공하고 '생명공학의 사회학' 분야로 국민대학교 사회학과에서 박사학위 논문을 준비 중이다. 〈프레시안〉에서 10년간 과학기술 환경담당 기자로 일하며 과학기술과 사회를 둘러싼 여러 문제를 기사로 썼다. 저서로는 『아톰의 시대에서 코난의 시대로』『세 바퀴로 가는 과학자전거』『밥상 혁명』(공저)『침묵과 열광』(공저)『정치의 몰락』(공저) 등이 있다.

김경집 인문학자. 서강대 영문과, 동대학원 철학과 전공. 저서로는 『인문학은 밥이다』『청춘의 고전』『눈먼 종교를 위한 인문학』『생각의 프레임』『책탐』 등이 있고, 역서로는 『어린왕자, 두 번째 이야기』가 있다.

김민웅 한국외대에서 정치외교학 학사와 석사를 취득 후 미국 유니언신학대학원과 델라웨어대학원에서 윤리학과 정치철학 박사학위를 받았다. 현재 성공회대학에서 세계 자본주의 체제의 역사적 변화과정을 분석하는 '세계체제론'을 가르치고 있다. 지은 책으로는 『열려라 아가리』『밀실의 제국』 등 다수.

김용민 개신교계 방송사 프로듀서, 시사평론가, 정치인 활동을 했으며, 팟캐스트 〈나는 꼼수다〉를 만든 것을 계기로 2013년 국내 최초의 협동조합 방송 국민TV 건설에 참여해 현재 방송제작국 부국장으로 일하고 있다. 대형교회 목사 성 스캔들을 소설화한 『한국 종교가 창피하다』, 예수의 전기를 사실과 비평의 관점에서 접근한 『맨 얼굴의 예수』 등을 냈다.

김용섭 TREND Insight & Business Creativity를 연구하는 날카로운상상력연구소 소장이며, 저서로는『라이프 트렌드 2014』『완벽한 싱글』『라이프 트렌드 2013』『아이의 미래를 망치는 엄마의 상식』『트렌드 히치하이킹』『소비자가 진화한다』등이 있다.

김종목 2000년 〈경향신문〉에 들어가 사회부, 전국부, 기획취재부, 정치부, 미디어부에서 일했다. 노조 사무국장을 거쳐 문화부로 와 출판담당을 한다. 현장 팀장으로 참여한 시리즈를 엮은『지식인의 죽음』이 나와 있다. 〈뉴욕타임스〉 보도물 '계급이 문제다Class matters'를 번역한『당신의 계급 사다리는 안전합니까』는 영어 잘하는 후배들에게 빈대 붙어 낸 것이다.

김종락 20년 동안 신문기자로 일하며 좋은 기사는 못 쓰고 술만 마셨다. 막판에는 잠시 문화부장을 맡기도 했으나 결국 스스로 회사를 그만두었다. 2011년부터 여러 학자들과 어울려 인문학 공부 단체인 대안연구공동체를 꾸려오고 있다. 여럿이 쓴 몇 권의 책에 글을 보탰고,『스코트 니어링 평전』을 우리말로 옮겼다.

김진혁 EBS 프로듀서. EBS 다큐멘터리 〈지식채널e〉를 만들었다. 지금 이 순간에도 자신이 모르는 것이 무엇인지 고민한다. 초등학교 시절부터 길든 지독한 '지식의 편식' 탓이다. 주입식 교육 때문에 약해진 '생각의 근육'을 단련하기 위해 오늘도 마침표가 아닌 물음표를 알려주는 지식, 머리보다 심장이 먼저 반응하는 지식을 찾아 헤매고 있다. 지은 책으로는『지식의 권유』가 있고, 공저로『@좌절+열공』『누구도 대답하지 않았던 나눔에 관한 열 가지 질문』『인생기출문제집』등이 있다.

김찬호 성공회대학교 교양학부 초빙교수. 사회학을 전공했고 일본의 마을 만들기를 현장 연구하여 박사논문을 썼다. 대학에서 문화인류학과 교육학을 강의하고 있다. 지은 책으로『사회를 보는 논리』『도시는 미디어다』『문화의 발견』『모멸감』 등이 있으며, 옮긴 책으로『작은 인간』『경계에서 말한다』『학교와 계급재생산』『비통한 자들을 위한 정치학』 등이 있다.

노정태 자유기고가 겸 번역가. 『논객시대』를 썼고, 『무엇이 정의인가』『싸우는 인문학』 등의 책에 공저자로 참여했으며, 옮긴 책으로는『아웃라이어』『마이크로스타일』『진보의 몰락』『기적을 이룬 나라, 기쁨을 잃은 나라』 등이 있다. 2014년 현재 비정기 문화 잡지〈도미노〉의 편집 동인으로 활동 중이다.

문강형준 문화평론가. 계간〈문화과학〉편집위원. 저서로『혁명은 TV에 나오지 않는다』『과국의 지형학』『영어를 잘하면 우리는 행복해질까』『아이돌』(공저)이 있고, 옮긴 책으로『광신』『권력을 이긴 사람들』『루이비통이 된 푸코?』(공역)가 있다.

문소영 여름방학이면 자전거로 국경을 넘어 여행하는 유럽의 대학생을 부러워하던 20대에 젊음을 희생하고 맹렬히 살면 20년 뒤쯤엔 세상이 바뀔 줄 알았다. 세상은 바뀌지 않았고 세상을 변화시키겠다는 나의 각오도 아직 단단하다. 최근 '바람직한 저널리즘은 무엇인가'를 고민한다. 이화여대 신방과를 나와 1992년부터〈서울신문〉에서 정치부, 경제부, 문화부를 거쳐 논설위원으로 일한다. 대중역사서『못난 조선』『조선의 못난 개항』을 냈다.

박권일 칼럼니스트. 학부에서 철학과 사회학을 전공했다. 2000년대 초반 월간〈말〉에서 기자로 일했고, 2007년『88만원 세대』를 썼다. 참여정부 후반기 국정홍보처에서 일하며『참여정부 경제 5년』집필에 참여했다.〈시사IN〉〈한겨레21〉〈한겨레〉 등에 수년째 칼럼을 연재했거나 연재하고 있다. 2010년 봄부터 2013년 여름까지 계간〈자음과 모음 R〉편집위원으로 활동했다. 2012년 칼럼집『소수의견』을 출간했다. 공저로『우파의 불만』 등이 있다.

변정수 토마토출판사, 인물과사상사, 삼인 등에서 편집자로 일했고, 현재 격월간 〈말과활〉을 책임편집하고 있다. 사회적 소수자의 인권에 천착하는 비평 활동을 펼쳐 왔으며, 출판 편집을 강의하면서 지식 산업의 후속 세대 재생산을 위한 고민에 주력하고 있다. 비평집『출판생태계 살리기』『그들만의 상식』『만장일치는 무효다』『상식으로 상식에 도전하기』와 에세이집『나는 남자의 몸에 갇힌 레즈비언』을 냈으며,『편집에 정답은 없다』로 2009년 한국출판평론상을 수상했다.

손석춘 대학에서 철학을 공부하고 언론인으로 22년 활동했다. 민주언론상 통일언론상 한국언론상 한국기자상 안종필자유언론상을 수상했다. 사단법인 새로운사회를여는연구원을 창립해 6년 동안 원장, 이사장을 맡았다. 지금은 건국대학교 미디어커뮤니케이션학과 교수로 일하고 있다. 저서로『무엇을 할 것인가』를 비롯해 40여 권이 있다.

신상목 숭실대학교에서 국문학을 전공했고 미국 커버넌트신학교에서 일반신학석사학위를 받았다. 월간 〈빛과 소금〉 기자를 거쳐 2007년부터 〈국민일보〉 종교기획부 기자로 일하고 있다. 옮긴 책으로『수치의 복음, 영광의 복음』이 있다.

이원석 연세대학교 신학과를 졸업하고, 현재는 중앙대학교 대학원에서 문화이론 전공으로 박사 논문을 준비하고 있다. 종교본능에서 말초신경까지 아우르는 다양한 주제로 여러 매체에 글을 쓰며, 여러 곳에서 강의하고 있다. 지은 책으로는 2013년 한국출판평론상을 받은『거대한 사기극』과『인문학으로 자기계발서 읽기』『공부란 무엇인가』가 있다.

이원재 경제평론가, 소셜픽션랩 소장. 이전에 한겨레경제연구소장과 삼성경제연구소 수석연구원을 지냈다. 현재는 경제정책전문가로 활동하고 있으며, 각종 매체에 칼럼을 기고하고 있다. 저서로는『전략적 윤리경영의 발견』『이상한 나라의 정치학』『이상한 나라의 경제학』『소셜픽션 지금 세계는 무엇을 상상하고 있는가』(공저) 등이 있다.

이필상 경기도 화성에서 태어나 서울 공대를 나와 미 컬럼비아 대학에서 경영학 박사를 했다. 고려대학교 경영대학 교수, 학장, 총장을 역임했다. 시민운동가로 금융실명제, 토지공개념, 중앙은행 독립 등을 주장했다. 저서로 『금융론』『투자론』『기업경제학』『재미있는 경제이야기』 등이 있다. 현재는 서울대학교 경제학부 초빙교수로 강의를 하고 있다. 유한재단 이사장으로 소외계층을 위한 사회공헌활동도 하고 있다.

장동석 책을 읽고 글을 쓴다. 그래서 사람들은 북칼럼니스트 혹은 출판평론가로 부르기도 한다. 오로지 책이 좋아 책 더미에 묻혀 살며 책과 관련한 여러 가지 일을 병행하고 있지만, 그중 제일은 "눈 내리는 밤에 문을 잠그고 금서를 읽는다"던 중국 옛 사대부의 즐거움을 흉내 내는 것이라 생각한다. 저서로는 『금서의 재탄생』『살아 있는 도서관』이 있고, 함께 쓴 책으로 『앎과삶 시리즈 1 – 교육』『앎과삶 시리즈 3 – 중국』『공감의 한 줄』『아까운 책 2012』 등이 있다.

장석주 시인, 문장노동자, 독서광. 충남 논산에서 태어나서 서울에서 성장했다. 1979년 〈조선일보〉와 〈동아일보〉 신춘문예에 시와 문학평론이 당선하면서 등단했다. 고려원의 편집장을 거쳐 청하출판사를 설립해 13년 동안 편집자 겸 발행인으로 일했다. 2002년부터 동덕여대, 명지전문대, 경희사이버대학교에서 강의를 했다. 저서로는 『이상과 모던뽀이들』『일상의 인문학』『마흔의 서재』『동물원과 유토피아』『철학자의 사물들』 등이 있다. 지금은 서울의 집필실과 안성의 '수졸재'를 오가며 책을 읽고 책을 쓰며 살고 있다.

전영수 세대와 사회를 연구하는 경제학자이자 한양대학교 국제학대학원 일본학과 특임교수다. 국제금융과 일본경제를 전공했으며 관심사는 고령화와 관련된 자산운용 및 은퇴를 포함한 노후생활·복지부문이다. 지은 책으로『세대전쟁』『은퇴위기의 중년보고서』『장수대국의 청년보고서』『은퇴대국의 빈곤보고서』『오랜 생각과 새로운 메스』(공저)『그때는 왜 지금보다 행복했을까』등 20여 권이 있다.

정수복 사회학자이며 작가다. 연세대학교 정치외교학과를 졸업했고 같은 학교 대학원에서 사회학으로 석사학위를 받았으며 박사학위는 파리 '사회과학고등연구원Ecole des Hautes Etudes en Sciences Sociales'에서 받았다. 사회학 저서로는『의미세계와 사회운동』『녹색대안을 찾는 생태학적 상상력』『시민의식과 시민참여』『한국인의 문화적 문법』등이 있고,『현대 프랑스 사회학』『참여민주주의와 새로운 사회운동』『현대성 비판』등을 우리말로 옮겼다. 작가로 쓴 책으로는『파리를 생각한다』『파리의 장소들』『프로방스에서의 완전한 휴식』『책인시공』『책에 대해 던지는 7가지 질문』『삶을 긍정하는 허무주의』등이 있다.

정운현 1959년 경남 함양 출생. 중앙일보, 서울신문, 오마이뉴스 등에서 20여년간 기자로 활동함. 80년대 후반부터 친일문제에 관심을 갖고 자료수집과 연구를 해왔으며 10여 권의 친일파 관련 연구서를 펴냈다. 이명박 정권 들어 직장에서 쫓겨난 후 5년 여를 백수로 지냈으며, 그 경험을 토대로『어느 날, 백수』를 펴냈다. 현재 프리랜서로 활동하면서 집필과 강연 활동.

정윤수 1968년 경북 영주에서 태어났으며, 1995년 계간 〈리뷰〉 편집위원으로 활동하면서 현대 문화와 삶에 관한 다양한 글쓰기를 해왔다. 문화·예술, 일상 문화, 스포츠 문화 등 현대 문화와 삶의 거의 모든 분야에 대한 연구와 비평을 해오면서『축구장을 보호하라』『클래식, 시대를 듣다』『인공 낙원』『노동의 기억 도시의 추억, 공장』등의 책을 썼다.

정희진 여성학, 평화학 연구자. 다학제적 관점의 공부와 글쓰기를 지향한다. 우리 사회의 통념, 기존의 논쟁구도를 다른 방식으로 재구성하고 싶다. 궤도 밖에서 사유해야 궤도 안에서 살아남을 수 있다고 믿는다. 탈식민주의, 남성성, 한국 사회운동 연구에 관심이 있다.

제윤경 돈의 인문학을 교육하는 사회적기업 에듀머니의 대표이다. 중산층을 비롯한 많은 사람들이 지닌 경제적 공포심을 극복하도록 교육하고 상담한다. 동시에 잘못된 정부 정책과 금융환경으로 인해 두려움이 증폭되고 있음을 적극적으로 교육한다. 금융소비자의 권리 찾기와 채무자들에게 새출발의 기회를 제공할 수 있는 제도 개선 운동과 상담 교육 활동을 펼치고 있다. 저서 『아버지의 가계부』 『약탈적 금융사회』 등이 있고, 시민연대 부채탕감운동 전개 중이다.

채진원 경희대 후마니타스 칼리지의 교수로 '시민교육' 'NGO와 정부관계론' 등을 강의하고 있다. 전공은 비교정치과정(의회, 선거, 정당, NGO)이며, 관심은 시민교육, 중도수렴의 생활정치, 지구화와 글로벌 거버넌스에 부합하는 정당ㆍ정치모델과 숙의ㆍ공화민주주의 모델 등이다. 논문은 「진영논리의 극복과 중도정치에 대한 탐색적 논의」 「북한 참주정의 변혁ㆍ보존ㆍ개선에 대한 '엄밀한 인식'과 한국정체의 대응」 등이 있으며, 공저로는 『지구화시대의 정당정치』 『한국 민주주의 어디까지 왔나』 『시민은 누구인가』 등이 있다.

한기호 한국출판마케팅연구소소장. 1982년 출판계에 편집자로 입문해 1983년 창작과비평사(현 창비)로 옮긴 뒤 만 15년 동안 영업자로 일했다. 1998년 삶의 방향을 바꿔 한국출판마케팅연구소를 설립해 격주간 출판전문지 〈기획회의〉를 발간해오고 있다. 한국출판의 발전을 꾀하는 출판잡지와 단행본을 발행해왔고, 출판평론가로 활동하며 여러 매체에 글을 발표하고 있다. 2010년에는 〈학교도서관저널〉을 창간해 학생들을 대상으로 책

읽기 운동을 벌이고 있다. 『한기호의 다독다독』 『새로운 책의 시대』 『베스트셀러 30년』 『출판마케팅 입문』 『희망의 출판』 『e-북이 아니라 e-콘텐츠다』 『디지로그시대 책의 행방』 등의 저서와 다수의 공저가 있다.

한승동 1957년 경남 창원군 대산면에서 태어나 자랐다. 중 고교를 부산에서 다녔다. 서강대 사학과에서 공부했다. 〈말〉을 거쳐, 〈한겨레〉 창간 때부터 지금까지 기자로 일한다. 국제부장과 도쿄 특파원, 논설위원 등을 지냈고 지금 문화부에서 책과 출판 분야를 맡고 있다. 『대한민국 건어차기』 『지금 동아시아를 읽는다』를 썼다. 『우익에 눈먼 미국』 『부시의 정신분석』 『시대를 건너는 법』 『나의 서양음악 순례』 『디아스포라의 눈』 『속담 인류학』 『멜트 다운』 『보수의 공모자들』 『희생의 시스템, 후쿠시마 오키나와』 등을 번역했다.

홍기빈 글로벌정치경제연구소 소장. 캐나다 요크 대학에서 정치경제학 연구. 사단법인 금융경제연구소 연구위원. 2011년 MBC 라디오 〈손에 잡히는 경제〉 진행. 저서로는 『비그포르스, 복지국가와 잠정적 유토피아』 등이 있으며 역서로는 칼 폴라니의 『거대한 전환』 등이 있음.

찾아보기

사회를 말하는 사회

2014년 6월 19일 1판 1쇄 인쇄
2014년 6월 30일 1판 1쇄 발행

지은이 —— 강양구, 김경집, 김민웅, 김용민, 김용섭, 김종목, 김종락, 김진혁, 김찬호,
　　　　　노정태, 문강형준, 문소영, 박권일, 변정수, 손석춘, 신상목, 이원석, 이원재,
　　　　　이필상, 장동석, 장석주, 전영수, 정수복, 정운현, 정윤수, 정희진, 제윤경,
　　　　　채진원, 한기호, 한승동, 홍기빈
펴낸이 —— 한기호
펴낸곳 —— 북바이북
　　　　　출판등록 2009년 5월 12일 제313-2009-100호
　　　　　121-839 서울시 마포구 동교로 12안길 14(서교동) 삼성빌딩 A동 2층
　　　　　전화 02-336-5675　팩스 02-337-5347
　　　　　이메일 kpm@kpm21.co.kr
　　　　　홈페이지 www.kpm21.co.kr

인　쇄 —— 예림인쇄　전화 031-901-6495 팩스 031-901-6479
총　판 —— 송인서적　전화 031-950-0900 팩스 031-950-0955

ISBN　979-11-85400-02-0　03300